ZHONGGUO TESE GAOSHUIPING GAOZHI XUEXIAO JIANSHE:
ZHEJIANG JINRONG ZHIYE XUEYUA [illegible] JIAN

中国特色高水平高职学校建设：
浙江金融职业学院的探索与实践

周建松 郑亚莉 / 主编

浙江工商大學出版社 | 杭州
ZHEJIANG GONGSHANG UNIVERSITY PRESS

图书在版编目(CIP)数据

中国特色高水平高职学校建设：浙江金融职业学院的探索与实践 / 周建松，郑亚莉主编. —杭州：浙江工商大学出版社，2021.12

ISBN 978-7-5178-4793-9

Ⅰ. ①中… Ⅱ. ①周… ②郑… Ⅲ. ①高等职业教育—学校管理—研究—中国 Ⅳ. ①G718.5

中国版本图书馆 CIP 数据核字(2022)第 008416 号

中国特色高水平高职学校建设:浙江金融职业学院的探索与实践

ZHONGGUO TESE GAOSHUIPING GAOZHI XUEXIAO JIANSHE: ZHEJIANG JINRONG ZHIYE XUEYUAN DE TANSUO YU SHIJIAN

周建松　郑亚莉 主编

责任编辑 王黎明
责任校对 沈黎鹏
封面设计 浙信文化
责任印制 包建辉
出版发行 浙江工商大学出版社
(杭州市教工路 198 号　邮政编码 310012)
(E-mail:zjgsupress@163.com)
(网址:http://www.zjgsupress.com)
电话:0571-88904980,88831806(传真)
排　　版 杭州朝曦图文设计有限公司
印　　刷 浙江全能工艺美术印刷有限公司
开　　本 787mm×1092mm　1/16
印　　张 14.75
字　　数 295 千
版 印 次 2021 年 12 月第 1 版　2021 年 12 月第 1 次印刷
书　　号 ISBN 978-7-5178-4793-9
定　　价 68.00 元

代序

牢记使命 强化担当
努力创建全国一流重点名优高职院校

——重温习近平总书记对浙江金融职业学院的办学指示和勉励

周建松

2015年，为贯彻全国职业教育工作会议精神，教育部发布了《高等职业教育创新发展行动计划(2015—2018年)》(教职成〔2015〕9号)，其中明确提出鼓励地方建设200所优质专科层次高等职业院校，应当说，这是继2006年教育部、财政部实施国家示范性高等职业院校建设计划和2010年进一步实施国家示范性高等职业院校建设计划后又一项重要的高等职业院校质量建设工程，它吸引了全体高职人的心，激起了高职界的情，人们都在翘首期待方案出台和文件落地，我们也在认真研究优质高职院校建设。最近，我们在进一步认真学习习近平总书记系列重要讲话之时，重温了习近平同志担任浙江省委书记时，在我校建校三十周年之际对我校的指示，既感到十分亲切，又感到豁然开朗，应该说，习总书记早已为高等职业教育发展、为优质高职院校建设明确了方向和重点。

一、重温习近平总书记对浙江金融职业学院的办学指示和勉励

高等职业教育既是高等教育的重要组成部分，也是职业教育的重要层次。习总书记在担任浙江省委书记、浙江省人大常委会主任时，就给予高职教育热情关心和亲切勉励。2005年11月2日，在浙江金融职业学院建校三十周年前夕，习近平同志充分肯定了我校办学成绩，并就下一步如何办好高等职业教育做出了重要批示，习近平同志如是说：希望你校坚持社会主义办学方向，牢固树立和全面落实科学发展观，继续发扬优良传统，全面推进素质教育，不断提高教育质量和办学水平，努力把学校建设成为具有自身特色的示范性高等职业院校，为社会培养出更多高素质的应用型人才。应当说，这是习近平同志专门就高等职业教育办学治校所做出的比较系统全面的指示，虽然为浙江金融职业学院建校三十周年而作，但充

分表达了习近平总书记对办好高等职业院校的重要思想，领会其精神要旨，对于科学认识高等职业教育办学规律、推动高等职业教育建设和发展具有极其重要的指导意义。

党的十八大以来，以习近平同志为核心的党中央提出了治国理政新理念新思想新战略，习近平总书记对加快发展现代职业教育做出了重要指示，对高等学校思想政治工作、党的建设，对如何树立正确的学生观、教师观、人才培养观都做出了重要指示。在北京大学、北京师范大学师生座谈时，分别对青年学生提出了修德、明辨、笃实的要求，对教师提出有理想信念、有道德情操、有扎实学识、有仁爱之心的要求，在全国高校思想政治工作会议上，更系统地提出并回答了培养什么样的人、怎样培养人、为谁培养人等重大问题，并明确指出，我们要在中国共产党领导下扎根中国大地办中国特色社会主义高校，培养中国特色社会主义合格建设者和可靠接班人，这些论述和思想，都是我们办学治校的指导方针和思想武器，我们一定要认真贯彻落实。

二、贯彻重要指示，准确把握优质高职院校办学之要

习近平同志对浙江金融职业学院的指示，全面阐述了高等职业教育办学的基本规律，回答了办什么样的学校、怎样办学校的大问题，也提出了培养什么样的人、怎样培养人等关键问题。我们的体会主要有以下几个方面：

（一）坚持社会主义办学方向

方向就是立场，方向至关重要；坚持社会主义办学方向是办学治校的基本前提，也是办什么样的学校、培养什么样的人的重要前提，习近平同志明确要求，必须扎根中国大地，在中国共产党领导下，办中国特色社会主义高校，为培养中国特色社会主义建设者和接班人服务，为人民服务，为巩固和发展中国特色社会主义制度服务，为中国共产党治国理政服务，为社会主义现代化建设服务。

（二）牢固树立和全面落实科学发展观

科学发展观是马克思主义中国化的重要成果，其本质是以人为本，第一要义是发展，基本要求是全面协调可持续，根本方法是统筹兼顾。在高等职业教育领域贯彻科学发展观，既要正确合理定位，更要把握服务面向，还必须正确处理规模、质量、结构、效益之间的关系，积极探索类型特征，形成类型文化，并认真处理好人才培养与科学研究和社会服务的关系，推进学校和谐协调发展。

(三)继续发扬优良传统

继续发扬优良传统是一个综合性命题,对于高等职业教育而言,既要保持和发扬职业教育的传统,也要充分利用为行业和区域服务的体制优势,同时要大力弘扬艰苦创业的优良传统,突出面向市场、服务发展、促进就业的工作导向,积极积淀和培育职业教育文化。

(四)全面推进素质教育

高等职业教育以专业建设为龙头,以培养德才兼备的职业化专门人才为主要任务,必须回答好培养什么样的人、怎么培养人、为谁培养人的大问题。习总书记多次明确,必须坚持立德树人、育人为本、德育为先、德才兼备,必须坚持素质教育与专业建设相融合,积极构建多样性立体化素质教育体系,重视思想政治教育、解决好做人的高度,重视业务素质教育、解决好做人的深度,重视人文素质教育、解决好做人的厚度,重视心理健康教育、解决好做人的宽度,重视身体素质教育、解决好做人的长度,重视创新创业教育、解决好做人的强度。

(五)不断提高人才培养质量

人才培养质量是学校工作的出发点和归宿点,高等职业教育自发展以来,经历了急需质量观、规模质量观,当前正在向适需的质量观转变,因此,提高人才培养质量,我们既要解决好人才培养总定位问题即为谁培养的问题,也必须研究和分析行业企业、区域经济社会对人才培养的需求,优化好专业结构布局,解决好学生适需性问题。与此同时,我们还要在构建科学系统的人才培养体系上花大气力、出大成效。

(六)不断提高办学水平

人才培养质量是衡量一所学校办学水平的重要指标,当然,办学水平涵盖的范围更加广泛、更加综合,包括学校办学体制机制优化、治理体系和能力建设、制度建设、文化建设、投入产出绩效等。与此同时,它也是一个渐进的、复合的过程,提高办学水平,应当是一所高水平重点名优学校建设的重要内容。

(七)努力打造自身办学特色

高等职业教育最重要的特征不在大而全、小而全,更不应千校一面,学校要生存、谋发展并具有竞争优势,必须从国家和经济社会需求出发,从学校建设发展历史着眼,研究特色所在,探寻特色之路,以特色求生存,以特色求发展,以特色彰显高等职业教育的实力、魅力和影响力。

(八)为社会培养出更多高素质的应用型人才

培养人才是学校的基本职能和使命，这里所说的为社会培养出更多高素质的应用型人才有三层要义。首先，为社会就是指办学面向和出发点即社会需求；其次，更多就是要充分发掘潜力，积极创造条件，尽最大努力和可能；再次，高素质应用型人才是高等职业教育培养人才的规格和特色，既需要较高素质，又需要较强应用能力，这也就是我们通常所说的面向生产建设管理服务第一线需要的，用得上、下得去、留得住的高素质人才，要突出基层、一线、应用理念。

(九)充分发挥示范引领作用

2005 年 11 月 2 日，《国务院关于大力发展职业教育的决定》(国发〔2005〕35 号)下发不到一周，建设 100 所示范性高职院校的号角刚刚吹响，习近平同志就明确提出希望浙江金融职业学院努力把学校建设成为具有自身特色的示范性高等职业院校，既是对学校办学治校的目标要求，也是对一所好学校的期望和信任，这与我们今天所说的“干在实处、走在前列、勇立潮头”的理念是完全一致、一脉相承的，也成为十余年来浙江金融职业学院争先创优、争创一流的强大的思想武器和精神力量，今后必须进一步巩固和加强。

三、强化责任担当，积极探索重点名优高职院校建设之道

认真学习习近平同志对浙江金融职业学院办学的指示和勉励，结合学习党的十八大以来习近平总书记治国理政新理念新思想新战略的体会，我们要不断增强对高等职业教育办学规律的把握，同时，也更加清晰了我们办学治校的目标，坚定了我们创建全国一流重点名优高职院校的信念，具体来说：

(一)坚定“特色鲜明、人民满意、师生幸福”的办学宗旨

浙江金融职业学院升格办学以来，坚持认真学习贯彻党的教育方针，在实践中探索形成了自己的办学特色和办学理念，始终践行“特色鲜明、人民满意、师生幸福”的办学宗旨，立足于让人民满意的目标，着力打造办学特色，不断探索师生幸福之道，全心全意依靠全体教师办学，真心诚意爱护关怀学生，坚持以生为本、以教师为基、以校友为宗，不断提升和追求办学品质，全面推进更高品质幸福金院建设。下一步我们要着力抓好以生为本榜样学校、尊师重教模范学校，改革创新先行学校、内涵建设先进学校、素质教育领先学校、文化建设特色学

校、和谐建设典范学校和社会责任引领学校建设，努力把党的宗旨和教育方针落到实处，不断增强教师获得感、学生增值感和师生幸福感。

（二）坚持“全国一流、重点名优”高职院校的建设目标

自2006年入选国家示范性高职院校建设计划项目院校以来，浙江金融职业学院就坚持争先创优、勇夺一流的目标不动摇，先后提出打造中国金融类高职第一品牌，引领财经类高职改革创新的创建目标，取得了示范建设的优异成绩并获得诸多奖励和荣誉。2015年教育部启动优质高职学校建设，浙江省提出实施优质暨重点高职院校建设计划之后，学校党委认真分析机遇和条件，综合各类项目和计划，概括提出全国一流、重点名优的目标计划，表达了我们对学校高目标的追求，也表明了我们抢抓机遇的态度，应该是合理的、有基础的，经过努力是可能达到的，既符合办学规律和发展要求，也符合广大师生和校友心愿，为此，我们一定要咬定青山不放松，持之以恒抓到底，抢抓机遇建重点，满怀豪情创名优。

（三）正确把握并践行高等职业教育规律

高等职业教育既是高等教育的一个类型，也是职业教育的一个层次，有其自身独特的规律，我们既要积极探寻，也要认真遵循。习近平同志对浙江金融职业学院办学的指示和勉励，既是运行规律之要，也是提升品质之要。结合习总书记2014年5月30日对全国职业教育工作的重要指示，我们认为，在新的历史发展时期，我们要办好高等职业院校，必须做到：一是坚持服务发展，促进就业的方向，既要立足于服务经济社会发展，瞄准区域和行业企业需求，也要坚持就业工作导向，努力推进优质就业、顺利就业、对口就业。二是要坚持产教融合、校企合作，坚持工学结合、知行合一，不断推进以产教深度融合，努力构建校政行企合作发展机制，践行知行合一、培养知行合一的高素质职业化技术技能人才。三是坚持以立德树人为根本任务，努力做到育人为本、德育为先，努力培养德才兼备、又红又专的中国特色社会主义合格建设者和可靠接班人，在抓好人才培养工作的同时，全面承担科学研究、社会服务、文化传承创新和国际交流合作等各项职能，努力增强学校的社会吸引力和社会认可度，真正把办学宗旨落到实处，把办学目标落到实处。

在新的历史条件下，我们将认真学习贯彻习近平总书记系列重要讲话精神和治国理政新理念新思想新战略，秉持浙江精神、干在实处、走在前列、勇立潮头，努力做中国特色高等职业教育创新发展的引领者，为“两个一百年”的中国梦和中华民族的伟大复兴做出新的更大的贡献。

参考文献

[1] 王继平.加快发展现代职业教育的行动指南——习近平总书记关于职业教育的重要论述[J].中国职业技术教育，2016(25).

[2] 葛道凯.习近平重要教育论述对教育改革发展的重大意义[J].中国职业技术教育，2016(19).

[3] 周建松，陈正江.我国高职教育的政策演进——基于1996到2016年三个重大事件的分析[J].中国人民大学教育学刊，2016(4).

目录

坚定正确的办学方向 …… 周建松　马　彬/001

坚持和加强党的全面领导 …… 王　琦　刘晓杰　吴国平/011

树立先进的办学理念 …… 周建松/023

健全思想政治工作体系 …… 陈云涛/031

落实立德树人根本任务 …… 周建松/043

坚持教学中心地位 …… 郭福春/052

打造高水平专业群 …… 孔德兰　刘　丽/060

培育高素质师资队伍 …… 王　琦　谢　峰　周　哲/069

构建素质教育体系 …… 陈云涛/078

加强文化建设与文化育人 …… 张鹏超/087

强化创新创业教育 …… 陈云涛　戴海容/100

构建紧密校企合作机制 …… 周建松　陈正江/111

做大职业和社会培训 …………………………………………………… 方　华/121

加强科研和社会服务 …………………………………………………… 郭福春/127

推进国际交流与合作 ………………………………… 郑亚莉　刘仿强　魏　吉/143

完善学校治理结构和体系 ………………………………………………… 吴建斌/151

加强以章程为核心的学校制度建设 ………………………… 张鹏超　李　杰/158

健全质量保障体系 ……………………………………………………… 郭福春/167

提高财务和资产绩效 ………………………………………… 方　华　李　华/175

推进清廉学校建设 ……………………………………………………… 张江琳/187

建设高品质幸福学校 …………………………………………………… 吴建斌/196

充分发挥示范引领和带头作用 …………………………………………… 周建松/203

努力提升学校发展竞争力 ………………………………………………… 周建松/211

坚定正确的办学方向

周建松　马　彬

高等职业教育既是高等教育的重要组成部分，也是职业教育的重要层次。习近平总书记在担任浙江省委书记、浙江省人大常委会主任时，就给予高职教育热切关心和亲切勉励。2005 年 11 月 2 日，在浙江金融职业学院建校三十周年前夕，习近平同志充分肯定了学校办学成绩，并就下一步如何办好高等职业教育做出了重要批示。批示中首要强调的就是“希望你校坚持社会主义办学方向”。党的十八大以来，以习近平同志为核心的党中央提出了习近平新时代中国特色社会主义思想，习近平总书记对加快发展现代职业教育做出了重要指示，对高等学校的办学目的、思想政治工作、党的建设，对如何树立正确的学生观、教师观、人才培养观都做出了重要指示。

2017 年 12 月，在全国高校思想政治工作会议上，习近平总书记发表重要讲话，系统提出并回答了培养什么样的人、怎样培养人、为谁培养人等重大问题，并明确指出，我们要在中国共产党领导下扎根中国大地办中国特色社会主义高校，培养中国特色社会主义合格建设者和可靠接班人。2018 年 9 月，在全国教育大会上，习近平总书记发表的重要讲话中，用“九个坚持”来概括新时代坚持中国特色社会主义教育发展道路的基本要求，其中一个就是坚持社会主义办学方向。2020 年 9 月，习近平在教育文化卫生体育领域专家代表座谈会上的讲话中强调，要坚持社会主义办学方向，把立德树人作为教育的根本任务，发挥教育在培育和践行社会主义核心价值观中的重要作用。2021 年 4 月，习近平总书记在清华大学考察时指出，坚持社会主义办学方向，抓住历史机遇，紧扣时代脉搏，立足新发展阶段、贯彻新发展理念、构建新发展格局，把发展科技第一生产力、培养人才第一资源、增强创新第一动力更好结合起来，更好为改革开放和社会主义现代化建设服务。这是新时代坚持和发展中国特色社会主义教育的根本原则。

习近平总书记始终明确要求，我们办的是社会主义教育，要培养社会发展、知识积累、文化传承、国家存续、制度运行所要求的人，要坚持教育为人民服务、为中国共产党治国理政服务、为巩固和发展中国特色社会主义制度服务、为改革开放和社会主义现代化建设服务，真正做到为党育人、为国育才。这些论述和思想，对当前和今后一个时期教育工作作出了重大部署，为加快推进教育现代化、建设教育强国、办好人民满意的教育提供了根本遵循，是我们办学治校的指导方针和思想武器，我们一定要认真贯彻落实。

“君子务本，本立而道生。”社会主义办学方向就是“本”。忽视和弱化对社会主义办学方向的坚持，在培养人的问题上走偏了，我们为之奋斗的现代化事业就会失去方向和目标。办好中国特色、世界水平的现代教育，最重要的就是在事关办学方向的问题上站稳立场。

一、深入学习习近平总书记关于坚持社会主义办学方向的重要论述

（一）把培养德智体美劳全面发展的社会主义建设者和接班人作为根本培养任务

坚持社会主义办学方向，就是要把“培养德智体美劳全面发展的社会主义建设者和接班人”作为根本培养任务。

培养什么人，是教育的首要问题。在习近平总书记关于教育的重要论述中，谈的最多的就是立德树人。党的十九大刚结束，习近平总书记出席清华大学相关活动时就指出，教育就是要培养中国特色社会主义事业的建设者和接班人，而不是旁观者和反对派。2018 年 5 月，北京大学 120 周年校庆，习近平总书记与北京大学师生座谈时又指出：“大学是立德树人、培养人才的地方，是青年人学习知识、增长才干、放飞梦想的地方。借此机会，我想就学校培养什么样的人，怎样培养人，同各位同学和老师交流一下看法。我先给一个明确答案，就是我们的教育要培养德智体美全面发展的社会主义建设者和接班人。”

在全国教育大会上，习近平总书记再次强调，我国是中国共产党领导的社会主义国家，这就决定了我们的教育必须把培养社会主义建设者和接班人作为根本任务，培养一代又一代拥护中国共产党领导和我国社会主义制度，立志为中国特色社会主义奋斗终身的有用人才。这是教育工作的根本任务，也是教育现代化的方向目标。

习近平总书记在全国教育大会上还特别强调了劳动教育的重要性，强调要在学生中弘扬劳动精神，教育引导学生崇尚劳动、尊重劳动，懂得劳动最光荣、劳动最崇高、劳动最伟大、劳动最美丽的道理，长大后能够辛勤劳动、诚实劳动、创造性劳动。指出构建德智体美劳全面培养的教育体系，形成更高水平的人才培养体系，使我国社会主义教育的培养目标更为完整。

坚持社会主义办学方向，构建德智体美劳全面培养的教育体系，培养德智体美劳全面发展的社会主义建设者和接班人，就要把“综合协同育人”作为根本途径。要牢牢抓好课堂教学育人主渠道。课程是实现育人目标的重要载体，体现着国家意志，在落实立德树人根本任务中发挥着重大作用。要严格落实义务教育和普通高中课程方案以及各学科课程标准，切

实保证中小学开齐开足开好各门规定的课程，为培养时代新人打下坚实的共同基础。教材是课程的主要载体，加强中小学教材建设，要全面推广语文、历史、道德与法治三科统编教材，规范各学科国家课程教材的使用管理，坚决避免以校本课程教材、引进课程教材替代国家课程教材等现象，切实维护教材的权威性和严肃性。要准确把握课程标准和教材，充分激发中小学校长课程领导力和教师课程实施力，围绕核心素养开展教学与评价，促进学生自主、合作、探究学习。要注重实践育人，“梦想从学习开始，事业从实践起步”，因此，“我们的学习应该是全面的、系统的、富有探索精神的，既要抓住学习重点，也要注意拓展学习领域：既要向书本学习，也要向实践学习，既要向人民群众学习，向专家学者学习，也要向国外有益经验学习。学习有理论知识的学习，也有实践知识的学习”。要坚持知行合一、学以致用，在改革开放和社会主义现代化建设的大熔炉中，在社会的大学校里，掌握真才实学，增益其所不能，努力成为可堪大用、能担重任的栋梁之材，成为担当民族复兴大任的时代新人。

(二)把“四个服务”作为根本要求

坚持社会主义办学方向，就是要把“四个服务”作为根本要求。

培养什么样的人、怎样培养人，为谁培养人，是教育的根本问题。2016 年 12 月，习近平总书记在全国高校思想政治工作会议上强调：教育发展方向要同我国发展的现实目标和未来方向紧密联系在一起，坚持“为人民服务，为中国共产党治国理政服务，为巩固和发展中国特色社会主义制度服务，为改革开放和社会主义现代化建设服务”的新要求。坚持“四个服务”，是统筹推进“五位一体”总体布局和协调推进“四个全面”战略布局的要求，是统筹促进教育服务人的发展和教育服务社会发展的要求。“四个服务”揭示了我国教育的社会主义性质和方向。

全国人大常委会于 2015 年 12 月 27 日修订的《中华人民共和国教育法》规定：“教育必须为社会主义现代化建设服务、为人民服务，必须与生产劳动和社会实践相结合，培养德、智、体、美等方面全面发展的社会主义建设者和接班人。”习近平总书记提出的“四个服务”是教育方针中“两个服务”的具体化；“四个服务”和“德智体美劳”五育并举，丰富和发展了党的教育方针。

坚持社会主义办学方向，把“四个服务”作为根本要求，就要把“坚持以人民为中心发展教育”作为根本宗旨。办教育是为了人民，发展教育必须把人民群众对公平而有质量的教育需求作为奋斗目标，当前，教育发展不平衡、不充分，已经成为满足人民群众日益强烈的对公平、优质、多样、特色教育需求的主要制约因素。要让人民在教育上有获得感，就要认真解决好当前在人民群众中普遍存在的教育问题，让每个孩子都有人生出彩的机会。要努力构建德智体美劳全面培养的教育体系，形成更高水平的人才培养体系，培养学生的核心价值观、必备品格和关键能力。要把立德树人融入思想道德教育、文化知识教育、社会实践教育各环节，贯穿基础教育、职业教育、高等教育各领域，学科体系、教学体系、教材体系、管理体系要围绕这个目标来设计，教师要围绕这个目标来教，学生要围绕这个目标来学。凡是不利于实现这个目标的做法，都要坚决改过来。

（三）把坚持社会主义意识形态作为根本特征

坚持社会主义办学方向，就是要把坚持社会主义意识形态作为根本特征。

马克思主义是我们立党立国的根本指导思想，也是我国教育最鲜亮的底色。要牢牢把握学校意识形态工作领导权、管理权、话语权，坚持马克思主义指导地位不动摇，坚持不懈传播马克思主义科学理论，抓好马克思主义理论教育，为学生一生成长奠定科学的思想基础。"革命理想高于天"，"理想信念就是共产党人精神上的'钙'"，要把理想信念教育放在首位，牢固树立共产主义远大理想和中国特色社会主义共同理想。要加强中华民族伟大复兴中国梦教育，"青年一代有理想、有本领、有担当，国家就有前途，民族就有希望"。我们进行伟大斗争、建设伟大工程、推进伟大事业，就是为了实现伟大梦想。"人生的扣子从一开始就要扣好"，要把培育和弘扬社会主义核心价值观作为凝魂聚气、强基固本的基础工程，把社会主义核心价值观融入国民教育全过程，落细、落小、落实，入耳、入脑、入心，让核心价值观的种子在少年儿童心中生根发芽，引导广大师生做社会主义核心价值观的坚定信仰者、积极传播者、模范践行者。要推动中华优秀传统文化创造性转化、创新性发展，继承革命文化，发展社会主义先进文化，不忘本来、吸收外来、面向未来，更好地构筑中国精神、中国价值、中国力量，为人民提供精神指引。要把中国特色社会主义道路自信、理论自信、制度自信、文化自信转化为办好中国特色、世界水平的现代教育的自信。

办好中国的事情，关键在党。中国特色社会主义最本质的特征是中国共产党领导，中国特色社会主义制度的最大优势是中国共产党领导。"党政军民学，东西南北中，党是领导一切的。"党的领导是引领中国特色社会主义教育事业不断前进的最大政治优势。党的十八大以来，我国教育事业发展之所以实现历史性变革、取得历史性成就，根本在于以习近平同志为核心的党中央的正确领导，根本在于习近平新时代中国特色社会主义思想的科学指引，根本在于党对教育事业的领导得到全面加强。教育是国之大计、党之大计，中国共产党是中国特色社会主义教育事业的领导核心。办好我国教育，必须坚持党的领导，牢牢掌握党对学校工作的领导权，使学校成为坚持党的领导的坚强阵地。各级党委要把教育改革发展纳入议事日程，党政主要负责同志要熟悉教育、关心教育、研究教育。各级党组织为满足人民群众对"更好的教育"的期盼，必须坚持把教育放在优先发展的战略位置。教育部门和各类学校要坚持以"四个意识"导航、以"四个自信"强基、以"两个维护"铸魂，自觉在政治立场、政治方向、政治原则、政治道路上同党中央保持高度一致，将学校党组织建设成为基层先锋战斗堡垒。

(四)把教师队伍建设作为根本依靠

坚持社会主义办学方向，就是要把“教师队伍建设”作为根本依靠。教师是立教之本、兴教之源，肩负着传播知识、传播思想、传播真理，塑造灵魂、塑造生命、塑造人的时代重任，是教育发展的第一资源。如果说今天的学生是未来实现中华民族伟大复兴中国梦的主力军，广大教师就是打造这支中华民族“梦之队”的筑梦人。这是今天中国教师所要扛起的历史担当。习近平总书记在充分肯定教师工作贡献的同时，对广大教师提出殷切期望，希望广大教师牢固树立中国特色社会主义理想信念，牢固树立终身学习理念，牢固树立改革创新意识；坚持教书和育人相统一，坚持言传和身教相统一，坚持潜心问道和关注社会相统一，坚持学术自由和学术规范相统一；成为有理想信念、有道德情操、有扎实学识、有仁爱之心的“四有”好老师；做学生锤炼品格的引路人，做学生学习知识的引路人，做学生创新思维的引路人，做学生奉献祖国的引路人。

坚持社会主义办学方向，建设社会主义现代化强国，要求我们认识到教师工作的极端重要性，把加强教师队伍建设作为教育事业发展最重要的基础工作来抓，对全党全社会尊师重教提出新的更高要求。要确保党牢牢掌握教师队伍建设的领导权，保证教师队伍建设正确的政治方向。要把提高教师思想政治素质和职业道德水平摆在首要位置，把社会主义核心价值观贯穿教书育人全过程，推动教师成为先进思想文化的传播者、中国共产党执政的坚定支持者、学生健康成长的指导者。要把教师工作置于教育事业发展的重点支持战略领域，打造政治过硬、业务精湛的教师队伍。要营造尊师重教的社会环境，努力提高教师的政治地位、社会地位、职业地位，使广大教师在岗位上有幸福感、事业上有成就感、社会上有荣誉感，使教师享有应有的社会声望，成为让人羡慕的职业。

二、坚持社会主义办学方向，全面落实立德树人根本任务

深入学习贯彻习近平关于教育的重要论述，坚持社会主义办学方向，落实立德树人根本任务，必须加强党的领导，必须发展素质教育，必须重视专业建设，必须推进文化育人。

(一)加强党的领导是落实立德树人根本任务的前提

牢牢把握党对学校的领导权。习近平总书记指出，办好我国高等教育，必须坚持党的领导，牢牢掌握党对高校工作的领导权，使高校成为坚持党的领导的坚强阵地。中国共产党是

中国工人阶级的先锋队，是中华民族的先锋队，是中国特色社会主义事业的领导核心。坚持党对高校的领导，是中国特色社会主义大学的本质特征，也是中国特色社会主义大学的最大政治优势。新中国成立以来我国高等教育发展的辉煌历程充分证明，只有不断根据形势和任务的发展变化来提升和完善党对高校的领导，才能保证高校更好地为人民服务、为中国共产党治国理政服务、为巩固和发展中国特色社会主义制度服务、为改革开放和社会主义现代化建设服务，这是已经被历史反复证明了的中国高等教育发展的一条基本规律。为此，必须在高校的实际工作中，落实党建工作要求，完善党建工作体系，发挥党建引领作用，充分彰显党建工作在立德树人中的强大正能量和示范效应。

(二)发展素质教育是落实立德树人根本任务的基础

习近平总书记在党的十九大报告中指出，要全面贯彻党的教育方针，落实立德树人根本任务，发展素质教育，推进教育公平，培养德智体美全面发展的社会主义建设者和接班人，这既阐述了立德树人的重要性和主要任务，同时也阐明了素质教育在立德树人中的重要和基础地位。

重视思想政治教育，坚定政治站位。思想政治素质从广义上说又包括思想道德素养、思想政治觉悟，实际上也是学生的世界观、人生观、价值观问题。党中央反复强调必须开设思想品德修养和法律基础、毛泽东思想和中国特色社会主义概论等课程，开设好形势和政策课。近年来，中办等部门又要求各级各类学校要加强中华优秀传统文化教育，在高等学校开设中国文化课程。同时，中共中央又反复强调重视培育和践行社会主义核心价值观，这都是为了更好地解决好青年学生的人生方向和目标定位问题。对于当代青年而言，特别重要的是要坚持以习近平新时代中国特色社会主义思想武装头脑，统领行动。我们必须严格按照党中央的要求，抓好这些工作，努力把学生培养成为中国特色社会主义的合格建设者和可靠接班人，并从中造就一大批卓越领导者，实现我们培养德才兼备人才的目标和要求，使一代又一代青年学子坚定政治站位。同时，对学生的培养注重强化职业素质养成，以推动人生发展；加强人文素质教育，以增强发展后劲；重视身体素质锻炼，以夯实发展所需的身体基础；关注心理素质和心理健康，以挖掘发展潜力；培养创新创业素质，以做出社会贡献。

(三)重视专业建设是落实立德树人根本任务的路径

作为高等教育的一个类型，高等职业教育基本建设单位是专业，专业教育是职业教育的基点，推动特色、优势、品牌、高水平专业建设一直是提高高等职业教育质量的基本抓手，更是落实立德树人根本任务的重要路径。

重视专业设置的科学合理性及前瞻性。为了体现人才培养的针对性和适应性，专业设置必须从产业和经济社会发展需要出发，充分体现产业链、创新链、人才链、教育链的有机融合和统一，要把握世界科学技术发展的大趋势，适应产业变革的基本特征，善于从结构和需要的变化中研究专业需求，在此基础上，结合学校条件和人才需求来研究专业格局。关键是要找准学校办学的定位，找准区域和行业变化的需要，保持相对稳定和一定弹性。

要发挥好专业建设在立德树人中的作用，必须注重课程体系建设，既要基于专业所必需的知识和理论，又要注重基于工作过程的生产经营实践，构建适应高等职业教育层次和特点的课程体系，体现理论和实践的结合、知识和行动的协调。

(四)推进文化育人是落实立德树人根本任务的保障

高等学校既是一个教育机构，也是一个文化机构，以文化人、文化育人是高等学校的重要功能，文化建设和文化育人可以起到一个此处无声胜有声的作用，而且是更具有深刻性和持久性的力量。正确把握文化建设方向。一是始终坚持和把握中国共产党领导这一根本原则，坚持加强并不断完善党委领导下的校长负责制这一办学治校体制机制，以此作为文化建设的根本前提。二是坚持立德树人为根本，努力把培养社会主义合格建设者和接班人作为根本任务，以此作为文化建设的主线。三是坚持培育和践行社会主义核心价值观，并把核心价值观融入人才培养全过程，作为学校文化建设的根本遵循。

三、做好浙江金融职业学院立德树人工作的思考

立德树人工作是一项涉及党和国家长治久安的战略安排，要把战略安排转化成为落地生根的具体“战术”要求，需要各个学校结合自身实际创造性地开展工作。浙江金融职业学院升格办学以来，全面贯彻党的教育方针，坚持社会主义办学方向，努力推动立德树人工作在学校落地生根、开花结果，持续提升中国特色高等职业教育育人育才水平。

(一)学校立德树人工作探索与实践

1. 贯彻以生为本理念

“一切为了学生、为了学生一切、为了一切学生”，把以生为本办学理念内化为价值，外化为行动。学校上下统一思想认识，在人、财、物投入，教学资源、教学设施、教学环境营造，教师时间和精力投入，领导兴奋点和注意力投入等方面都落实“三个一切”要求，设立“爱生节”，真正体现学校的爱生情怀、爱生情结，从而推动学校立德树人工作的开展。

2. 确立科学培养方针

一是以德为先、德才兼备，有道是：“有德有才是正品，有德无才是次品，无德无才是废品，无德有才是毒品，德才兼备才是上等品。”二是全面发展、特长培养，按习近平总书记提出

的“人人皆可成才，人人尽展其才”的要求，促进人的全面发展，并在此基础上实施特长培养。三是就业导向、多样成才，培养学生一技之长，在岗位上施展其一技之才，为社会发展作贡献。

3. 构建“三关”工作体系

学校早在2003年就提出了“关爱学生进步、关注学生困难、关心学生就业”的“三关”工作理念并以此构建“三关”学生工作体系，切实把解决学生实际问题，促进学生成长成才摆在突出位置，落到实处。

4. 实施“千日成长工程”

“千日成长工程”作为以高等职业教育三年学制为设计基础，将教与学、始业到毕业、就业到人生发展肇始加以整体思考和探索。从学生入学到毕业大约1000天，旨在全程育人，辅之以全员育人、全心育人、全体育人、全景育人，建立起全程整体育人、立体育人的长效工作机制，促进学生健康成长、天天成长、人人成长、全面成长、快乐成长、持续成长。

5. 加大育人奖评力度

学校将“学工履历”作为青年教师任职的必备条件，鼓励教师投身一线育人；将担任班主任作为教师晋级的重要依据。通过创设育人成果奖与教学成果奖等价；开展金牌班主任、辅导员评奖，在优秀班主任和辅导员评选基础上对年限长和表现好的教师进行评选奖励，有效激励教师干部潜心立德树人、教书育人。

6. 创设素质教育学院

在素质教育方面进行了持续的探索和实践，相继创设了以马克思主义学院、明理学院、淑女学院、银领学院、国际交流学院、创新创业学院、继续教育与培训学院等。素质教育学院，以分段和分类培养为特色，既有其各自独特的素质指向和培养重心，相互间又彼此呼应，相辅相成，形成学校发展素质教育多元开放的办学体系，在实践中取得良好成效。

7. 构建文化育人体系

构建诚信文化、金融文化、校友文化相结合的“三维文化”育人体系，推进文化育人功效和文化育人机制的建立，以文化引领发展为目标，以浙江省高校文化校园建设项目为载体，以诚信校园、精神家园、成长名园为主题，夯实诚信文化、校友文化、金融文化“三维文化”育人基石，构建校院二级文化品牌体系，探索文化治理新模式，弘扬以德立人、以业育人、以文化人的校园文化。

8. 加强优势专业建设

深化“行业、校友、集团”的共生态办学模式，坚持产教融合、校企合作，以“六业贯通”理念抓好专业为龙头的教学基本建设，将专业建设与人才培养模式、课程改革与教学创新、师资队伍建设与教育教学能力提升、教风学风的优化和提升紧密结合，以优势专业建设为抓手，推进高职教育内涵发展，办好专业、强化职业、注重学业、重视就业、鼓励创业、成就事业。

9.构建发展服务型学生工作体系

加强学生思想政治理论教育和理想信念教育，着眼学生发展，创新育人载体。部门协同，各方合力推进，完善和优化学生服务，引导学生主动参与第二课堂锻炼、第三课堂实践，进一步提升学生的职业精神和职业素养。

（二）学校坚持社会主义办学方向，立德树人工作的成效和经验

学校上下深入学习习近平总书记关于坚持社会主义办学方向的重要论述，全面落实立德树人根本任务，在多年的实践中取得良好工作成效，形成了可借鉴可推广的先进经验。

1.适时提出科学理念，推出有效举措

如坚持“三关”工作机制、“三个一切”指导思想，设立“爱生节”，推动学生“千日成长工程”，推进全课程育人，创设全国首家高职院校马克思主义学院，建立银领学院、淑女学院、明理学院，构建“三维文化”育人体系，构建发展服务型学生工作模式，等等，均取得了良好成效，扩大了学校品牌影响力。

2.重视学生就业工作，成效显著

高等职业教育坚持就业为导向的办学宗旨，以就业为导向构建育人体系，围绕学生就业能力抓教学，营造职业化育人环境，实现由学生到和谐职业人的转换，培养大批“行业操守好，岗位适应快，动手能力强”的高品质学子，实现顺利就业、对口就业、优质就业。抓好“135791”生涯职业规划即一年熟练岗位、三年成为骨干、五年成为尖子、七年顺利优岗、九年初成事业、一生平安幸福，为学生人生发展奠基。

3.重视校友发展工作，作用明显

学校高度重视校友工作，加强校友会平台建设，动员校友力量推动创业教育，支持母校发展。以“推进校友事业和学校事业共同发展”为愿景，以“助推校友成长、成就母校发展、促进经济繁荣”为方针，以“激扬高层、激发中层、激励基层、激活全体、引领学生”为路径，以“巩固老校友、开发新校友、重视成就校友、关注成长校友”为理念，始终把服务校友作为学校的价值追求，把服务好校友作为学校重要的社会责任。常年开展以“千名学子访校友，千名校友回课堂，百名校友话人生，百名校友上讲坛，百名教师进企业”为主要内容的“2300”校友育人活动，发挥校友育人功效，凝聚全中国校友力量，建设高品质幸福金院。

4. 学校形成良好的教书育人氛围

坚持完善党委领导下的校长负责制，努力办好让党放心、师生幸福、人民满意的高职教育，不断增强领导班子的办学治校整体能力。党委统一领导，做好宣传思想文化工作，自觉承担起举旗帜、聚民心、育新人、兴文化、展形象的使命任务，压紧压实意识形态工作责任制，牢牢掌握意识形态领导权和主导权，培育和践行社会主义核心价值观，坚守和捍卫教书育人主阵地，激发全体师生正能量。坚持“倚重教师德才、尊重教师个性、注重教师发展”的理念，引导教师以德立身、以德立学、以德施教、以德育德，模范遵守《新时代高校教师职业行为十项准则》，实现“四个相统一”，争做“四个引路人”、“四有”好老师。

坚持和加强党的全面领导

王　琦　刘晓杰　吴国平

中国共产党的领导是中国特色社会主义最本质的特征，是中国特色社会主义制度的最大优势。党的十九大对推进新时代中国特色社会主义伟大事业和党的建设新的伟大工程作出全面部署，提出新时代党的建设总要求，将坚持和加强党的全面领导作为其中的重中之重，指出了新时代党的建设的根本目的和根本原则。

教育是党之大计、国之大计，高校党建是党的建设新的伟大工程的重要组成部分。习近平总书记指出：加强党对高校的领导，加强和改进高校党的建设，是办好中国特色社会主义大学的根本保证。党的十八大以来，以习近平同志为核心的党中央，高度重视加强党对高校的全面领导和高校党的建设，作出一系列重大部署。

浙江金融职业学院始终重视加强党的领导，坚持党建引领育人，以党的建设统领学校高等职业教育事业。多年来，学校牢牢遵循习近平总书记于 2005 年对学校作出的“希望你校坚持社会主义办学方向，牢固树立和全面落实科学发展观，继续发扬优良传统，全面推进素质教育，不断提高教育质量和办学水平，努力把学校建设成为具有自身特色的示范性高等职业院校，为社会培养出更多高素质的应用型人才”批示指引，持续抓党建促发展，取得了首批国家示范性高职院校建设的优异成绩，并于 2017 年、2019 年分别被评为浙江省重点建设高职学校、中国特色高水平高职学校建设单位。习近平总书记的指示和勉励思想深邃、内涵丰富、系统全面，充分表达了习近平总书记对办好高等职业院校的重要思想，早已为高等职业教育发展、为我们办学治校明确了方向和重点。站在学校“十四五”发展的新起点，学校要打造高等职业教育标杆校，实现建标杆、扩校区、升本科的三大发展使命和任务，必须运用好习近平总书记批示这一重要思想武器，认真贯彻落实习近平总书记关于职业教育、高等教育的重要指示精神，把坚持和加强党的全面领导作为发展的首要原则和根本保证，在标杆校建设中发挥高质量党建的引领和保障作用。

一、充分认识加强高校党的领导和建设的重大意义

加强党的领导和建设是高校办学治校的基础和保证。近日，中共中央修订印发《中国共产党普通高等学校基层组织工作条例》，强调必须毫不动摇坚持和加强党对高校的全面领导，不断加强和改进高校党的建设，切实履行全面从严治党主体责任，把高校党的建设摆在突出位置来抓，健全高校党的组织体系、制度体系和工作机制，推动高校党的建设与高等教育事业发展深度融合，以高质量的党建引领推动高校为党育人为国育才、实现高质量发展。

（一）牢牢把握社会主义大学办学方向

方向决定前途，道路决定命运。习近平总书记指出："我们的高校是党领导下的高校，是中国特色社会主义高校。""加强党对高校的领导，加强和改进高校党的建设，是办好中国特色社会主义大学的根本保证。"办好中国特色社会主义大学，牢牢把握社会主义办学方向，这是我们办学治校的根本，任何时候都不能有丝毫动摇。在新的历史起点上，必须牢牢掌握党对高校工作的领导权，坚决维护党中央权威和集中统一领导，坚持马克思主义指导地位，不折不扣地贯彻落实党的教育方针，坚持教育为人民服务、为中国共产党治国理政服务、为巩固和发展中国特色社会主义制度服务、为改革开放和社会主义现代化建设服务，努力培养德智体美劳全面发展的社会主义事业建设者和接班人。

（二）确保立德树人根本任务落到实处

党对高校的领导，体现在高校办学治校的政治方向上，同样体现在培养什么人、怎样培养人、为谁培养人这一根本性问题上。我们党历来高度重视高校思想政治工作，特别是党的十八大以来，以习近平同志为核心的党中央把高校思政工作摆在突出位置，作出一系列重大决策部署。要全面贯彻落实党的十九大精神和全国高校思想政治工作会议精神，落细落实立德树人根本任务，必须加强党对教育工作的全面领导，确保党的领导在高校全面发挥作用，坚持将正确政治方向贯穿办学育人全过程，把培养德智体美劳全面发展的社会主义建设者和接班人作为根本任务，切实加强社会主义核心价值观教育，积极建构大思政工作格局，提升思政工作水平，提高人才培养质量，真正做到为党育人、为国育才，培养担当民族复兴大任的时代新人。

（三）扛好管党治党、办学治校主体责任

修订后的《中国共产党普通高等学校基层组织工作条例》对高校党委的地位和作用作出

了更为完整全面的概括，明确高校党委承担管党治党、办学治校主体责任，履行把方向、管大局、作决策、抓班子、带队伍、保落实的领导职责。学校改革发展能否取得显著成效，党委的作用最为关键。高校党委要切实把全面领导职责牢牢扛在肩上，坚持党管办学方向、党管干部、党管人才、党管意识形态，领导改革发展。坚持党要管党、全面从严治党，贯彻新时代党的建设总要求，对照“六个过硬”标准，以改革创新精神加强党的建设，把好人才培养方向，管好学校稳定大局，做好发展重大决策，坚持和完善党委领导下的校长负责制，抓好干部队伍建设和基层党组织建设，保证党的各项方针政策全面落实。贯彻落实习近平总书记的重要批示，不断提升党委管党治党、办学治校的能力，进而提高学校教育质量和办学水平，将党组织的政治优势和组织优势转化为学校的发展优势。

二、准确理解把握学校高质量党建的内涵

《中国共产党普通高等学校基层组织工作条例》，中共中央、国务院印发的《关于加强和改进新形势下高校思想政治工作的意见》，中共中央组织部、中共教育部党组印发的《高校党建工作重点任务》，中共教育部党组印发的《关于高校党组织“对标争先”建设计划的实施意见》，中共浙江省委办公厅印发的《关于深化推进新时代高校党建工作的意见》，教育部、财政部印发的《关于实施中国特色高水平高职学校和专业建设计划的意见》等法规和文件，为我们新时期高质量做好学校党建工作指明了方向。

（一）把全面从严治党的要求落实到党的建设全过程

习近平总书记强调，各级党委（党组）要切实落实全面从严治党主体责任，把全面从严治党的要求落实到党的建设全过程。高校全面从严治党，是坚持社会主义办学方向、增强党组织凝聚力战斗力的必然要求，也是推进高校治理体系和治理能力现代化的重要保障。学校党委必须持之以恒坚持全面从严治党不动摇，贯彻落实《党委（党组）落实全面从严治党主体责任规定》，以党的政治建设为统领，把政治标准和政治要求贯穿党的思想建设、组织建设、作风建设、纪律建设以及制度建设、反腐败斗争始终。完善党内监督体系，推动党委主体责任、书记第一责任人责任和纪委监督责任贯通联动、一体落实，推进全面从严治党向纵深发展、向基层延伸。

（二）坚持和完善党委领导下的校长负责制

加强党对高校的全面领导，首要任务就是要坚持和完善党委领导下的校长负责制。中共中央办公厅颁布的《关于坚持和完善普通高等学校党委领导下的校长负责制的实施意见》

指出，党委领导下的校长负责制是中国共产党对国家举办的普通高等学校领导的根本制度，是高等学校坚持社会主义办学方向的重要保证，必须毫不动摇、长期坚持并不断完善。健全落实党委领导下的校长负责制，要准确把握党委领导和校长负责的关系，加强内部领导班子建设，健全和完善议事决策机制、协调运行机制，加强学校章程建设，不断推进治理体系和治理能力现代化，形成以高校章程为基本准则、党建工作与治理结构全面融合的现代大学治理体系，将这一领导制度优势转化为办学治校的强大效能。

（三）打造高素质的干部队伍

认真贯彻新时代党的组织路线，全力打造一支忠诚干净有担当的高素质专业化干部队伍，为学校事业发展提供坚强保证。坚持好干部标准和正确选人用人导向，健全完善选人用人机制、干部考核评价机制、干部激励机制和容错纠错机制。选好配强学校中层领导班子，大力选配二级学院党建、业务“双强型”书记，增强班子整体功能。切实加强年轻干部培养，注重从教学科研管理一线发现培养选拔优秀年轻干部，加强对业务骨干、学科带头人、优秀人才的压担历练，着力打破隐形台阶，加大使用力度。坚持严管厚爱并重，健全干部监督管理体系，严格执行重大问题请示报告、个人有关事项报告、兼职和出国（境）管理等日常管理制度，落实“干部为事业担当，组织为干部担当”的良性互动机制，进一步推动形成良好政治生态。

（四）构建系统高效的大思政工作格局

坚持育人为本、德育为先、德才兼备的人才培养方向，强化政治引领，将党的领导贯穿立德树人全过程。牢牢把握思想政治工作生命线，深入推进习近平新时代中国特色社会主义思想进教材进课堂进头脑，大力开展理想信念教育和社会主义核心价值观教育，构建全员全过程全方位育人的思想政治工作格局，增强青年学生对中国道路、理论和制度的信念，保持对中华文化和中国价值的自信。贯彻落实习近平总书记的重要批示，坚持素质教育与专业建设相融合，实现职业技能和职业精神培养高度融合，构建多样性立体化素质教育体系。强化意识形态工作领导权、管理权和话语权，压实意识形态工作责任制，从严管理各类学术组织、学术社团，主动占领意识形态阵地，做到寸土不失、片瓦不丢、丝毫不让。壮大思政工作队伍，加大思政课教师激励保障力度。

（五）建设坚强有力的二级学院党组织、基层党支部

坚持抓基层强基础，健全学校党的基层组织体系、制度体系和工作机制，全面增强基层党组织生机活力，筑牢坚强的战斗堡垒。全面实施“抓院促系、整校建强”铸魂行动，紧紧抓

住二级学院这个关键层级，完善党政共同负责制，强化党组织的政治功能，把好政治关、管好各类思想文化阵地，有效落实党组织管思想、管干部、管人才、管政策的职责要求。大力推动一切工作到支部，坚持支部建在专业上，严格落实“三会一课”、主题党日等组织生活制度，强化党支部地位和作用，以坚持标准、提高能力为重点，深化高校教师党支部书记“双带头人”培育，充分发挥党支部教育管理监督党员和组织宣传凝聚服务师生员工的作用。推进基层党组织标准化规范化建设，坚持和完善党组织书记抓基层党建工作述职评议制度。畅通党务干部发展通道，增强党务工作岗位吸引力。

(六)充分发挥师生党员先锋模范作用

加强党员队伍建设，用习近平新时代中国特色社会主义思想武装全党，深入推进“两学一做”学习教育常态化制度化，巩固深化“不忘初心、牢记使命”主题教育成果，扎实开展党史学习教育，强化理想信念教育和党性教育，开展经常性政治体检，推动党员履职尽责、担当作为。坚持把政治标准放在首位，严把党员发展质量关。加强对高知识群体的政治引领和政治吸纳，重视在优秀青年教师、留学归国教师中发展党员，让教工党员的先锋模范作用在团结师生员工、完成教学科研管理任务中显现出来。注重从源头抓起，在低年级学生中加强入党积极分子的教育培养工作，发挥学生党建在思想政治教育中的引领作用和学生党员先锋模范作用，帮助团支部、班委会以及学生社团开展工作，影响、带动广大学生刻苦学习、全面发展、成长成才。

(七)建设全国高职院校党的建设新标杆

学校第三次党代会确立了打造新时代高职教育标杆校的奋斗目标，这也是学校中国特色高水平高职学校建设方案中确定的建设目标。建设新时代高职教育标杆校，关键在党，必须以政治建设为引领，学校“双高”建设计划围绕全面加强党的领导和党的建设，旗帜鲜明地提出“高举旗帜固本强基，建设全国高职院校党的建设新标杆”的使命任务。以高质量党建引领新时代高职教育标杆校建设，建设中国高职教育的党建标杆，意味着以更高标准探索高职院校高质量党建的制度、模式，使学校党的全面领导和建设持续加强，达到取得全国高职教育党建工作领先水平、为全国高职院校党的建设树立金院示范样板的建设目标。党建标杆的建设预期应在全国高职教育领域具有一定影响力，具体体现在形成获得广泛认可的党建品牌案例、建设全国高职院校一流马克思主义学院和一流思想政治理论课、在主流媒体发表理论宣传文章、牵头主办全国高职院校党建类会议、取得全国和浙江省党建类荣誉等方面的标志性成果。

三、学校党建工作的经验和探索

(一)学校党建工作主要做法和成效

党的十八大以来，学校党委深入贯彻落实党的十八大精神、党的十九大精神和习近平新时代中国特色社会主义思想，以党的政治建设为统领，加强党对学校的全面领导，把抓好党建作为最大政绩，认真履行管党治党、办学治校主体责任，高效落实立德树人根本任务，营造良好政治生态，团结带领全体师生向中国特色高水平高职教育标杆校、一流高职教育、更高品质幸福金院、新时代中国特色高水平高职教育的重要窗口目标全力进发。

1. 明晰党委职能定位，正确把握党委对学校的全面领导

学校党委严格按照党委职能定位，抓住核心要求和主要任务，提出并落实履行“党要管党、从严治党，党抓发展、科学和谐，党主育人、价值引领，党蓄队伍、凝心聚力，党谋幸福、师生至上”五大职能，牢牢把握党对学校的领导权，保证党委抓大局做决策，坚持党委对学校的全面领导职责不缺位，坚持和完善党委领导下的校长负责制不动摇，努力做好党建工作不松懈，推动培养高质量人才、建设高水平团队、打造高品质学校等各项工作，有力地支持和促进了学校各项事业健康发展。

2. 注重党的工作体系建设，科学构建党建工作体制机制

注重加强党的工作体系建设，深化构建“三化五体系”：推进党的建设体系化、党的领导功能化、党风廉政建设常态化，按“五型”要求加强领导班子建设，按“五位一体”要求完善党风廉政工作体系，坚持“五政”“五风”同建，推进“五清”“五廉”并重，强化师生党员“五带头”作用，全面落实新时代党的建设总要求。

从高职院校特点出发，科学构建“五个一”党建工作体系，即“学校党委要成为一个科学发展的决策集体，院(系)党总支要成为一个开放育人的领导集体，基层党支部要成为一个创新创业的战斗集体，一个教师党员要成为一面教书育人的旗帜，一个学生党员要成为一个成才成长的榜样”，并认真加以落实。党建工作体系化建设有力推动了全面从严治党从党委到基层到党员的层层落实，较好地发挥了党委的领导核心作用、院(系)党总支的政治领导作用、基层总支部的战斗堡垒作用和师生党员的旗帜榜样作用。

3. 规范提升党委领导下的校长负责制，加强“五型”领导班子建设

完善党委领导下的校长负责制，坚持民主集中制，健全领导班子议事和决策制度，依规完善《党委会议事规则》《校长办公会议事规则》，党委书记、校长保持经常性沟通，对重大事

项提前充分交流意见，带头增进班子团结。加强领导班子自身建设，按照“忠诚、为民、担当、干净、务实、创新”的要求，努力把党委班子建设成为“忠诚担当型、学习研究型、开拓创新型、勤勉洁廉型、服务示范型”的“五型”领头雁，制定出台《关于加强党委班子自身建设 引领高水平标杆校建设的若干意见》。扎实推进依法治校，完善内部治理结构，及时修订《浙江金融职业学院章程》，将党的十九大以来党对高校领导的要求、新时代高校党的建设要求等写入章程。

4.认真履行全面从严治党责任，抓好党风廉政建设常态化

持续强化正风肃纪，将全面从严治党持续引向深入。进一步落实学校党委党风廉政建设主体责任，构建“党委主体责任、党委书记第一责任、纪委监督责任、分管领导‘一岗双责’责任和党委班子齐抓共管责任”的党风廉政工作体系。坚持勤政、廉政、俭政、善政、优政“五政”同构，着力保持党风、改进政风、提升教风、引领学风、优化校风“五风”同建。推进以清纯党风、清明政风、清净校风、清正教风、清新学风为抓手的“五清”工程清廉校园建设，做到党政重廉、监督促廉、制度固廉、教育启廉、文化润廉“五廉”并重。从决策机制、监督机制着手，制定和完善管理制度，建立健全内部控制措施，促进学校治理体系和治理能力现代化。深入实施党员干部联系基层制度，校领导、中层干部定期下基层、进课堂、进寝室、进支部、进社团、讲党课，做到层层对接、联系紧密。

5.完善干部培养机制，深入实施两个“双培工程”

坚持选人用人导向，进一步激发干部队伍的活力。大力选用优秀年轻干部，为优秀年轻干部搭建展示平台，给予年轻干部更多锻炼机会，做大做优年轻干部“基本盘”。深入实施“把优秀党员培养成专业（学术）带头人，把专业（学术）带头人培养成优秀党员，把党内骨干尤其是支部书记培养成中层干部，把学校教学管理骨干培养成支部（总支）书记”的两个“双培工程”，增强党组织凝聚力和吸引力，彰显党组织书记和党员的“头雁效应”。强化干部培训与教育，完善干部培训制度与培训方式，助力干部提升能力。持续推进教师党支部书记“双带头人”培育，通过基层党组织换届实现教师党支部书记“双带头人”配备全覆盖，并不断强化党支部书记的党建业务培训和专业素质培养。

6.压紧压实意识形态工作责任制，加快构建“大思政”工作格局

压紧压实意识形态工作责任制，牢牢把握宣传思想工作的正确导向，加强课堂和各类思想文化阵地的建设管理，加强全国高职院校首家马克思主义学院、省中国特色社会主义理论体系研究中心研究基地建设。深入推进习近平新时代中国特色社会主义思想进教材进课堂进头脑，落实《新时代学校思想政治理论课改革创新实施方案》，持续开展“全校师生同修三门思政理论课”活动；推行“小班化”教学，在教案中加入课程思政育人内容，使思想政治理论课与专业课有机结合，使各类课程与思想政治理论课同向同行，形成协同效应；开展思想政

治理论课教学改革，实施“互联网＋”教学，形成线上线下混合式教学，完善思想政治理论课信息化教学平台建设。

7. 加强教职工和学生党建工作，深化师生党员“五带头”工程

坚持以政治建设为统领，以基层组织建设、党员教育管理为重点，加强教职工和学生党建工作。大力推进基层党建工作特色品牌建设和创新发展，建成290平方米的学校党群服务中心，现有全省高校党建特色品牌2个，学校党委、会计学院党总支、投资保险学院保险党支部分别入选首批全省高校党建工作“示范高校”“标杆院系”“样板支部”培育创建单位，是全省仅有的3个基层党组织全部入选全省高校党建“双创”培育项目的2所高职院校之一。校内推行“党员亮身份”，以党员教工“敬业爱校我带头、教书育人我带头、改革创新我带头、廉洁自律我带头、和谐建设我带头”、党员学生“尊师爱校我带头，勤学苦练我带头，社会实践我带头，公益服务我带头，创新创业我带头”的“五带头”为载体，促进师生党员先锋模范作用发挥，带动工会、共青团、妇联等群团组织和学生会建设。加强学生党员全过程教育，设立学生党员示范岗，开展学生党员示范工程，发挥学生党员的成才成长榜样力量，带动广大学生树立正确的世界观、人生观、价值观、历史观、民族观、国家观、文化观，增强爱党敬党向党看齐的信念，以规范化、特色化学生党建助推学生“千日成长工程”，引领打造一体化“三全育人”格局。坚持“中青年专业学科带头人以共产党员为主体，中青年骨干教师以共产党员为主体，‘三育人’先进个人以共产党员为主体”的“三个为主体”导向，加大党员发展力度，广泛开展“育才成才标兵”“两优一先”选树宣传，增强榜样示范带动力，全面激发党建工作正能量。

8. 增强党建工作辐射力，以党建研究引领高职院校发展

利用高职院校各类党建研究平台拓宽辐射力，以党建研究引领高职院校发展。学校作为浙江省高职院校党建研究会会长单位、秘书处单位，全国高职院校党委书记论坛副主任委员单位，联合省内高职院校共同推进高职院校党的建设与思想政治教育工作研究，搭好党建工作交流合作平台。2020年，学校发起召开了中国特色高水平高职学校党委书记论坛，第一次旗帜鲜明地围绕加强党的建设推动“双高”校建设召开专题论坛，在高职院校中发挥了较大的引领示范作用。学校马克思主义学院作为全国高职院校第一家马克思主义学院，持续深化理论研究和推广，扩大影响力，已连续主办6届全国高职高专院校马克思主义学院书记院长论坛。

(二)奋力推进学校党建工作再上新台阶

学校党委将重温习近平总书记的批示精神，对标习总书记对学校的办学指示和勉励，贯彻重要指示，强化责任担当，自觉担负起习总书记赋予浙江努力成为全面展示中国特色社会

主义制度优越性的重要窗口的神圣使命，积极响应省委“忠实践行‘八八战略’奋力打造‘重要窗口’”的号召，围绕学校“十四五”规划确立的建标杆、扩校区、升本科三大发展新使命和党代会提出的走高品质幸福金院建设之路、打造新时代高职教育标杆校的目标，准确把握高职院校办学之要，探索新时代高职教育标杆校建设之道。贯彻落实新修订的《中国共产党普通高等学校基层组织工作条例》，进一步抓好《高校党建工作重点任务》《关于深化推进新时代高校党建工作的意见》的落实，对照学校党委“六个过硬”、院（系）党总支“五个到位”、基层党支部“七个有力”要求，以加强党的建设为统领，以“双高”建设为契机，进一步强化部门协同，形成更具含金量的标志性成果，推动学校党建工作干在实处、走在前列、勇立潮头，加快建成党建工作示范高校，发挥好在全国高职教育领域的引领作用。

1.提升组织力，推动党的建设与学校中心工作深度融合

紧紧围绕中心工作抓党建。切实加强党的政治建设，认真贯彻落实《中共中央关于加强党的政治建设的意见》，从政治高度强化管党治党主体责任，突出党组织的政治功能，不断提高政治判断力、政治领悟力、政治执行力，切实把全面从严治党寓于实施领导的全过程。实施体系化党建工作，落实行动，完善党委、总支、支部、教师党员、学生党员协同党建工作格局，持续深入实施“一流党建工作计划”，全面推进学校“抓院强基、整校建强”铸魂行动、“铭记光辉历程、谱写发展新篇”行动，结合“双高”建设，将党建引领工作落到实处，促进学校各级党组织组织力全面提升。加强干部和人才队伍建设，多途径、多渠道培养锻炼干部，着力配备敬业务实、开拓创新、既有专业背景和业务能力又懂管理的干部，持续深入实施“159高水平人才战略”，加大人才引育力度，营造人尽其才、才尽其用的良好氛围。

不断强化党组织主体责任。学校领导班子带头加强自身建设，规范实施党委领导下的校长负责制，建立健全“七重”重要决策和议事规则，发扬为民服务孺子牛、创新发展拓荒牛、艰苦奋斗老黄牛的精神。层层传导压力、压实责任，完善年度基层党组织书记抓党建述职评议制度，健全基层党建考核评价机制，将党的建设与学校事业发展同部署、同落实、同考评。激励基层党组织积极谋划、保障落实人才培养、专业建设、产教融合等重要工作，有力推动学校“双高”建设，推进绍兴校区建设，积极筹划本科层次职业教育，突出“整体智治”，完善学校制度体系和校院两级管理体制，统筹推进学校治理体系和治理能力现代化，实现学校“十四五”新发展。

2.厚积内生力，深化基层党建示范创建和质量创优行动

全面建强二级学院党组织，继续实施“一把手”党建责任工程，强化基层党组织的政治核心地位，探索建立各二级学院党组织，发挥政治把关和保障作用的机制，加强对二级学院党组织委员会、党政联席会议议事规则实施情况的监督。大力落实一切工作到支部，规范每月

第一周周三“党员活动日”、党内组织生活制度，健全党支部参与重要事项决策机制，严格规范高校毕业生党员组织关系管理。着力增强党务工作岗位吸引力，配强基层党建工作力量，加强党务工作者队伍建设，促进“双带头人”教师党支部书记培优提质。

持续抓好党建示范建设，做到“五个一批”：争取出一批理论研究成果、一批党建实践创新成果、一批党建示范引领成果、一批党建宣传展示成果、一批党建领航发展成果。按计划有序推进全省高校党建“双创”培育项目，做到软件建设和硬件投入并重、整体水平和品牌建设双提升。继续抓好党建特色品牌培育建设，启动“双带头人”教师党支部书记工作室培育建设。提档升级学校党群服务中心、学生党员之家建设和管理。推进钱塘新区和学校党建共建取得新进展。

3. 增强吸引力，提高思想政治工作质量和党员发展质量

实施“系统设计、师生同修、专题定制、线上线下、立体实践”的思政教育工程，不断丰富教学内容、改进教学方法、创新教学载体，增强思政课的吸引力、感染力，推进习近平新时代中国特色社会主义思想进教材进课堂进头脑。开展长三角地区思政课教师巡讲和教学研讨，主办浙江省高职高专院校思想政治理论课教师教学技能大赛，激发教学活力。坚持“大思政”理念和意识形态系统思维，将教书与育人、党建与育人、实践与育人、文化与育人、环境与育人、校友与育人有机结合，在理论学习、课程思政、文化育人等方面统筹协调各方面力量，形成“全心、全员、全程、全面、全体、全景”协同复合式思政新格局。增强新形势下党建宣传工作的时代感和吸引力，用好用活学校官网、校报等传统媒体与学校官方微信、微博、抖音等新媒体平台。

提升党员素质，加强组织活力，激发党员的自豪感、归属感，健全党组织和党员联系服务群众制度，增强党组织对青年学生和高层次人才的吸引力。强化教工党员选拔培养的针对性，注重培养、引导中青年骨干教师、博士等高层次人才加入党组织，进一步落实党员领导干部联系服务高层次人才，校、院两级领导班子成员、党员专业带头人联系优秀青年教师制度，吸引党外知识分子主动靠拢党组织。严把党员入口关，以加强学生党员全过程教育培养为重点、完善学生党员管理服务为基础，结合学校“千日成长工程”整体规划，深入实施学生党员发展质量提升工程。

4. 提高免疫力，全面推进清廉校园建设

认真贯彻新时代全面从严治党要求和“清廉浙江”决策部署，持之以恒抓好作风和纪律建设。健全党风廉政工作体系，精准落实党风廉政建设要求，以实施《全面推进“清廉校园”建设实施办法》为抓手，进一步加强清明政风、清净校风、清正教风、清新学风、清纯党风建设，营造“五个清”风清气正氛围，构建清廉校园建设新格局，为学校高质量发展提供坚强的

政治基础和纪律保障。坚持教育为本、预防为先，强化上级有关政策、规定的宣传力度，通报典型案例，以案明纪、以案释法。规范各类“小微权力”，整治师生身边的“微腐败”，不断强化二级单位、职能部门履行日常监督职责的行动自觉，确保权力的正确运行。支持纪委聚焦主责主业，充分发挥其党内监督专责机关的作用。深化运用监督执纪“四种形态”，重点用好“第一种形态”。强化对权力运行的制约与监督，健全重点领域关键环节的内控规范和廉政风险防控体系，持续深化廉政风险防控机制建设。畅通群众监督渠道，充分发挥审计监督作用，形成监督合力。

5.汇集向心力，为学校和谐发展画好最大同心圆

在加强党对统战工作的集中统一领导、发挥党外代表人士参政议政作用、完善统战工作机制、推进民主党派自身建设四个方面下功夫，凝心聚力，带领统一战线广大成员立足本职、围绕中心、服务大局，为打造新时代高职教育标杆校服务，为国家、浙江省经济发展、高职教育建言献策，切实推进学校统战工作整体提升。支持和帮助民主党派基层组织加强政治思想建设，巩固政治思想基础。进一步畅通沟通联系渠道，听取党外人士对学校新时代办学发展的意见和建议。对接党外人士需求，加强对党外人士的挖掘、培养，积极推进党外干部的科学使用；深入挖掘、宣传党外代表人士先进典型；强化统战阵地建设，建好学校统战之家、中华职业教育社社员之家，支持民主党派建设成员之家，充分发挥留学人员和家属联谊会平台作用。深化学校与民建浙江省委、民进浙江省委的战略合作，积极推动民建、民进两个支部打造规范化标准化建设样板，建立健全民主党派在学校发展成员的协商沟通机制。坚持领导联系制度，认真落实校领导与民主党派负责人定期联系制、校院两级党员领导干部“四个一”联系制，主动对接高层次人才，做好知识分子团结、引导、服务工作。

6.发挥带动力，高质量推进新时代党建带群建工作

以政治建设统领党建带群建，强化群团组织思想政治工作，指导工会、共青团、学生会、学生社团等广泛开展理想信念、爱国主义和形势任务常态化教育活动。充分发挥群团组织的桥梁和纽带作用，激发群团组织服务大局的新活力，动员师生紧扣学校改革发展中心任务，立足本职岗位建功立业。加强党对青年工作的领导和引导，加强共青团、学生会组织工作，完善学生社团建设，结合学校《青年发展规划纲要》，切实抓好青年价值观养成，将更多优秀青年吸引到党的队伍里来。支持学校工会委员会、妇联开展保障教职工权益、促进教职工身心健康的各类活动。加强党内关怀，进一步做好离退休人员工作，发挥好老同志的作用。加强群团干部队伍建设和教育培训，把党建带群建列入党建工作考核的重要内容，完善工作制度机制，强化工作支持保障。形成在党委领导下党政工团齐抓共促的良好氛围和局面，促进高水平建设按照既定目标要求不断前行。

7. 拓宽辐射力，争创全国高职院校党的建设新标杆

发挥好浙江省高职党建研究会会长单位的引领作用，以习近平新时代中国特色社会主义思想为指导，紧密协同全省各高职院校，高质量落实全国高校思想政治工作会议、全国教育大会、全国职业教育大会精神。注重马克思主义学院科研团队的研究功能与学术积累，持续加强党的理论武装，提升教师思想政治素质与理论研究水平，发挥学校在高职马克思主义学院建设方面的示范作用，努力建成习近平新时代中国特色社会主义思想在浙江实践的宣传研究的高职重镇。以浙江省高职院校党建研究会、学校马克思主义学院为平台，高水准深化高职院校党建理论与思想政治教育工作研究，推动学术创新，加强研究成果转化、推广与应用力度，发挥高职党建高端智库作用，以党建研究深化引领高职院校发展，为全国、全省高职党建工作做出贡献。

树立先进的办学理念

周建松

经过几十年的发展，我国高等职业教育的办学方向和办学指导思想等基本问题已经得到了较好解决，规模扩张和外延发展已不再是主要任务，内涵建设和提高质量应该成为工作重点，特别是经过十年来示范高职院校建设、骨干高职院校等建设规划的引领，科学先进的办学和育人理念，促进和推动高水平建设的思想已经基本统一，树立什么样的理念，怎样去办学校，事实上也已经成为高水平学校建设的重要内容之一，甚至具有决定性意义。

一、科学先进的办学理念的重要性

一般而言，学校领导和师生员工都希望努力办一所好学校。但是，好学校是什么样的？应该用什么样的理念去引领？而科学先进的办学理念究竟有什么作用？这些问题，看似人们已经认识，其实则不然。

（一）理念是什么

《辞海》对理念一词的解释有两条：一是指看法思想，思维活动的结果。二是指观念，通常指思想。观念上升到理性高度则称指为理念。作为观念上升到理性高度的理念，一般具有以下特点：一是区域性，即每一种理念都有自己的局限和适应范围；二是概括性，指我们对现象有了一定的认知，概括性越高，说明认知越丰富；三是间接性，即理念是指凭借自己的语言对客观现象进行诠释；四是客观性，即我们要对客观现象的本质或特征有整体性的诠释；五是逻辑性，即诠释现象的信息内容，反映出理念是一种抽象的理论认识，遵循着一定的规律，有一定的形式，并按一定的方法来进行；六是深刻性，即理念是经过人类的思考活动，进行过信息的加工——去粗取精，去伪存真。正因为这样，观念不一定是理念，思想不一定是理念，观念和理想升华到一定高度才称得上是理念。

(二)科学先进的办学理念的重要性

人们的行为不应该是盲目的，而往往是由理念指引的，理念对过去是经验总结，对将来是行动纲领，对内部便于统一认识，对外部具有昭示和宣传功能。正因为这样，大到治国，小到处理一件事情，事实上都有理念的指引，没有理念相当于没有统帅行为和行动的思想，工作往往具有盲目性。各个部门、各个环节也不容易统一和协同，只有建立起统一并形成共识的理念才会使行动更加有序和有效。所谓对过去是工作总结，因为今天的理念往往是在实践基础上的、比较成功而有效的才被保留下来；所谓对将来是行动纲领，工作下一步怎么做、怎么协调，按理念指引；所谓对内便于统一思想，在分工协作的情形下，依靠统一的理念来协同工作；所谓对外具有宣传功能，就是我们的工作怎么做、办什么样的学校、怎样办学等都需要理念的指引。

(三)高职教育最基本的理念必须认同

高等职业教育既具高教性，又具职教性，作为高教性和职教性的统一体，经过三十多年的探索和实践，我们基本可以形成共识的是：以服务为宗旨、以就业为导向、走产学研相结合的道路，为社会主义生产建设管理服务培养下得去、用得上、留得住的高素质技术人才。根据这一基本理念，在具体的办学实践中，各个学校都在进行探索，如浙江金融职业学院提出践行“特色鲜明、人民满意、师生幸福”的办学宗旨，构建“行业、校友、集团共生态”的办学模式，确立“做学生欢迎之师、创社会满意之校、育时代有用之才”的价值观念，同时根据高等职业教育的特点和学校自身特点，确立传承金融历史、服务地方经济、培养实用人才的办学定位，进而到确立“共建共享幸福金院、永创永续金融黄埔”的愿景，也是办学理念的具体化，提出全面建设更高品质的幸福金院则是目标和理念的进一步具体化。

二、重视办学三大主体是最基础的理念

要办一所好的高职院校，必须研究办学主体的功能和作用。我们从实践中认识到，办好一所高职院校，必须坚持以学生为本、以教师为基、以校友为宗，在此基础上打造教师、学生、校友发展共同体。

(一)以学生为本

以学生为本是以人为本理念在办学中的具体表现。以学生为本说起来比较容易，做起来其实比较困难，作为一所追求高水平、高品质的学校，必须牢牢把握这一点。从学校建设

发展逻辑关系看，因为要培养学生，才需要建设学校，需要选拔培养教师，培养学生的需要成为办学的出发点和归宿点。对此，我们必须有充分而且清醒的认识，要把这一理念落到实处，就必须有载体，有行动方略。浙江金融职业学院这几年在实践中，以设立爱生节(5 月 23 日为爱生节，每年 11 月 23 日为深化爱生节)为载体，全校上下确立爱生理念，培养爱生文化，并以实施学生“千日成长工程”为抓手推进以生为本理念的落实。所谓“千日成长工程”，就是把高职学生从入学到毕业大约 1000 天时间精心设计为一个工程。以全程育人为引导，辅之以全面育人、全方位育人、面向全体学生育人、全体教师参与育人、营造全方位环境育人。具体划分为一年级金院学子，强调懂做人；二年级系部学友，强调精专业；三年级行业学徒，强调会做事。在实践工作中，全校积极建构关爱学生进步、关注学生困难、关心学生就业的“三关”工作体系。以生为本理念具体化，又通过行为规范要求，科学设计和实施专业人才培养方案，通过素质教育与专业教育的有机融合，通过“四个化”即品德优化、专业深化、行为美化、技能强化和具体的考核激励将学生教育培养落到实处。

(二)以教师为基

教师是学校重要的主体，如果说学生是最重要的群众，那么教师就是最主要的主体。要办好一所有品质、有水平的学校，必须牢固树立全心全意依靠全体教师的理念，落实“尊重教师个性、倚重教师德才、注重教师的发展要求”，真正做到“关心人、爱护人、帮助人”。一是要确立教师在学校的真正的主人翁地位，尊重教师、珍爱博士、关心青年、厚待教授，切实提高教师在学校政治和社会生活中的地位；二是要花大力气、用大工程致力于培养和造就一支高素质高水平教师队伍，正确处理好培养、提高、充实、引进的关系，立足于打造好现有教师队伍；三是要以物质和精神相结合的高度重视教师队伍激励，既要为教师提供更多更丰厚的物质待遇，又要为教师创造更多成名成家的平台、舞台和展台；四是要研究好教职工激励机制，充分利用各种条件和可能，建立青年教师培养与成长的金翅膀机制、中年教师稳定与发展的金台阶机制、老年教师幸福与安康的金色降落伞机制，从而进一步激励教师忠于职守、教书育人，并通过教师“千万培养”工程、“十项计划”，促进教师千帆竞发，努力提高师德师风和教育教学水平，促进人才培养质量的持续提高。在这一过程中，学校还应当采取科学有效措施，致力于培养好高水平专业带头人和学术学科带头人，为教师发展引路领航。

(三)以校友为宗

校友在学校建设发展和治理中的地位和作用问题，至今尚没有引起足够的重视。我们分析认为，世界上凡成功的学校无不具有一大批高忠诚度高质量的校友，而学校人才培养质量也需要一大批优秀校友来彰显。因此，就群众观点而言，校友是最广泛的群众。一所办学有历史、有规模的学校，如果连他的校友体系都没有建立起来，连自己的校友都不认母校，那肯定不能认为这所学校是高水平的，也很难是可持续的。因此，高水平的学校在办学理念上必须确立起以校友为宗的理念，自觉地把校友纳入学校发展系统和力量之中。在高等职业院校，一般都强调产教融合、校企合作，强调重视和加强兼职教师队伍建设。那么，我们同时也认为，校友是联络产教融合、校企合作的重要纽带，是校企合作的重要伙伴，也是兼职教师的重要来源，而且，这样做更有利于学校文化传承创新，更好地履行职责。在工作实践中，我们还必须认识到，校友是人心，需要去汇聚；校友是力量，需要去积聚；校友是资源，需要去开发；校友是平台，需要去搭建；校友是桥梁，需要去架构；校友是事业，需要去开拓；校友是财富，需要去积累；校友是文化，需要去弘扬。在工作战略上，我们要想办法申请设立法人性质的校友会组织，并在具体工作中做到激扬高层、激发中层、激活基层、激励全体的工作，努力推进校友“会同学、看老师、回母校、共发展”四位一体的统一。浙江金融职业学院这几年在实际中坚持以关爱每一位校友为宗旨，以巩固老校友、开发新校友、注重成功校友、重视成长校友为方针，以“2300 活动”为抓手（千名学生访校友、千名校友回课堂、百名校友话人生、百名校友上讲台、百名教师进企业），促进了校友工作不断深化，推动了学校事业发展。

（四）精心打造教师、学生、校友发展共同体

学校既是一个事业单位，同时也是一个发展系统，学校既要重视学生、教师、校友三大主体建设，同时也要建立有效的机制。推动教师、学生、校友的互动，努力构建以母校为轴心和圆心的教师、学生、校友发展共同体，浙江金融职业学院以共建共享幸福金院、永创永续金融黄埔为愿景，以凝聚海内外校友力量、建设高品质幸福金院为抓手，以有缘描绘校友美好人生、有缘描绘母校美好前景、有缘描绘祖国美好未来为动力。共同体正在建设之中，为母校打造百年品牌、建设品质学府凝聚起强大正能量。我们认为，以学生为本、教师为基、校友为宗理念的确立和实践，并在此基础上形成对教师、学生、校友共同体建设的重视，是高水平学校重要的基础性理念。

三、遵循高职办学规律是十分重要的理念

高等职业教育作为高等教育的一个重要组成部分，同时也是职业教育的教育层次，具有类型和层次的统一。国家对于高等教育的基本要求和关于发展职业教育的重大举措要在高等职业教育中有机体现出来，既不可偏废和偏颇，同时也必须办出特色和水平，其主要的规律应该是：

(一)以立德树人为根本

高等教育有五大使命,即人才培养、科学研究、社会服务、文化传承创新、国际交流合作,但人才培养是第一位的。高等职业教育必须以人才培养这个核心为根本,切实把人财物资源配置和工作重心放到人才培养上。在人才培养工作中,要坚持立德树人、德才兼备、德育为先。首先要重视和培养学生的德,强调做事先做人,同时,抓好知识传授、能力培养和素质提升,努力培养和造就中国特色社会主义合格建设者和可靠接班人。社会主义核心价值观的培育和践行贯穿人才培养全过程,积极构建切实有效的素质教育体系,重视学生思想素质教育,解决好做人高度;重视人文素质教育,解决好做人厚度;重视业务素质教育,解决好做人深度;重视心理素质教育,解决好做人宽度;重视身体素质教育,解决好做人长度;重视创新创业教育,解决好做人强度。

(二)以专业建设为龙头

在我国,高等教育和中等职业教育都采用专业的形式组织实施教育教学和人才培养,这与基础教学以课程为单元不同。高等职业教育,无论是学生的分类还是教师的分类都强调专业,学校教学组织的划分、教学资源的分配等都以专业为单元,两级教学组织的建设一般以专业群为单位落实。专业结构决定学校办学结构和办学特色,也决定学校的面貌和服务领域,因而也是学校特色之所在。正因为这样,要遵循办学规律,就必须遵循专业建设这个龙头,在专业建设中要切实按照办好专业、注重学业、强化职业、重视就业、鼓励创业、成就事业的六业贯通的理念落实工作,同时注重按区域经济社会和行业企业发展需要设置和调整专业,优化专业结构,努力创建优势特色和高水平专业,不断提高专业建设水平,为全面提高人才培养质量和办学水平打下扎实的基础。

(三)以教学为中心

高职院校要落实立德树人的任务并把专业建设落到实处,就必须确立教学工作的中心地位,坚持学校工作围绕教学中心转。资源配置和领导人员加强向教学倾斜,切实防止学校工作中可能出现的行政化倾向。落实教学工作中心地位,必须认真抓好教学过程六环节工作,围绕优化课表、重视课程、搞活课堂、抓好课本、丰富课余、发展课外的要求有序推进工作。特别要贯彻德才兼备、以德为先理念,编制好专业人才培养方案,并切实抓好实施。与此同时,要积极改善教学条件和教学环境,抓好教学信息化建设,重视先进教育技术推广应用,广泛开展基于“互联网+”的课堂教学创新,重视校内实验实训场馆建设,加强校外实习实践基地建设,为提高教育教学质量创造更好的环境。当然,坚持教学工作中心地位,必须尊重和重视教师，把尊师重教落到实处，只有落实了教师主体地位，教风学风和教学程序良好，专业特色化、课程精品化、实训真实化，才算有效和可靠。

（四）以就业为导向

高等职业教育要办好办活，立德树人、专业建设、教学工作好坏的衡量，在很大程度上取决于就业，就业市场的检验检测十分重要。从大的方面看，高等职业教育以服务为宗旨，以就业为导向，走产学研相结合的道路，这是党和国家的教育部门确定的一个方针。就具体情况分析，高等职业教育作为一个类型存在，就业工作确实是其导向和生命力所在。就业对于一个社会来说，是建设社会主义和谐社会的重要稳定器；对于一个家庭来说，是一辈子和命根子；对于学校办学和教育教学质量来说，确实是一块试金石。正因为这样，高等职业院校必须重视就业工作，把毕业生的就业率、对口就业率，把毕业生的优质就业作为一个重要工作去抓。与此同时，要积极创造条件开拓就业市场、广开就业门路。要依托校企合作就业，要提高质量带就业，要依靠校友力量助就业，要努力实现顺利就业、对口就业、优质就业、订单整体就业、批量实现就业、提前落实就业，同时实现就业稳定率、岗位发展力，不断提高就业薪酬水平。另外，作为教育行政部门和社会各方，也要加强对学校就业工作的考核，促进就业工作更好开展。

（五）以合作发展为支撑

要实现人才培养的顺利进行尤其是就业工作的落实，高等职业教育必须从实际出发，走出象牙塔，谋求广泛的合作和支持。要认真领会和理解习近平总书记对职业教育做出的重要指示，坚持产教融合、校企合作，坚持工学结合、坚持知行合一，不断探索和建立产教融合新机制。与此同时，要积极创造条件，探索建立集团化办学体制和机制，建构政行校企集团化办学格局和体制机制，为学校发展和人才培养工作积聚更多更大资源。学校要适应区域和行业企业需求，坚持开放开门办学，经常深入行业企业积极开展人才需求等调研活动，不断拓宽办学路径和办学市场，为学校发展和学生就业创造更好条件。特别是，当今科学技术日新月异，互联网广泛深入到我们的生活，新经济新组织层出不穷，发展迅猛，学校一定要适应新形势、研究新需求、谋求新发展，以合作发展、合作育人、合作办学、合作就业的新成果，彰显高水平学校的魅力。当然从学校发展和办学情况看，在抓好人才培养工作的基础上如何抓好科研和社会工作，如何开展多层次立体化职业培训和考证考级工作，如何参与到文化传承创新与技术技能积累过程中去，如何适应“一带一路”和国际化发展要求积极开展国际合作与交流，如何吸收国外优质资源改进人才培养工作，如何积极创造条件输出优质资源提高我国高等职业教育的国际影响力，均是我们必须重视的，我们要因校制宜，积极创新创优创一流推动学校全面科学和谐发展。

四、遵循规律，不断提升学校办学品质

树立科学先进的高职办学理念，是我们办好一所学校的基础，在落实好三大主体、五个基本规律的同时，我们要抓住时机，提升学校的办学品格和水平。

（一）抓住各种有利时机

进入21世纪以来，党中央、国务院高度重视高等职业教育发展，先后实施了建设国家100所示范性高职院校，100所国家骨干高职院校的措施，从而带动了部示范和省示范院校建设。中央财政还实施了专业服务产业转型升级项目，支撑建设了一大批国家级专业教学资源库。国家、省级示范建设也支持了一大批品牌和特色优势专业。应该说每一个项目，都带动了地方和行业企业的配套工作，调动了地方行业企业的资源和支持，唤起了全社会对高等职业教育的支持和重视。对于抓住机遇的学校来说，无疑是更大更快的进步。正因为这样，我们认为，对于立足于建设高水平、示范优质校的学校而言，充分利用各种政策和机遇，在提升品质和品牌影响上下功夫，就要有三种意识。一是要有机遇意识，坚持做到既快马快鞭再奋蹄，又不用扬鞭自奋蹄，抓住机遇，创造机遇，推动学校又好又快发展；二是要有一流意识，树立强烈的争先创优和创建一流意识，拉高标杆、自立目标，积极进取、多攀高峰；三是要有学习意识，坚持提倡学校之间、省市之间相互交流，相互学习，取长补短，扬长避短，超越发展，办出特色，办出水平。

（二）坚持走创新发展之路

高等职业教育是一个新的类型，从全球范围看，中国高等职业教育具有一定代表性，甚至具有先行性或者独特性，因此，创新发展成为必然。纵观我国高等职业教育30多年的历史，可以说高等职业教育因创新而生、因创新而存、因创新而兴，也一定会因创新而强，因创新而优、因创新而特。各高职院校在创优做强的道路上，一定会坚持创新发展之道，积极探索创新发展之路，既要在构建校政行企合作发展体制机制上创新发展，也要在探索集团化办学、混合所有制改革，订单式人才培养等方面积极作为，还可以在联合共办四年制本科高等职业教育方面做些探索，努力形成多元化、多种类、特色发展之路，真正打造出中国特色、世界水平的高等职业教育，在做特做强自己的同时，为中国特色高等职业教育发展积累经验，做好示范引领。

（三）全面建设高品质高职教育

如何根据不同地区、不同行业、不同学校的特点创新发展并树独创优，既是优质高职院

校应有的优秀品格，也是教育部实施高等职业教育创新发展行动计划的题中之义，在总结示范建设成果和经验的基础上，如何进一步凝练理念、积聚资源、做大做强，各学校也在进行探索。浙江金融职业学院作为国家首批28所示范性高等职业院校之一，近年来明确以高品质幸福金院建设为抓手，以“以生为本榜样学校、尊师重教模范学校、改革创新先行学校、内涵建设先进学校、素质教育领先学校、文化建设特色学校、和谐建设典范学校、社会责任引领学校”为主要内容，进行了积极探索和大胆实践，有力推动了教师、学生、校友发展共同体建设，提高了学校治理能力和治理水平，更大大提高了人才培养质量和学校教育质量，扩大了学校的社会影响力和美誉度，为引领中国特色高职教育发展做出了一定的贡献，其经验可以分享和推广。总之，要办中国特色高等职业教育，建设一批理念先进、文化鲜明、质量优异、品牌卓越的高职院校十分重要，我们一定要鼓励创新、激励创新、遵循规律、大胆创造，在扎实行动中努力开创更新更好的局面。

健全思想政治工作体系

陈云涛

精准思维是习近平新时代中国特色社会主义思想所蕴含的重要思维方式。习近平总书记曾对扶贫工作作出“贵在精准，重在精准，成败之举在于精准”的指示，其实思想政治工作亦然，也需要树立精准思维，对准焦距、找准穴位，变大水漫灌为精准滴灌，精准解决办学治校中的难点痛点。由于高校思想政治工作关系到“培养什么样的人、如何培养人以及为谁培养人”这个根本问题，人的思想引导和高校学生的成长又具有其独特的复杂性和规律性，构建起精准发力的思想政治工作体系，也成为新时代立德树人的必然之举。

一、构建精准发力的思想政治工作体系基本原则

何谓“精准”？精即精细，准即准确。思想政治工作要做到精准发力，一要坚持目标导向，“以人民为中心”，精准到人；二要坚持问题导向，具体问题具体分析，精准到事；三要坚持改革导向，创新工作方式方法，精准施策。

（一）坚持目标导向，精准到人

“以人民为中心”的发展思想是以习近平同志为核心的党中央提出并逐步完善的治国理政新思想，贯彻落实到教育领域就是“以生为本”，这就要求精准发力的思想政治工作必须目标在学生、服务于学生。思想政治工作者是“以生为本”理念的实施者，“自己首先要明道、信道”，“要坚持教育者先受教育，努力成为先进思想文化的传播者、党执政的坚定支持者”。[1]思想政治工作者只有不断提高自身修为和能力，才能把思想政治工作做得理直气壮、明白透彻，才能更好地促进学生健康成长、优质成才。学生是“以生为本”理念的实践对象，面对不同学生的个体需求以及不同学生群体的内心需求，思想政治工作不能笼统地采取想当然、“一刀切”的教育模式与内容，必须细致了解学生的所思、所想、所盼，因材施教、因势利导，在服务人、把握人的基础上引导人、塑造人。

(二)坚持问题导向,精准到事

“坚持问题导向是马克思主义的鲜明特点。问题是创新的起点,也是创新的动力源。”[2]实现思想政治教育因事而化、因时而进、因势而新,离不开对“事”“时”“势”的精准把握。中国特色社会主义进入新时代,是思想政治教育面临的全新的时代背景;我国日益走近世界舞台中央,是思想政治教育面对的新的国际形势。对“时”和“势”的把握,还要落脚到对“事”的精准应对中。[3]做好思想政治工作,“要遵循思想政治工作规律,遵循教书育人规律,遵循学生成长规律”,[4]深刻把握当前高校思想政治工作中西方意识形态渗透、多元价值文化冲击、社会不良思想侵蚀等影响,牢牢牵住“牛鼻子”,以解决主要问题和问题的主要方面为抓手,提供不同的解决方案和对策措施,才能让思想政治工作起到“攻心”的效果。

(三)坚持改革导向,精准施策

科学方法的指导和运用是思想政治工作目标实现和成效凸显的关键。我们身处的世界是日新月异的世界,我们面对的学生是活力无限的学生,“不日新者必日退”。思想政治工作要精准发力,必须积极创新方式方法,才能有效破解内容抽象、方式单一、资源固化、手段传统的问题。因此,思想政治工作必须创新工作理念和方法,做到线上思政与线下思政相结合、课内思政与课外思政相结合、理论教育与实践强化相结合、当头棒喝与娓娓道来相结合。同时在做好“大思政”顶层设计的前提下,理顺职责分工,实现全员、全过程、全方位协同育人,彻底释放思想政治工作活力和功效。

二、高职院校实施精准思政面临的困境

党的十八大以来,以习近平同志为核心的党中央对高校思想政治工作做出一系列重大部署。各高职院校紧密围绕立德树人根本任务,思想政治工作取得了重大成绩。大学生对党中央普遍高度信任与拥护,他们对新时代中国特色社会主义和实现中华民族伟大复兴充满信心;思政师资队伍建设与学科体系明显优化,各类思想政治教育阵地建设与管理不断加强;高校意识形态领域主流积极健康向上,大学生党员与党组织的“核心”作用越来越明显。[5]但由于受到职业教育特殊性、高职学生差异性、价值文化多元性、外部环境复杂性等因素的综合影响,高职院校实施精准思想政治工作仍存在一些困境和不足。

(一)人本观念不够强化

习近平同志指出:“思想政治工作从根本上说是做人的工作,必须围绕学生、关照学生、服务学生。”[6]这就要求思想政治工作必须牢固树立“以生为本”的核心理念,切实践行“立德

树人”的根本宗旨。高职教育以培养高素质应用型人才为目标，学制短，任务重，培养模式偏向于“快进快出”，这种办学的特殊性，在一定程度上容易导致高职院校对学生的培养陷入重技能传授轻立德教育、重就业结果轻树人过程的误区，呈现“短、平、快”的快餐式教育趋势，从而忽视了教育的根本目的是促进人的全面发展、可持续发展，未真正做到以促进学生全面发展为己任，以学生优质成才成长为中心，以尊重人、理解人、关心人和教育人、引导人、塑造人为根本出发点。

（二）理想信念有所淡化

坚定当代大学生对马克思主义的信仰，对社会主义和共产主义的信念，对中国特色社会主义道路、理论、制度、文化的自信，是胜利之“钥”、精神之“钙”、思想的“总开关”。00后高职学生是网络世界的“原住民”，“中国梦”时代的“新人类”，他们独立意识强，学习能力好，思维敏捷，视野开阔，但也存在心智不成熟，知行不一，辨别能力不强等弱点。在经济全球化加速、社会转型加剧、互联网迅猛发展的过程中，西方意识形态不断渗透，不良网络文化肆意冲击。因受到多元文化、泛娱乐化思潮的冲击，高职学生的思维方式、行为习惯、价值取向等发生变化，出现了部分学生政治信仰淡薄、思想观念退化、价值取向偏离等现象，“佛系”青年、“躺平”思潮一度盛行。高职学生理想信念一定程度上的淡化，使得思想政治工作的力度和准度在拿捏上比较困难。

（三）内容方法尚显简化

思想政治工作是一项以育人为核心的实践活动，涵盖的内容必须“接地气”，避免“假大空”；采用的方式必须“随大流”，不搞“一刀切”。一些高职院校的思想政治教育内容单一，没有与时俱进地结合世情、国情、省情，不能体现丰富澎湃的时代特征；教学采用的方法老套，大多数仍采用“灌输式”“填鸭式”说教，枯燥乏味，课程思政的改革进程也比较缓慢。同时，一些从事思想政治教育的教学科研人员、辅导员、学生工作人员等，对马克思主义相关理论知识掌握虽然较好，但对智能信息技术等领域的知识储备和运用能力则相对较弱，在开展网络思想政治教育时，往往处于被动地位。此外，不够重视学生社区寝室的育人功能，生活思政物理空间的开辟和整合有限，教育与生活的“最后一公里”没有彻底打通。过往与现代、线上与线下、课内与课外、理论与实践结合不紧密等问题导致了高职院校思想政治工作的实效性大打折扣。

（四）育人力量未能聚化

毛泽东同志在谈到党的教育方针时指出：思想政治工作，各个部门都要负责任。共产党应该管，青年团应该管，政府主管部门应该管，学校的校长教师更应该管。[7]习近平总书记也指出："办好教育事业，家庭、学校、政府、社会都有责任。"[8]要做好思想政治工作，真正实现"三全育人"，就要整合所有资源，动员所有力量，形成育人合力。高职院校的一些专业教师忙于教学科研，忽视了教书育人；一些行政后勤人员忙于日常管理，漠视了服务育人，尤其是在一些后勤社会化的高职院校，负责学生生活服务的社会公司教育理念相对淡薄，在一定程度上很难和学校达成育人共识、形成育人合力，处于"两张皮"的尴尬境地。不少高职院校并没有建立起与学生家庭常沟通、共育人的常态机制，家庭与学校的合力育人处于"断层"状态；对行业资源、校友资源、职教集团资源的整合和利用也不充分，协同能力不强。

三、精准思政工作体系的浙金院创新与实践

浙江金融职业学院始终坚持社会主义办学方向，立足学校特色，把握学生特点，运用"精准思维"，细化问题难点，把思想政治工作抽象的概念变成具体的举措，全面构建"党建引领、课程主导、爱生明理、社区服务、心理育人"五大工作体系，把精准发力的思想政治教育贯穿全员、全过程、全方位，实现学生成长获得感和可持续发展能力的明显提升。

（一）突出铸魂育人，强化党建引领工作体系

"加强党对教育工作的全面领导，是办好教育的根本保证。"[9]浙江金融职业学院根据高职院校的学生特点，在"扣好人生的第一粒扣子"上细做文章，铸炼思想之魂，通过构建和完善"五个一"党建引领工作体系，充分发挥党委的领导核心作用、院系党总支的政治领导作用、基层党支部的战斗堡垒作用和师生党员的旗帜榜样作用，不断强化党建育人的"有力凝聚、正确导向、严格规范、政治教育"功能。

1. 一个党委就是一个科学发展的决策集体

学校党委"把抓好党建作为最大的政绩"，准确把握"党要管党、从严治党，党抓发展、科学和谐，党主育人、价值引领，党蓄队伍、凝心聚力，党谋幸福、师生至上"的职责，构建强有力的领导体系，实施好党委领导下的校长负责制，并在科学有效决策的基础上统揽全局，协调各方。学校一方面通过科学的决策机制，实行集体决策、民主决策，充分发挥专家学者和智囊团作用；另一方面，通过不断学习、深入调研、开拓创新，把党委班子建设成为"忠诚担当型、学习研究型、开拓创新型、勤勉洁廉型、服务示范型"的"五型"领头雁。

2. 一个院系党总支就是一个开放育人的领导集体

学校以二级学院为基点推进两级管理，实行党政共同负责制，更好地服务教书育人工作。学校实行校企合作、工学结合，以二级学院为单元建立开放校企合作机制。二级学院成

为了开放办学的育人主体，党总支对育人主体发挥正确的领导作用。各二级学院始终在一流总支、名师优生、示范引领上下功夫。

3.一个基层党支部就是一个创新创业的战斗集体

学校坚持“二级学院支部建在专业上”“行政机关支部建在处室中”，并不断推进党支部标准化建设，实施“双培工程”。党支部书记均由思想政治素质过硬、专业业务能力突出的党员教师担任。以机关(职能)处室建立起来的党支部，既有利于确保党建工作融入学校中心工作中，也有利于发挥处室党员干部和支部先锋的模范作用；以专业为单元设立的支部，既有利于更好地发挥教师党员在专业、课程及教学中的重要作用，又有利于教学相长，推进教师与学生的联系和沟通，更有利于学生党建和学生党员发展工作的进行。学校在多年的实践探索中，不断完善二级党组织、党支部书记抓基层党建述职评议制度，实现述职评议考核全覆盖。

4.一个教师党员就是一面教书育人的旗帜

学校党员教师在专业建设、课程建设、班主任工作、辅导员工作及参与学生党建、参与学校教学和管理改革中发挥带头作用和领跑作用。学校教师队伍中党员占比高，马克思主义学院达到100%。学校要求共产党员政治保先、爱国领先、工作争先，并坚持贯彻“中青年学科学术带头人以共产党员为优势、青年骨干教师培养对象以共产党员为主体、三育人及各类先进个人以共产党员为多数”原则，调动教师党员的积极性；深入实施师生党员“敬业爱校我带头、教书育人我带头、改革创新我带头、廉洁自律我带头、和谐建设我带头”的“五带头”活动，吸引和动员更多优秀中青年知识分子加入党组织，充分发挥教师党员在各项工作中的先锋模范作用，让党旗在教书育人、管理育人、服务育人中高高飘扬。

5.一个学生党员就是一个成才成长的榜样

学校注重真正把党旗树在学生成长发展前沿。在入党积极分子培养教育中，学校始终坚持“三早”原则，即“早发现、早教育、早培养”，通过查阅新生档案、建立进步学生档案、配备专职组织员、教师党员联系班级、完善推优工作、办好学生党校等举措，为入党积极分子的培养教育提供了有力的制度保障。在发展学生党员的过程中，学校一贯坚持“成熟一个，发展一个”的原则，采取了制定指导意见、设计发展流程、推行发展答辩、开辟自荐通道、完善考核评价等有效举措。在学生党员的继续教育中，学校自始至终坚持“成熟一个，巩固一个”的原则，推行学生党员示范公开承诺制，设立学生党员示范岗；推行学生党员示范承诺述责制，结合学生党员公开承诺计划落实情况以及示范岗实施情况进行综合考评；打造学生党员示范工程，开展“唱读讲传比”红色经典系列活动，进行学生党员闪光言行事迹评选、学生岗优秀党员评选、学生党员“十大成才先锋”评选等。

(二)突出同向同行，完善课程思政工作体系

课堂教学是思想政治工作的主渠道。“思想政治理论课要坚持在改进中加强，提升思想政治教育亲和力和针对性，满足学生成长发展需求和期待，其他各门课都要守好一段渠、种好责任田，使各类课程与思想政治理论课同向同行，形成协同效应。”[10]学校于 2015 年创建全国高职院校第一家马克思主义学院，坚持将价值塑造、知识传授和能力培养融为一体，把思想政治教育贯穿教育教学全过程，形成以全课程育人为内核，以全员育人为主体，以全程育人为基础，以全方位育人为方略的人才培养机制。

1. 做好课程思政“主设计”

结合职业教育特点和学校特色，学校加强课程思政顶层设计，使课程思政融入人才培养体系。一方面，制定校院两级课程思政建设工作方案，既有学校层面的整体统筹和系统谋划，也有二级学院层面的以专业群、课程群为主的重点突破；另一方面，科学设计并制订人才培养方案，进一步完善专业人才培养方案指导意见，明确课程思政建设要求。与此同时，学校将学生发展核心素养融入专业教学标准，将习近平新时代中国特色社会主义思想等内容融入课程标准，设计到学生的学习任务和实训环节中，体现在学习评价方案中。为了进一步激发课程思政的活力，学校还加强了马克思主义学院、课程思政研究中心等课程思政组织建设，立项课程思政教学研究项目，健全课程思政评价激励机制，加强课程思政建设成果宣传。

2. 抓好教师队伍“主力军”

教师队伍是课程思政的主要力量。学校注重提高教师课程思政教学意识和能力，深化教师“千万培养工程”，突出育人能力在师资培养中的中心地位，突出课程育人质量在教师职业能力中的核心地位；推动广大教师进一步强化育人意识，找准育人角度，确保课程思政建设落地落实、见功见效；充分发挥教研室、教学团队、课程组等基层教学组织的重要作用，持续开展“全校师生同修三门思政理论课”活动，将教师思想政治教育与教师职业素养教育、师德师风建设、教书育人能力有机结合；依托网络实践教学中心、教师教学发展中心等，经常性地开展课程思政建设典型经验交流、现场教学观摩、教师教学培训等，充分利用现代信息技术手段，促进优质资源的共享共用。

3. 守好课程建设“主战场”

课程建设是课程思政的关键。学校结合课程特点分类推进课程思政建设，在实施思想政治理论课建设“一把手工程”的同时，推行课程思政建设“三项计划”，即高品质公共基础课程思政建设计划、高水平专业教育课程思政建设计划、高质量实践类课程思政建设计划。“一把手工程”注重全面推行“小班化”教学，发挥马克思主义理论学科建设指导委员会作用，

充分利用浙江“三地一窗口”的优势，开展“我在红船起航地学党史”专题学习活动；“三项计划”注重挖掘公共基础课、专业核心课、实践教育课等课程思政育人资源，依托明理学院、淑女学院、银领学院、笃行创新创业学院、全国证券期货投资者教育基地等平台作用，深入实施学生“千日成长工程”，培育一批高品质公共基础课程、高水平专业核心课程和高质量实践教育课程，开展课程思政育人优秀案例评选。另外，学校还重视建设数字化课程思政教学资源，用好国家统编教材和浙江特色德育统编教材。

4. 建好课堂教学“主渠道”

创新课堂教学才能充分发挥课程思政的效果。学校在开展“课程思政”教学设计活动、打造课程思政示范课堂等方面下功夫。学校以全课程育人为抓手，每学期组织课程思政教学设计评比活动，每门课程提交课程思政教学设计表，每个专业完善课程思政德育元素表；以课程思政建设为引领，要求任课教师将课程思政建设融入课堂教学，落实到课程目标设计、教学大纲修订、教材编审选用、教案课件编写等各方面，贯穿于课堂授课、教学研讨、实验实训、课程考核等各环节，坚持以学生发展为中心，采用案例式、互动式、探究式教学，经常性地开展课程思政建设典型经验交流活动。学校还严格课堂教学过程管理，完善常态化、制度化、规范化的课堂教学观摩和课堂教学质量评估制度。

（三）突出扶贫启志，构建爱生明理工作体系

党的十九大报告指出“注重扶贫同扶志、扶智相结合”。学校紧跟国家总体战略部署，以“精准扶贫、精准脱贫”理念为指导，构建“四位一体”爱生明理工作体系，既让学生享爱心，也促学生明事理，在解决经济困难的同时更多地服务学生的成长需要。

1. 精准资助促成长

精准资助是做好资助育人的前提。学校花大力气在四个方面做到资助的精准性。一是做细资助对象。设计多样化的认定形式，如班主任电话家访、学生饭卡消费排查、寒暑假实地走访等，获得精准资助的第一手资料。二是做准资助力度。构建起三级联动的学生资助工作队伍，评议观察学生的日常消费状况；利用好资助系统，实时反映学生受助状态；设计不同档次受助标准，多方结合做到资助力度精准。三是做实资金分配。一方面合理分配国家及地方政府资助资金，根据不同二级学院家庭经济困难学生数量、困难等级、生源分布等综合情况分配资助资金。另一方面科学设计计提经费去向，设立了中西部专项、帮困助学、勤工助学、学费减免、二级学院资助专项等经费项目。四是做好资助需求。在不同的时间节点有针对性地开展精准资助工作，如新生入学季，畅通绿色通道，宣传资助政策，为部分家庭经济困难学生发放绿色通道困难补助金；在寒暑假，设计家庭经济困难学生交通补助项目，在

不铺张浪费的原则下对即将产生的交通费用以补贴的形式发放给学生，免除其返乡的后顾之忧；在春节来临之际走访慰问困难学生家庭。

2.以生为本助发展

学校设立“爱生节”并连续举办了14年，把以生为本理念贯穿于学校办学全过程，内化为全体金院人的文化自觉。学校科学设计载体，开展了“进寝室，送温暖，增亲情”活动、“绿色家园结对”活动、班主任电话家访、师生零距离交流、订单班、就业招聘等一系列基于家庭经济困难学生成长需求的教育教学活动，将爱生活动全覆盖。

3.能力提升会做事

学校在“千日成长工程”中创新载体，提升困难学生的综合素养。成立家庭经济困难学生“励志联盟”，组织“三个一”活动，即鼓励学生“参加一项计划（即学习能力提升计划），参加一个社团，参加一培次训”，充分发挥其主观能动性，实现自助式成长。注重资助工作由“输血式”向“造血式”转变，组织实施家庭经济困难学生综合素质培养工程，做到标本兼治。从2009年起，学校还为家庭经济困难学生陆续开发了心理素质拓展、行政管理实训、优质就业训练营等素质提升课程，强化学生竞争力，每年参加课程培训近200余人次。

4.感恩教育懂做人

学校十分注重学生的感恩教育，借助“明理学院”平台，开设“明理人生通论”课程，强调感恩教育；开设明理大讲堂，传播感恩思想；开展明理实践活动，提升感恩意识。同时每年“感恩季”期间开展“千名学生写万封书信”活动，搭建“感恩书信”媒介，传递感恩思绪；组建“资助宣传大使”团队，组织家庭经济困难学生开展社会实践。学校还注重汇聚校友力量，延续感恩故事。校友中有部分在校期间接收过各类资助，毕业后用他们的实际行动延续感恩的故事：组织设立助学基金，帮助在校家庭经济困难学生；捐建校园文化景观，为美丽的校园增添一抹亮色；返校招聘，为学弟学妹们提供工作岗位；参加大学生志愿服务西部计划，为西部大开发添一份力量。

（四）突出幸福结伴，打造社区服务工作体系

学校大力推进思想政治工作改革创新，牢牢盯住学生社区——这个学生学习生活聚集最集中、停留时间最长的关键区域，瞄准学生寝室——这个学生最真实的世界，切实了解学生，抓住诸多问题根源的“牛鼻子”，精准发力，打造学生社区“一站式”服务工作体系，建设富有中国特色、体现思政要求、贴近学生实际、彰显幸福指数的生活园区，推动形成全方位育人格局。

1.向前挺进一公里，拓展立德树人主阵地

社区是学生生活、学习、交往的重要场域，学生寝室是学生的第一家庭、第二课堂、第三社会。学校在长期的育人实践和大量的调研中发现，00后学生在社区停留时间更长，更愿意“宅”在寝室，学生在寝室表现更真实、更放松；也最容易思想上松懈、行为上“放纵”，寝室日益成为校园安全稳定和意识形态工作的前沿阵地，也是高校思政工作的关键阵地。为此，学校延伸工作手臂，打通思政育人“最后一公里”，把社区打造成学生“千日成长”重要阵地。学校借鉴“枫桥经验”推进网格化育人，构建二级学院、驻公寓辅导员、班主任和楼长、层长、寝室长双网格育人机制，把以“品德优化、专业深化、能力强化、形象美化”为主要内容的“千日成长工程”通过网格覆盖到每一名学生。

2.高举党建一面旗，建强党的领导主心骨

实践中，学生社区是最易被忽视的党建阵地。学校在推进社区思政过程中，高举党建引领大旗，把党的领导贯穿社区育人全过程。一是把深入学生社区作为全校党员干部的必答题。学校自2008年开始就建立了教工党员联系学生寝室制度，党政领导亲自结对学生寝室，全体辅导员连续20年入住学生公寓和学生同吃同住同学习，每年爱生节、深化爱生节期间全校教工党员全部深入学生寝室开展谈心谈话、意见征询。二是把党团组织进学生社区作为重要抓手。大力推进党团组织进社区，设立党员之家和党团活动室，成立社区党支部、社区团委、学生自律委员会，落实党团基层组织建设责任制，发挥基层组织战斗堡垒作用。同时连续多年开展了学生党员“示范工程”、入党积极分子“家园服务孺子牛”工程，根据学生社区管理服务工作需要，设置若干岗位，为学生党员及入党积极分子发挥作用提供平台。三是把党建文化向社区渗透。学校推进党建文化和“三维文化”进社区、进寝室，在学生社区大厅设立党建园地，实行党员挂牌，把学生寝室表现纳入入党积极分子和党员后续培养的主要内容。

3.坚持管理一站式，畅通服务育人主渠道

服务过程也是育人过程。学校努力在学生社区打造线上线下结合的“一站式”管理服务平台，在为学生提供高质量的生活学习服务过程中实现全方位育人。一是高标准建设“一站式”学生服务大厅，推动最多跑一次改革，把学生事务办理、信息收集与咨询、校园安全应急、教育教学管理、财务缴费等功能集成在一起，还通过app开发提供线上办理，实现网上网下结合，方便服务学生。二是高起点建设一体化育人阵地。学校在学生社区投入300多万元建成2000多平方米的银星城——“千日成长”全球联合实验室，拥有培育凝聚力、创造力、协作力、想象力等8个不同功能的课外活动实验室，建成学生党员活动室、心理咨询室、矛盾调解室、义警工作室等服务平台。学校以“走进银星城、走出自我之城”为理念，通过学生自创、自办、自享喜闻乐见的活动课程，把明理学院的明理教育、淑女学院的新时代淑女教育、国际交流学院的国际文化交流、劳动教育和审美培育、学生社区综合治理以及学生社团活动植入其中，将素质教育实践活动课程化，实现德智体美劳五育并举全面育人。三是高质量建设“一网通”信息数据，全面采集学生成长发展数据，全方位评价学生德智体美劳学习成效。

（四）突出润物耕心，完善心理育人工作体系

心理健康工作在当前高校学生工作中的地位日益凸显，学校致力于在“精”字上做文章，在“准”字上下功夫，建好“四个课堂”，突出“四大重点”，锻造“四支队伍”，谋求“四个结合”，完善以“课堂教学、课外活动、个别咨询、团体辅导、预防干预”为主要内容的心理育人工作体系，不断提升学校思想政治工作的质量。

1.建好四个课堂，筑牢心理育人主阵地

学校早在2005年就把心理健康课程列为全体在校生的必修课，根据高职学生心理和认知特点编写教材、开发课件、实施教学。近年来，学校把心理健康教育纳入立体化素质教育体系并给予高度重视，不断拓展课堂教育内涵。一是依托明理学院提升第一课堂教育教学质量，在规范建设的基础上不断推进教学创新，从2019级新生开始，心理健康实践类课程正式纳入课堂教学，实现理论课与实践课同向同行。二是以心扉心理协会为平台，不断丰富心理育人第二课堂，举办的心理健康节、心理素拓嘉年华等深受师生喜爱。三是以千名学生行万里路活动为载体，不断拓展社会实践第三课堂。四是不断丰富以慕课、微课、网络公开课为载体的第四课堂。同时坚持质量第一的方针，立足学生特点、高职特色，积极推动四个课堂的有效融通，把心理健康课打造成学生真心喜爱、终身受用的金院好课堂。

2.聚焦四大重点，决胜心理育人主战场

学校心理育人工作紧抓主要矛盾和矛盾的主要方面，突出重点，增强针对性和有效性。一是聚焦重点群体。构建科学筛查、分类分层、重点关注、家校医联动的全程帮扶体系，严防新发，抑制复发，为心理疾患学生群体提供全方位的帮助和引导。二是聚焦重点时段。针对新生入学适应季、订单班招聘面试前后等特殊时期，给学生提供专业化、针对性的教育和引导，帮助学生进行科学的心理调适；针对春季、期末考前、毕业择业时等心理问题易发高发时段，对易发群体开展动态排查和重点回访。三是聚焦重点区域。经过调查和长期追踪，学生寝室是心理问题高发和频发的重点区域，学校以文明寝室建设为切入口，以公寓辅导员和寝室长为骨干力量，以师生结对帮扶和朋辈辅导为主要途径，倡导学生走出寝室，走进校园，走向操场，融入集体，营造阳光、友爱、互助的文化氛围。四是聚焦重点难题。长期以来，学生

教育和管理中碰到的难题主要集中在双相情感障碍、抑郁症、强迫症等三类心理疾病，由于人际交往障碍导致的寝室矛盾、大学生恋爱和情感问题以及“三困交织”问题，学校聚焦这些难题，组成课题组和项目组进行联合攻关，进行有针对性的教育和引导。

3.锻造四支队伍，培育心理育人主力军

队伍是做好一切工作的保证。心理育人工作的实效与从事该工作的队伍水平有最直接的关系。学校逐步建立了“选、育、留、用”一体的心理育人队伍培养体系和分层分类的培训体系，打造四支专兼结合的心理育人队伍。一是专职心理健康教师队伍，定期开展疑难个案研讨和督导培训，拓展心理辅导、心理咨询、危机干预等专业能力，实现专职教师专家化；二是针对辅导员、班主任，开展心理健康教育基本知识、心理问题识别以及谈心谈话技巧等知识技能培训，夯实专业基础，强化思想引导与心理辅导能力，实现学工队伍专业化；三是针对学生心理联络员和寝室长，开展专题讲座和专项教育活动，开展心理健康教育基本知识、心理问题识别以及朋辈辅导的专项技能培训，提升学生助人自助的能力，实现朋辈互助常态化；四是针对后勤教辅人员，组织专题培训交流，提升发现问题和简单引导教育的能力，实现工作能力普及化。

4.谋求四个结合，构建心理育人主机制

机制是内在的驱动力。学校构建具有高职院校特色的“四个相结合”的心理育人机制。一是思想引导与心理辅导相结合。心理疏导是具有中国特色的高校心理健康教育模式，其重要特点是解决思想问题和解决心理问题有机结合，学校心理健康教育中心专业心理教师与班主任、辅导员互联互通，相互学习，相互配合，实现了思想引导和心理辅导的有机结合。二是普及教育与重点干预相结合。心理健康是健康的重要内容，和每个青年学生的成长息息相关，学校一直以来把心理健康素质作为全体学生素质教育的重要内容开展普及化教育，同时也根据普查和筛查结果进行重点干预，以确保教育的公平和有效。三是课内教学与课外实践相结合。积极谋求第一、二、三、四课堂的有效融通，让知行合一成为心理育人的重要落脚点。四是教师引导与学生自助相结合。在充分发挥教师主导作用的同时，注重发挥学生自我教育主体作用，重视朋辈互助和学生的自我建构。

精准思政，在一定意义上是高校思想政治工作在当代社会的转型升级版，是思想政治教育因事而化、因时而进、因势而新的必然选择。只有通过精心栽培、精准滴灌和精良供给，处在“拔节孕穗期”的青年大学生才能得到真正的呵护和引导，才能成长为担当民族复兴大任的栋梁之材。

参考文献

[1] 习近平.在全国高校思想政治工作会议上的讲话[N].人民日报,2016-12-09(1).

[2] 习近平.在哲学社会科学工作座谈会上的讲话[N].人民日报,2016-05-19(1).

[3] 李辉,孙晓晖.精准思政:必要与可行[J].思想教育研究,2020(8).

[4] 习近平.在全国高校思想政治工作会议上的讲话[N].人民日报,2016-12-09(1).

[5] 徐士元.高校精准思政论[J].浙江海洋大学学报(人文科学版),2019(1).

[6] 习近平.在全国高校思想政治工作会议上的讲话[N].人民日报,2016-12-09(1).

[7] 毛泽东.毛泽东文集[M].北京:人民出版社,1999:226.

[8] [9] 坚持中国特色社会主义教育发展道路　培养德智体美劳全面发展的社会主义建设者和接班人[N].人民日报,2018-09-11(1).

[10] 习近平.把思想政治工作贯穿教育教学全过程　开创我国高等教育事业发展新局面[N].人民日报,2016-12-09(1).

落实立德树人根本任务

周建松

党的十八大以来，习近平总书记在多次重大场合、重要会议上强调学校的根本任务就是人才培养，围绕培养什么样的人、怎样培养人、为谁培养人、靠谁培养人，以及办什么样的学校、怎样办学校、为谁办学校、靠谁办学校等一系列重大问题发表了重要讲话，作出了重要指示，提出了明确的要求。中共中央、国务院发布了一系列文件，阐明了具体目标和工作要求，教育部党组也印发一系列实施细则，提出具体工作规范。近年来，特别是 2016 年 12 月全国高校思想政治工作会议召开后，各高等学校认真贯彻习近平总书记重要指示和讲话精神，按照党中央、国务院和教育部决策部署做了大量工作，一个与中国特色高等教育道路发展相适应的立德树人机制正在建设之中。高职教育作为我国高等教育的“半壁江山”，作为现代职业教育体系的引领带头者，如何适应新时代新要求，推动立德树人工作在高职院校落地生根、开花结果，这需要紧密结合实际，认真进行探索。

一、立德树人是办好中国特色高职教育的中心环节

（一）立德树人是习近平总书记教育重要论述的关键词

2016 年 12 月，习近平总书记在全国高校思想政治会议上明确指出，要坚持把立德树人作为中心环节，把思想政治贯穿教育教学全过程，实现全程育人、全方位育人，努力开创我国高等教育事业新局面。[1] 2017 年 10 月，习近平总书记在党的十九大报告中指出，要全面贯彻党的教育方针，落实立德树人根本任务，发展素质教育，推进教育公平，培养德智体美全面发展的社会主义建设者和接班人。[2] 2018 年 5 月 2 日，习近平总书记在同北京大学师生座谈时指出，大学是立德树人、培养人才的地方，是青年人学习知识、增长才干、放飞梦想的地方。[3] 同时又进一步指出培养社会主义建设者和接班人，是我们党的教育方针，是我国各级各类学校的共同使命。[4] 高校只有抓住培养社会主义建设者和接班人这个根本才能办好，才能办出中国特色世界一流大学。[5] 同时特别强调，要把立德树人的成效作为检验学校一切工作的根

本标准，真正做到以文化人、以德育人，不断提高学生思想水平、政治觉悟、道德品质、文化素养，做到明大德、守公德、严私德。[6]要把立德树人内化到大学建设和管理各领域。各方面、各环节，做到以树人为核心，以立德为根本。[7]2018 年 9 月 10 日，党中央、国务院召开了新中国成立以来第一次全国教育大会，习近平总书记在总结党的十八大以来教育改革经验时，明确指出，坚持把立德树人作为根本任务。[8]从习近平总书记一系列讲话中，我们可以明确地体会到，贯穿于习近平新时代中国特色社会主义思想之中，立德树人是中心环节，是根本任务，是检验标准，必须作为一条主线贯穿学校工作全过程、全方面。

（二）立德树人是中华优秀传统教育思想的核心要义

立德树人，立德为根本，树人为核心，立德为先，树人为要。立德，即树立德业。《左传·襄公二十四年》载“太上有立德，其次有立功，其次有立言，虽久不废，此之谓不朽”，将立德放在首位。树人，也即培养人才。《管子·修权》载“一年之计，莫如树谷；十年之计，莫如树木；终身之计，莫如树人”，意指培养人才乃长远之计。上述古代思想家的著述告诉我们一个朴素的道理：德不能自然萌生而需要“立”，人不能自发成才而需要“树”，“立德”以“树人”为主要目标，“树人”以“立德”为前提条件，两者辩证统一，互为条件，互相统一，共同构成了中华民族人才培养的核心理念，贯穿于绵亘几千年的中国传统教育思想之中，至今，仍然具有重要的理论价值和实践意义。我们翻开《大学》，其在开篇就开宗明义——大学之道，在明明德，在亲民，在止于至善。这也是在说，大学之所以为大，就是在授业解惑中引人以大道，启人以大智，使人努力成为时代所用的栋梁，正可谓大学之大，在于德之大、道之大、爱之大。

（三）立德树人是新时代高职院校的根本任务

纵观人类社会发展的历史进程，我们可以总结出一条基本的经验，人才始终是推动社会变革，文明进步的决定力量，也是实现国家富强，人类幸福的重要因素。中华人民共和国成立后，我们及时建立起了适应社会主义要求的教育体系，为社会主义改造和建设培养了大批适需人才。“文化大革命”使我国的教育尤其是高等教育遭到了严重摧残。改革开放以后，邓小平同志力挽狂澜，及时恢复高考制度，推动了我国高等教育、中等教育和人才培养工作走上正常化、规范化轨道。在推动社会主义市场经济发展的进程中，党中央、国务院及时做出了推进高等教育大众化、建设现代职业教育体系等一系列重大决策，其目的就是要适应中国特色社会主义的大发展、大繁荣，培养和储备所需要的时代新人。当前人类社会已进入新的阶段，世界多极化、经济全球化、科技信息化趋势加快，尤其是以互联网、云计算、大数据、智能制造等为主要内容的技术革命，必然呼唤我们在人才培养内容、方法、技术上的深刻变革。

中国特色社会主义进入新时代，我们要解决好人民对美好生活的需求与发展不平衡，不充分之间的矛盾，实现“两个一百年”的奋斗目标和中华民族伟大复兴的中国梦，必须主动并积极参与全球人才竞争，走中国特色社会主义教育发展道路，培养德智体美劳全面发展的中国特色社会主义建设者和接班人，培养和造就一批又一批时代精英和业界楷模，使我国科技水平、社会管理能力走在世界前列。

二、加强素质教育是高职院校推动立德树人的基础条件

习近平总书记在党的十九大报告中指出，要全面贯彻党的教育方针，落实立德树人根本任务，发展素质教育，推进教育公平，培养德智体美全面发展的社会主义建设者和接班人，这既阐述了立德树人的重要性和主要任务，同时也阐明了素质教育在立德树人中的重要和基础地位。素质教育是我国教育界提出来的一个具有针对性的特定概念，内容丰富，很难翻译成相应意义的外文，中国高教学会前任会长瞿振元同志曾建议将“素质”按照汉语拼音直译为“SuZhi”。相应地，素质教育翻译为“SuZhi Education”。关于素质教育的具体内容，站在不同角度有不同认知。国际21世纪教育委员会向联合国教科文组织提交的报告中教育的四大支柱是学会认知、学会做事、学会与人共处、学会生存。也有学者认为，素质教育实际上就是学会正确做人和事的本领，我国老一辈教育家周远清、顾明远等曾经把素质教育分为身体素质、心理素质和社会文化素质，或者说是以文化素质为突破口的全面素质教育。笔者认为，从立德树人角度去认识和思考问题，从高等职业教育特点出发，素质教育应该是六个维度的有机合成。[9]具体来说：

（一）重视思想政治教育，努力解决做人高度和政治站位

思想政治素质从广义上说又包括思想道德素养、思想政治觉悟，实际上也是学生的世界观、人生观、价值观问题。党中央反复强调，高校必须开设思想品德修养和法律基础、毛泽东思想和中国特色社会主义概论等课程，开设好形势和政策课。近年来，中共中央办公厅等部门又要求各级各类学校要加强中华优秀传统文化教育，在高等学校开设中国文化课程。同时，中共中央又反复强调重视培育和践行社会主义核心价值观，这都是为了很好地解决好青年学生的做人方向和目标定位问题。对于当代青年而言，特别重要的是要坚持以习近平新时代中国特色社会主义思想武装头脑、统领行动。我们必须严格按照党中央的要求，抓好这些工作，努力把学生培养成为中国特色社会主义的合格建设者和可靠接班人，并从中造就一大批卓越领导者，实现我们培养德才兼备人才的目标和要求，使一代又一代青年学子做人有高度。

（二）强化职业素质养成，解决做人深度和人生发展问题

职业素质对于高等职业教育来说是一个非常重要的概念，同时在道德建设的体系中也占有十分重要的位置。职业素质包括了职业理想、职业责任、职业精神、职业道德、职业伦理、职业技能等一系列内容。其中具有崇高的职业理想、牢固的职业责任、坚定的职业精神、明晰的职业伦理、良好的职业道德、娴熟的职业技能，使人们能够做到干一行、爱一行、钻一行、会一行、成一行，并在职业岗位发展中敢于创新、善于创新，这些都是职业教育需要培养和努力造就的，是三年高职教育中必须做好的基本功，也是学生生存发展之根本，应该通过校企合作、工学结合、"双师"教学团队、开放办学等切实加以解决，特别需要强调的是，我们必须在职业教育中大力弘扬劳模精神和工匠精神，真正把职业素养和职业素质教育发展好。

（三）加强人文素质教育，妥善解决做人厚度和发展后劲

从1995年开始兴起的大学素质教育活动以来，文化素质是切入点、也是关键点，这对提高高等学校教育质量无疑起到重要的作用。对于高职院校的学生而言，专业知识面过窄、人文素质缺失，也是用人单位真实的意见。因此，通过必修、选修等形式，为学生补学经典、强化人文，是非常有必要的，通过第二课堂、社团活动等载体深化这项工作，更是非常有意义的，这对于学生在岗位上更好发展和人生发展亦具有决定性作用。在这一方面，我国的上百所大学做了20多年的探索，积累了许多宝贵经验，我们可以吸收借鉴。对于高职院校而言，由于学制短、专业知识学习和技能训练的任务重，如何解决好人文素质教育的问题，是一个大学问，需要我们解放思想、精准施策。

（四）重视身体素质锻炼，认真解决做人长度和幸福生活

身体是革命的本钱、发展的基础和生活的前提，这道理人人都懂，但因受应试教育的影响，我国的大学生身体素质欠佳，尤其表现在视力、体能等方面。正因为这样，许多学校提出"每天锻炼一小时、健康工作五十年、幸福生活一辈子"等口号，就是为了激励和动员学生进行身体锻炼。不少学校鼓励学生走出寝室、走出教室、走向操场、走到户外，也是为了让学生养成体育锻炼习惯，因为身体素质状况对于一个人的发展太重要了，是素质中的基础素质。习近平总书记在全国教育大会上强调，要树立健康第一理念，开齐开足体育课，帮助学生在体育锻炼中享受乐趣、增强体质、健全人格、锤炼意志。我们一定要落实习近平总书记的要求，真正把体育和身体素质提升抓牢抓好。

（五）关注心理素质和心理健康，认真解决做人宽度和发展潜力

曾几何时，我们对心理健康问题有所忽视，一些学生患有抑郁症，出现了人际相处难等问题，乃至大学生跳楼自杀等情况出现后，才引起人们的重视。面对学习、生活和工作的众多压力，面对人与人之间相处过程中可能出现的矛盾，我们一定要重视学生健康心理的培养，注意用积极心理学引导和培养学生。通过各种条件，打造阳光心态，让每一个学生感受这世间的爱。我们应该为自己、为家庭、为社会、为国家、为民族振兴贡献聪明和才智，生活是美好的，我们要为美好而生活得更美好，宽心做人、安心做事，从某种意义上说，心理素质也是思想素质、政治素质，关系到如何看待世界和人生，必须切实重视。

（六）培养创新创业素质，着力解决做人强度和社会贡献

创新创业素质广义包括创新、创意、创业、创造等，它是新时代适应大众创新、万众创业的工作要求，为此，《国务院办公厅关于深化高等学校创新创业教育改革的实施意见》（国办发〔2015〕36号），明确要把培养学生创新能力创业素质作为基本要求，明确要求开好创新创业通识课，各高校都在积极行动并初见成效，创新创业大赛等活动也在广泛开展，成效显著。笔者认为，当今社会青年学生不仅要通过就业为社会做贡献，而且可以通过自主创业带动就业，为国家和社会做更大的贡献。对此，党和政府及教育行政部门出台了一系列鼓励、支持大学生创业的政策和措施。作为高职院校，在开展素质教育过程中，可结合地域、行业、专业特点，结合学生个性爱好，激发特长，有计划、有针对性地培养学生的创业素养，并创造条件，扶持一部分创业团队，促进创新创业氛围在学校的广泛形成。

在进一步分析中，我们还必须特别强调，对于高等职业教育和高职院校而言，开展素质教育不仅有必要，且更迫切，因为在我国传统教育教学体系中，高职教育的学生并非成功者，重视和加强素质教育，对他们来说具有补偿性，而从高职学生毕业后即要马上适应职场发展的要求看，他们对素质教育的渴望也十分强烈，因此，素质教育必须作为立德树人的基础和重点来做。

三、重视专业建设是高职院校实现立德树人基本路径

作为高等教育的一个类型，高等职业教育基本标志是专业，专业教育是职业教育的基点，也是教师和学生群体划分的基本依据，是学校资源配置的根本参照系，正因为这样，推动特色、优势、品牌、高水平专业建设一直是提高高等职业教育质量的基本抓手和重要路径。为此，二十多年来，教育部也采取了积极的方法和路径来推动高职院校专业建设，可以这样

说，教育行政部门和财政部门支持、撬动高等职业教育质量和水平建设的主要抓手也放在专业建设项目上，从重视专业标准建设到专业教学资源库建设以及专业带头人培养等，都体现出专业建设的重要性，我们强调立德树人，其实也必须落实在以专业为单元的人才培养上，我们讲素质教育，也必须融于专业人才培养方案制订和实践中，立德树人最终得以实现，同样必须体现在学生专业成才之中。

（一）必须重视专业设置的科学合理性及前瞻性

如果把学校比做立德树人的大门，那么，专业实际上就是开启立德树人的中门，它是高校立德树人的基层单元，因此，专业设置十分重要。为了体现人才培养的针对性和适应性，专业设置必须从产业和经济社会发展需要出发，充分体现产业链、创新链、人才链、教育链的有机融合和统一，要把握世界科学技术发展的大趋势，适应产业变革的基本特征，善于从结构和需要的变化中研究专业需求，在此基础上，结合学校条件和人才需求来研究专业格局。当然，不同地区、不同使命、不同层次的学校应该会有不同专业结构，专业与专业之间、专业群构建等也有其相应的规律，不同时代、不同阶段专业布局也有存废和创新。关键是要找准学校服务的定位，找准区域和行业变化的需要，保持相对稳定和一定弹性。

（二）必须科学设计专业课程体系

建设高水平人才培养体系是一项系统工程，包括学科体系、教学体系、教材体系和管理体系。从专业人才培养角度看，课程体系带有基础性，正是从这种意义上，一些发达国家一般很少讲专业，而更多讲课程计划，也就是说，一组课程计划就构成了专业。我们要发挥好专业建设在立德树人中的作用，必须注重课程体系建设，既要基于专业所必需的知识和理论，又要注重基于工作过程的生产经营实践，构建适应高等职业教育层次和特点的课程体系，体现理论和实践的结合，知识和行动的协调，对于我国当前教育教学改革而言，适应互联网、大数据、云计算和智能制造的要求，推动人才培养创新，克服普通本科“压缩饼干型”人才培养模式的弊端至关重要。

（三）必须注重以专业带头人为引领的专兼结合的教学团队建设

建设高水平人才培养体系，教师队伍建设是关键，实现立德树人重要使命，教师的身教言教都十分重要，而在教师队伍中，专业带头人又居于核心地位，专业带头人既是专业的领军者，是专业人才培养方案的主要设计者，是专业人才培养方案的组织实施者，也是专业核心课程的主要承担者，同时也承担着专业教学团队的组织运行管理。因此，建设和造就一支理论素质过硬、业务素质突出、善于教书育人和教学管理的教学队伍，需要由复合型专家或人才来担任专业带头人，由德才兼备的学术领军人才来担任专业带头人，根据教育部党组要求，建立党支部书记和专业负责人“双带头人”制度则更有意义。与此同时，建设一支数量适当、结构合理、专兼结合的教师队伍，构建良好的教师培养培训机制，切实提高教师队伍政治素质、思想素质、道德素质和业务能力至关重要，在抓好专任教师队伍建设的同时，吸引和聘请一批实践能力较强又具有一定理论水平的行家能手担任兼职教师，有利于提高人才培养质量和立德树人效果。从浙江金融职业学院实践看，注意充分发挥校友在兼职教师体系中的作用，对积极发挥其立德树人作用意义重大。

四、着力构建高职院校立体化、全方位立德树人新生态

立德树人是一项系统工程，素质教育是基础，专业建设是载体，立德树人又是一个包括环境、氛围、文化在内的立体化交互过程，也包括主体之间的互动和相互作用。[10] 为此，2017年中共教育部党组印发了《高校思想政治工作质量提升工程实施纲要》(教党〔2017〕62 号)，围绕统筹推进课程育人、着力加强科研育人、扎实推动实践育人、深入推进文化育人、创新推动网络育人、大力促进心理育人、切实加强管理育人、不断深化服务育人、全面推动资助育人和积极优化组织育人十个方面提出了明确要求，从中也进一步说明立德树人和加强高校思想政治工作是一项系统性工程，联系高职教育实际，笔者以为，以下几个方面需要进一步加强：

(一)切实加强党建工作，充分发挥党建引领育人的作用

中国共产党是中国工人阶级的先锋队，是中华民族的先锋队，是中国特色社会主义事业的领导核心。高校党建工作是我国适应成年人学历教育阶段的一项重要工作，也是优化中国共产党结构、改善和提高党员素质的重要途径之一。高职院校既要在青年中重视党的历史和基础知识的教育，重视党章、党规的学习，更要注重从优秀青年学生中培养和发展党员，党建工作要注意过程与结果、数量与质量、党建与育人的有机结合；既要注重结果，更要注重过程，既要注重质量，也要注重数量；既要讲究组织建设本身，也要强化党建引领育人，要做到教育绝大多数、培养一大批、发展适量适当，更要通过党建带团建，推动共青团和青年工作，充分彰显党建工作在立德树人中的强大正能量和示范效应。

(二)认真做好实践育人，抓好实践教育各阶段各环节

理论和实践结合，注重实践环节的教学是高职教育的优势和重要特色，而实践性教学则是立德树人最为有效的形式和载体之一。实践证明，整合实践资源，拓展实践平台，依托高

新技术开发区、大学科技园、城市社区、农村乡镇、工矿企业、爱国主义教育基地等，结合学校对口支援地区，建立多种形式的社会实践基地，不断适应社会变化，丰富实践内容，创新实践形式，开拓实践阵地，广泛开展社会调查、生产劳动、社会公益、志愿者服务、科技发明、勤工俭学，深入开展暑期“三下乡”、志愿服务西部等活动，有利于青年学生了解社会、了解改革开放、了解国家战略，激励学生在精准扶贫、防治污染等国家战略中增长才干，了解祖国，培养大学生的家国情怀和责任担当，促进立德树人效果的更好实现。这里更需特别指出的，丰富实践育人，有利于培养学生的劳动观念，弘扬劳动精神，从而引导学生崇尚劳动、尊重劳动，懂得劳动最光荣、劳动最崇高、劳动最伟大、劳动最美丽的道理，努力把自己培养成德智体美劳全面发展的社会主义建设者和接班人，放大立德树人的成效。

(三)加强文化建设，推动文化育人见更大成效

高等学校既是一个教育机构，也是一个文化机构，以文化人、以文育人是高等学校的重要功能，文化建设和文化育人可以起到一个此处无声胜有声的作用，而且具有深刻和持久的作用。高职院校由于普遍经历了升格办学、校区迁建、合并办学，作为类型和层次相结合的一种教育，其发展的时间也不是很长，普遍存在着重技能轻人文、重外延轻内涵等状况，而文化建设更是薄弱。在高等职业教育发展进入内涵建设新阶段，我们必须充分认识文化建设的重要性，认清文化育人的特有功效，既要重视学校程序性文化、物质性文化、价值性文化的建设和培育，也要推进中华优秀传统文化育人、中国社会主义先进文化育人，同时，要充分发挥校友文化在育人体系中的特殊功效，以文化建设的新成绩，推动文化育人落地生根、广泛见效，形成持久的影响，焕发无限的魅力。

(四)构建互动机制，充分发挥学校与家庭社会在育人上的合力

在我国，接受高等教育的主体大都已超过十八周岁，从理论上说，他们都已经成人，世界观、人生观、价值观已经基本形成。但在事实上，随着专业学习的深入，就业、创业、升学及做人做事一系列问题和挑战逐渐凸显，我们发现其中家庭与社会对大学生的影响也是巨大的，有时甚至起着相当大的决定性作用。家庭乃社会细胞，家长和家庭的影响，不仅从小对学生影响很大，即使到了大学阶段，大学生受家庭的影响仍然很大，因此，建立班主任、辅导员与家庭的沟通交流和联络反馈机制不仅非常重要，而且必须普遍提倡和广泛重视，只有当学校培养教育与家庭的干预影响形成正面合力，立德树人才会取得事半功倍的作用。与此同时，我们也必须看到，高职教育的使命是培养学生从普通中学生向和谐职业人的转变，因此，了解社会、适应社会的能力以及被社会接纳和欢迎的能力也是我们培养的重点，因此，我们不仅要关注学生如何去适应社会，也要关注社会环境、社会思潮及意识形态对学生的影响，注

意让学生吸收好的、正能量的东西，防止不良风气的侵蚀和影响，让我们的学生能真正成为充满正能量的中国特色社会主义的合格建设者和可靠接班人，与改革开放，与中国特色社会主义，与现代化建设，与中国共产党治国理政同心同德、同向同行。

参考文献

[1] 习近平.把思想政治工作贯穿教育教学全过程　开创我国高等教育事业发展新局面[EB/OL].(2016-12-08)[2018-08-20]. http://www.moe.edu.cn/jyb_xwfb/s6319/zb_2016n/2016_zb08/201612/t20161208_291276.html.

[2] 习近平.决胜全面建成小康社会夺取新时代中国特色社会主义伟大胜利——在中国共产党第十九次全国代表大会上的报告[N].人民日报,2017-10-28(1).

[3][4][5][6][7] 习近平.在北京大学师生座谈会上的讲话[EB/OL].(2018-05-02)[2018-08-20]. http://www.xinhuanet.com/politics/leaders/2018-05/02/c_1122773880.htm. http://www.xinhuanet.com/2018-05/02/c_129863568.htm.

[8] 习近平出席全国教育大会并发表重要讲话[EB/OL].(2018-09-10)[2018-09-20]. http://www.xinhuanet.com/photo/2018-09/10/c_1123406346.htm.

[9] 周建松.抓好基本建设　推进高职院校素质教育[J].中国高等教育,2014(17).

[10] 周建松.基于高教大众化背景的高等职业院校素质教育的理解与实践[J].中国职业技术教育,2014(12).

坚持教学中心地位

郭福春

教学是高校的本业，是贯彻教育过程的永恒主题，这一点毋庸置疑，尤其是在高等职业教育领域，坚持教学中心地位对办学质量和办学水平起着决定性的作用。《国家中长期教育改革与发展规划纲要(2010—2020)》第十九条明确指出：高等学校要“提高人才培养质量，牢固树立人才培养在高校工作中的中心地位。”高等职业教育肩负着为社会培养高素质技术技能型人才的使命，要完成这一使命，教学是最基本也是最有效的途径，它起的作用最系统、最全面，也最深刻。2020 年，高等教育毛入学率达到 54.4%，我国高等教育迎来了规模扩张和质量发展的新时代，高校强化教学中心地位，以育人为根本，以质量谋发展，深化内涵建设，具有全局性的战略意义[1]。

一、坚持教学中心地位的内涵

教学是教师的教和学生的学所组成的一种人类特有的人才培养活动。通过这种活动，教师有目的、有计划、有组织地引导学生学习掌握文化科学知识和技能，促进学生素质提高，使他们成为社会所需要的人[2]。高等教育的发展进程中，大学的形态更加多元化，但是大学本质上仍然是教学组织，这是有别于其他机构的本质特征，因而，教学依然是大学的首要职责和中心任务，高职院校更是要以教学为中心，培养高素质技术技能型人才。从高等职业教育的特点来看，坚持教学中心地位的内涵包括以下几个方面：

(一)领导班子重视教学是前提

党政领导班子思想上重视教学，这是确保教学工作中心地位的一个前提。产业经济迅速发展，职业教育的思想、理念、政策也在不断变化，党政领导要心系教学，关注前沿教育理念，用现代职教理论武装头脑，深入一线研究教学工作，及时解决教学工作中存在的问题，推进教学改革和发展。

(二)各项政策制度倾向教学是保障

国家从社会经济发展和教育发展的实际需要出发,出台了以教学为中心的各项政策和制度,确立了高校教学中心地位的制度合法性。高职院校层面也要根据国家文件要求和办学实际,出台本校相应的政策和制度保障教学工作的中心地位。

(三)践行立德树人是根本

立德树人,是教育事业发展必须落实好的根本任务,是高校立身之本。坚持教学工作中心地位,必须牢记立德树人这一根本任务,以生为本,重视校风学风建设,把促进学生成长成才作为教学工作的出发点和落脚点,思想政治教育和职业素质教育并举,提高学生的思想道德水平和综合素质,着力培养个性化创新性技能人才。

(四)加强专业建设是重点

专业是学科体系的分类综合,专业建设在高职教育教学工作中占据龙头地位[3],贯彻以教学为中心,必须把专业建设放在最重要的位置。职业教育本身就是一个专业教育,加强专业建设,促进以教学为中心,提升高职教育的吸引力、影响力,对深化高职院校内涵建设具有非常重要的意义,这也是高职教育发展的需要。

(五)推进课程改革是基础

课程建设是专业建设的基础,也是实施和开展教学工作的基础条件。课程改革的价值在于促进每一位学生的发展,培养学生的健全人格和综合素质,因此,坚持教学工作中心地位,必须把推进课程重塑和改革作为基础工作。既要重视专业核心课程建设,促进学生技能本领的提高,又要重视课程整体布局,加强课程思政建设,发挥课程建设在教书育人中的综合效能[4]。

(六)深化三教改革是关键

教师、教材、教法是学校人才培养的核心要素,是落实教学工作中心地位的着力点和职业教育发展的落脚点。教师在教学工作中处于主导地位,必须要有严格的准入制度,考核实行教学质量考核一票否决制,同时要加强对师资队伍的持续培养;教材是知识传授的载体,要与时俱进,开发适应时代要求的新形态教材,满足信息化时代成长起来的学生的需要;教法改革是提升课堂教学质量的根本途径,是教学永恒不变的主题。因此,深化三教改革是坚持教学中心地位的关键举措。

(七)各方协同配合是必要条件

教学工作的良好开展,需要其他工作的支持和配合,正确处理人才培养、教学工作与其他工作的关系,是保证教学中心地位的必要条件。高校各职能部门应相互配合,主动为教学提供服务,教学优先。

二、坚持教学中心地位的依据

(一)理论依据

1.大学职能的逻辑起点

大学自产生以来,就是人类智慧、知识和精神产生、汇集、向外界辐射、散播的场所[5]。高等教育萌芽伊始,就展现出人才培养的基本特点,教学是单一职能,可见教学的中心地位在大学产生之初就确立了,可以说,以教学为中心阐释了高等教育的首个职能。19世纪初洪堡创立柏林大学,提出教学与科研相统一原则,将科学研究纳入高等教育,从此扩展了大学的职能,目的是通过教学与科研相互促进,推进学术自由,促进教育发展,并没有否定教学的中心地位。19世纪中后期,“赠地学院运动”和“威斯康星思想”进一步强调大学与社会的联系,使大学的职能又拓展到社会服务,社会服务职能则更加强调坚持教学中心地位,以确保大学培养高质量的人才为社会服务。人才培养、科学研究、社会服务三个职能相互关联,都需要通过教学这一最基本、最直接也是最重要的途径来实现。因此,大学坚持教学中心地位具有历史逻辑的合法性。

2.相关制度法规的政策导向

《中华人民共和国高等教育法》规定:高等教育必须贯彻国家的教育方针,为社会主义现代化建设服务、为人民服务,与生产劳动和社会实践相结合,使受教育者成为德、智、体、美等方面全面发展的社会主义建设者和接班人。高等教育的任务是培养具有社会责任感、创新精神和实践能力的高级专门人才,发展科学技术文化,促进社会主义现代化建设。高职院校要培养社会主义现代化合格的建设者,培养高素质技术技能型人才,必然要主抓教学工作,依靠广大教师深耕教学,不断提高教学质量和育人水平。此外,近几年国务院发布的一系列文件,都彰显高校工作必须坚持教学为先的政策导向。如:《关于实施中国特色高水平高职学校和专业建设计划的意见》(教职成〔2019〕5号)、《关于加强和改进新时代师德师风建设的意见》(教师〔2019〕10号)、《教育部关于职业院校专业人才培养方案制订与实施工作的指导意见》(教职成〔2019〕13号)、《职业教育提质培优行动计划(2020—2023年)》(教职成〔2020〕7号)、《高等学校课程思政建设指导纲要》(教高〔2020〕3号)等,都从不同方面强调了高等学校的中心工作是教学，高校的根本任务是立德树人，师资队伍建设对提升教育教学质量有极其重要的意义，学校其他方面的工作开展都要围绕教学这一中心环节，高校坚持教学中心地位符合教育制度法规的政策导向。

（二）现实依据

1.产业经济发展的迫切要求

数字经济时代，5G、大数据、人工智能等新科技日新月异，行业更新迭代，新成果、新模式、新岗位、新业态大量涌现，带来了万千企业的变革与创新。产业经济迅猛发展，需要大量产业人才来支撑，对人才需求的规格亦是有更高的要求。然而，目前我国契合产业经济发展的新兴人才储备不足，尤其是高素质技术技能型人才储备严重不足，而这正是推动产业发展的中坚力量。高校作为为产业经济发展提供人才支持的专门机构，必然要在人才培养上下足功夫。要完成这一艰巨使命，落脚点还是要回到教学中来，通过严抓教学管理，制定科学战略，调整办学定位，优化专业布局，完善课程体系，保证经费支持，夯实三教改革，增强教学社会服务能力等方面加强教学建设，使教学紧密对接产业发展需求。十四五时期是我国经济转型升级快速发展的新时期，浙江金融职业学院作为一所地方财经商贸类高职院校，对浙江经济建设有着重要的责任，必须坚持教学工作中心地位，为地方经济发展培养高质量的技术技能型人才，满足产业经济发展的需求。

2.高校本身发展的现实需要

教学具有目的明确、高效综合、系统性强的特点，是确保人才培养质量的重要抓手。高校作为向社会输出高素质人才的专门机构，其最主要的任务就是人才培养，而教学则是人才培养的基本途径。高校之间的竞争是人才素质的竞争，从根本上说即是教学质量的竞争，教学质量的高低关乎学校办学的成效和社会影响力，学校通过教学产出人才最终进入社会，人才质量的高低体现了学校办学水平的高低。谁的教学质量好、办学水平高，谁就能取得更大的社会影响力，从而吸引更优质的生源，更多的经费资助，更优厚的政策扶持，进而实现更好的发展。因此，高校办学不应贪大求全，面面俱到，而应始终坚持教学中心地位，其他方面围绕教学、配合教学，以教学为先，创造条件，谋划良好的体制机制促进教学。只有牢固树立以质量兴校的办学理念，才能促进高校本身的长远发展，促进高等教育的发展。

三、坚持教学中心地位的实践举措

作为职业院校双“高校”建设单位，浙江金融职业学院自始至终都坚持以教学为中心，紧扣建设高水平职业院校、高水平专业主题，各项工作围绕教学展开，认真打造教学、育人标杆校。

1.领导班子重视教学

我校党政领导班子高度重视教学工作，始终把严抓教学质量作为办学的第一要义。每学期进行教学工作专题研讨，听取教务处教学工作汇报，阶段性总结教学工作成果，研讨教学工作中存在的问题，制定相应解决措施；每年暑期组织召开全校规模的教学工作会议，校长做教学工作报告，听取各专业群负责人述职各自教学工作情况，制定新的发展要求；学校成立了由校长担任主任委员的学术委员会和由分管教学的副校长担任主任委员的教学工作委员会，在校领导的带领下，构建了由校内专家治理教学的工作机制；学校实行校领导接待日制度，每周由一位校领导接待师生来访，听取教师和学生对教学工作的意见和建议，及时发现解决师生遇到的困难和问题；学校坚持校级领导联系二级学院制度，定期听取各教学单位工作汇报，和一线教师沟通交流，及时关心教师的实际工作和生活；坚持干部听课制度，校领导每学期听课不低于5次，校长和主管教学的副校长每学期听课不低于8次，听课意见及时反馈至教师本人和教务处，以便及时发现和解决问题。在学校各级领导重视教学的带动下，形成了各部门齐心协力、积极主动为教学工作服务的良好风气。

2.健全工作制度与政策保障教学

我校着力构建教学基本规章制度和激励机制，以制度作保障，落实教学工作中心地位。建立了校、院、相关职能处室领导深入一线制度，了解教学运行情况，承担课程教学，明确专职教授必须承担课程教学任务；出台《教学质量监控与评价工作管理办法》，每学期坚持期初、期中教学检查制度，建立学生信息员制度，从不同层面掌握教学工作开展情况；建立了面向一线教师的政策倾斜制度，教师授课全额补贴，指导学生竞赛、毕业设计、顶岗实习、社团指导、社会实践都给予相应的工作量补助；建立了教学奖励制度，修订《教育教学奖励办法》，对教学成果、质量工程、专业和课程建设、技能大赛中获得成绩者予以重奖，激励教师积极投身教学；成立校、院两级督导部门，制定《浙江金融职业学院督导管理办法》，保障教学管理、教学改革、教学建设等各项举措得以贯彻落实，提高人才培养质量。学校还出台了《“十四五”教育事业发展规划纲要》《浙江金融职业学院“358”工程建设纲要》《关于深化“千日成长工程”，推进全课程育人的若干意见》《加强课程思政建设，推进全课程育人的意见》等学校纲领性文件统领教学工作；此外，对于专业建设、课程建设、教材建设、实践教学建设、师资队伍建设、学籍管理、教学运行、教学质量监控、教学研究、教学竞赛等各个环节，学校均出台了详细的政策和管理规章制度来确保教学工作有序高效运行。

3.坚持把立德树人作为根本任务

我校全面贯彻党的教育方针，出台《关于深化“千日成长工程”，推进全课程育人的若干意见》，以全课程育人为抓手，落实立德树人根本任务，强化教学工作中心地位。通过推动社会主义核心价值观进教材、进课堂、进头脑，打造了“一中心四全四坚持”的全课程育人架构。即：把立德树人作为学校教学工作的中心环节，形成以全课程育人为基点、以全过程育人为主线、以全员育人为网面、以全方位育人为整体的“四全”教学管理和育人机制；坚持以生为本、引领全课程育人实施，坚持系统设计、整合全课程育人资源，坚持点线面体、构建全课程育人体系，坚持“千日成长”、打造全课程育人品牌的四坚持教学机制。学校成为国家级研究中心“浙江省中国特色社会主义理论体系研究中心”首批研究基地，入选首批国家职业院校文化素质教育基地建设单位；学校创立明理学院，以课程教学和德育生活化为理念，加强学生“明法理、明德理、明事理、明学理、明情理”；创设淑女学院，以“春意、夏趣、秋思、冬悟”四季课程和线上线下学习，加强女生职业素养教育；创设银领学院，通过订单培养、现代学徒制、校企合作课程，强化人才培养综合成效；创设笃行创新创业教育学院，将创新创业教育贯穿人才培养全过程；全面深化“七彩金院、交相辉映”的课程理念，促进各专业特色发展，形成了全课程育人的新格局，强化了教学工作中心地位。

4.加强高水平专业(群)建设

我校深入市场调研，紧密对接金融、财会、贸易三大产业链，积极面向浙江省，面向省内中小企业，以市场为导向，建立“转型、新增、设方向”三级并行推进的专业动态设置机制。深化内涵建设，优化学校专业布局，以“标准化、国际化、信息化”为目标，构建了“优势＋特色＋品牌”专业生态格局。我校瞄准数字普惠金融、数字国际贸易等高端产业，建设了金融管理和国际贸易实务两个国家级高水平专业群，带动投资保险、会计、工商管理、信息技术、文化创意5个校级高水平专业群改革发展；实施专业层面诊断与改进，按照“人工智能＋专业”调整优化专业群内专业布局，赋能传统专业转型升级，增设大数据技术与应用等3个新专业，淘汰1个落后专业；立足办好重点专业，以大满贯的成绩，立项浙江省“十三五”优势专业7个、特色专业6个，建设了互联网金融品牌专业，同时，紧密对接行业的“1＋X”试点专业已达到19个，实现了专业以点带面的全面发展，形成了高水平专业(群)建设新格局，夯实了教学工作的中心地位。

5.大力推进课程重塑和改革

学校以专业教学资源库和精品在线开放课程为抓手，推进在线开放课程群的建设与应用。我校主持金融、国际贸易、互联网金融、文秘专业国家教学资源库项目4项，建设有2门国家精品在线开放课程、8门国家精品资源共享课、20门省级精品在线开放课程、44门校级精品在线开放课程，教师依托“国家级—省级—校级”三级联动的精品在线开放课程资源开展线上线下混合式教学，数字化教学资源体系得以不断完善；学校以专业群建设为依托，对接产业链与岗位群，系统分析职业岗位、职业能力，重构专业群课程体系，建设了一批产教融合型课程；通过深化“1＋X”证书制度试点工作，对接岗位职业技能要求，校企联合开发模块化课程，强化典型工作任务考核，实现专业课程岗位化、证书化，达到了专业教师职业技能证书培训全覆盖，学生职业技能等级证书获取率90％以上的良好成绩；学校制定了校院两级课程思政建设方案，将思政教育有机融入课程教学，开展“课程思政”教学设计活动，科学设计课程目标和教案课件，注重课程思政建设模式创新，遴选课程思政优秀案例，发挥课程思政育人功能，实施教师课程思政专项培训，确保课程思政建设入脑入心、落地落实、见行见效。我校坚持把课程建设作为学校教学工作的基础来抓实，对接产业发展，更新了丰富的课程资源，构建了完整的课程体系，也发挥出了课程在教书育人、立德树人方面的综合效能，巩固了教学工作的中心地位。

6.持续深化三教改革

我校秉持职业教育规律，充分融合新技术进行了深入推进和改革。教师层面上，出台以“教师千万培养工程”和“千人金融大智库”推进教师队伍建设的策略，主要包括：开展信息技术与课程整合的教学观摩或教学研讨；运用新技术打造智慧校园，创设环境促进教师提高自身信息素养；通过开展课程信息化技术比赛、优秀课堂评奖等形式，提高教师的信息能力；健全“双师型”教师培训机制，每学期鼓励教师进入企业实践锻炼，并聘请行业专家承担教学任务，建设了一支理论素质高又熟悉产业发展的“双师型”教师队伍。教材层面，学校出台《教材建设管理办法》，对新技术时代新形态教材的开发、编写、选用、更新做出明确规定，我校与企业合作，融入最新的产业元素，深受学生欢迎，先后有43本教材获得“十三五”新形态教材立项；根据课程的建设基础与建设规划，逐步形成了在线开放课程建设的全覆盖，建设了一大批数字化的学习资源。教法层面上，开展融入项目教学、情景教学、工作过程导向教学，运用现代信息技术改进教学方式方法，推进虚拟工厂等网络学习空间建设和应用，广泛应用线上线下混合教学，以学生为中心，打造金院好课堂，形成了金院课程教学文化。我校深化三教改革，推动了课堂革命，教师教学改革的热情得到极大提升。

7.各部门协同配合服务教学

教学工作作为高校的中心工作，需要各部门的协同配合，各部门各环节齐心协力，辅助教学，才能保证教学质量和效果。

(1)实践性真实化的教学环境，是人才培养的重要保障，学校重视强化实训基地建设，建成国家级校内实验实训基地9个、省级示范实训基地15个，学校与工商银行等243家企业合作共建200余个校外实习基地，并引入“互联网＋”、人工智能、AI技术等现代信息技术，升级改造校内实训基地，推进实习实训信息化管理，坚持职业素质与职业技能培养并举的思路，以订单式培养和现代学徒制培养为突破口，充分挖掘校企共建实习实训基地的育人价值，收到了良好的教学效果。

(2)科研与教学相结合是高校的职能，坚持教学为本，要协调好教学与科研的关系，我校充分挖掘学科优势和科研实力，促进了内涵建设发展，教师以最新的科研成果反哺教学，推动了教学水平的提高，同时在大学生中开展创新实践活动，培养了学生的科研精神，有利于人才培养质量的提高，以科研促教学，取得了实效。

(3)教学经费是确保教学工作顺利开展的重要保证，我校通过加强校企合作、校友交流，促进产学合作，多渠道筹措校外资金，同时以教学重点项目为依托，积极争取专项资金，加强对资金的合理统筹使用，优先保证基本教学工作和重点教学建设项目的资金使用，逐步加大教学经常性投入，同时，不断在教学资源及公共教学服务设施上投入资金，统筹调配教学资源，保障了教学资源的高效利用。

(4)学校行政、教辅、后勤等部门积极支持教学工作，为教学提供了良好的硬件和软件环境，保持了整个校园安全、整洁、文明、有序，实现了完善的教学保障服务。近几年通过后勤社会化、数字化改革，学生食堂、公寓、超市等设施逐步完善，学生的学习和生活条件也得到了显著改善。

无论教育改革发展的外部环境和国家宏观政策如何变化，教学工作始终是高职院校永恒的中心工作。“十四五”时期，职业教育从“规模与内涵”迈入“内涵与质量”的发展阶段，只有提高认识，坚持教学中心地位不动摇，狠抓落实，促进教学质量提升，科学统筹，努力构建确保教学中心地位的长效机制，才能推动教学工作再上新台阶、持续发展。

参考文献

[1] 陈志伟，朱振岳，蔡继乐. 打好强化教学中心地位“组合拳”[J]. 中国高等教育，2015(12)：24-28.

[2] 全国十二所重点师范大学联合编写. 教育学基础[M]. 北京：教育科学出版社，2006.

[3] [4] 周建松. 高职院校教学中心地位的内涵和实施策略研究[J]. 中国大学教学，2018(5)：73-77.

[5] 杨玉良，推动大学智库成为国家创新来源[N]. 中国教育报，2011-10-31(2).

打造高水平专业群

孔德兰　刘　丽

一、高职院校高水平专业群的治理逻辑

综观专业群理念的研究现状与专业群建设实际，高水平专业群组建的基本逻辑一般有三种：一是产业逻辑，基于产业结构、产业空间布局和产业链条组建专业群，专业群内各专业与产业有着明确的对应关系，产业的调整和转型升级决定着专业群的调整和优化。二是岗位逻辑，即以职业岗位（群）为依据，充分体现职业分工的逻辑关系，针对职业岗位（群）人才需求设置专业群，尽可能多地覆盖行业岗位群。三是知识逻辑，将专业作为一个知识传递和生产载体，知识关系是专业关系的核心，依据专业知识的相关性和内在逻辑构建专业群，基于这一逻辑组群，策略有专业群编组策略、专业群平台课程开发策略等。

产业逻辑、岗位逻辑是专业群组建的外核逻辑，源自经济学领域的产业集群理论，有机契合职业院校服务产业发展的办学定位。较之产业逻辑与岗位逻辑，知识逻辑是专业群组建的内核逻辑，专业群由若干专业组合而成，专业群组建的专业逻辑本质是知识逻辑，专业是知识体系传播的载体，知识的相关性是组建专业群的重要内在依据。然而，从教育的本质属性出发，还有一个更重要的逻辑要遵循——育人的逻辑，作为中国特色的高水平专业群，更要遵循立德树人的逻辑。

中国特色高水平专业群建设，需要建构明确的治理逻辑，建立一条清晰的专业群治理逻辑主线，要明确产业逻辑、岗位逻辑、知识逻辑、立德树人逻辑的定位与相互关联。以立德树人逻辑为根本，贯穿统领专业群建设全过程；以知识逻辑为联结载体，建构专业群人才培养的基本教学体系；以产业逻辑为遵循，建立专业群的课程、实践、师资、实训室体系与标准，搭建产教融合载体；以岗位逻辑为依据，重构课程内容与教学模式，开放职业课程标准，建立职业教育教学范式；建立“以立德树人为根本，以知识逻辑为联结体，动态有机融入产业逻辑与岗位逻辑”四位一体的高水平专业群治理逻辑。

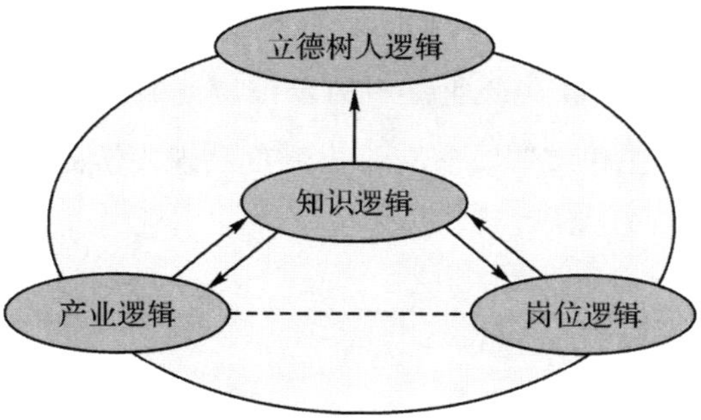

图 1　高水平专业群治理逻辑

二、高职院校高水平专业群的建设目标

教育部、财政部《关于实施中国特色高水平高职学校和专业建设计划的意见》提出，“集中力量建设一批引领改革、支撑发展、中国特色、世界水平的高职学校和专业群”。文件明确了高水平专业群的建设内涵，四个方面有机结合、相互支撑，指引高水平专业群的建设目标与方向。

（一）适应产业的改革目标

高水平专业群要主动适应产业转型升级中呈现出的技能操作高端化、生产方式研究化、服务与生产一体化等系列变化，引领高职专业建设和人才培养模式改革，人才培养定位由简单重复的装配者、操作者向更高层次的智能生产系统的规划者、应用者、决策者转变；能力培养由单项应用向系统集成的“交叉”“复合”“多项”联动转变；服务输出由“单人单岗”向“技术＋人才”打包供给转变。教育教学体系需按照社会需求重构，以育训结合、线上线下融合、校内校外配合为框架，建构高质量的职业教育治理体系。重构专业群结构体系，应紧扣产业发展趋势，聚焦产业链的关键节点，明确对接的岗位集群，明晰专业群与岗位群的映射关系，优化专业建设重点和质量要点。

（二）支撑发展的时代目标

时代发展要求高职教育服务国家战略、融入区域发展、促进产业升级，助力教育强国、人才强国。产业发展要求高职教育促进创新成果与核心技术产业化，服务中小微企业的技术研发和产品升级。从国家、区域发展、产业发展等层面明确了专业群的建设方向。面向产业链，重新定义技术技能人才培养路径。从跨界、融合、真实三个维度出发，组建结构化教师团队，从专业教师与职业导师两个维度建构；学生能力的培养要实现跨界与融合，技能有侧重，知识必延展，既熟悉整条产业链、工作全流程，又精通若干岗位工作内容；引入真实的企业生产线、岗位任务清单与项目书，开展全真式的教育与培训。聚焦技术链，以国家项目为支撑撬动校企深度融合。每个专业群在产业链中的定位应当聚焦核心技术、核心岗位、核心业务、核心能力，以校内“大师工作室”“‘1＋X’证书制度”“现代学徒制”等项目为依托推进服务与融合。

（三）中国特色的政治目标

高水平专业群需要扎根中国大地、回应中国需求、彰显中国特色。落实立德树人根本任务，健全德技并修、工学结合育人机制，推进职业技能和职业精神培养高度融合，把育人和育才相统一。强化“接班人”素质，明确社会主义核心价值观、严谨专注、敬业专业、精益求精和追求卓越的品质要求。强化“德技并修”，加强思想政治、劳动教育和实践育人的学时学分，强化劳动育人和工匠精神，以劳树德、以劳增智、以劳强体、以劳育美。专业课程教学落实课程思政，在课程目标、课程标准、学时分配、教学评价等环节，强化社会主义核心价值观和中华优秀传统文化的育人效果，实现课程思政与思政课程同向同行，形成育人合力。

（四）世界水平的品牌目标

高水平专业群建设承载国家使命，助力国际品牌，成为国际事务的参与者、国际标准的建设者、国际资源的提供者和中国企业国际化的协同者。积极参与国际事务，通过与“走出去”的企业合作，培养国际化技术技能人才或承接企业海外员工教育培训等方式，牵头或参与世界技能竞赛。组织职业教育国际会议，开展国际职业教育交流，促进中外人文交流和专业文化交流。实施国际共享，推进教育教学资源、技术成果、技术技能人才的国际交流与共享；开发国际通用的专业标准和课程体系，最终输出有国际影响的高水平专业标准、课程标准，形成中国职业教育国际品牌。

三、高职院校高水平专业群的建设主体

深化产教融合，建立校企融通的一流“双师”队伍，以建设高水平教学创新团队为目标，依托学校校企联动、校内外结合的教师培养培训体系；以国家教学资源库建设、国家精品开放课程建设、职业院校教师教学能力比赛等重大国家项目建设为平台，全方位提升教师综合教学能力。专业群应当建立专业群发展的教师培养培训体系与教师成长梯队。积极吸收胜任业务讲师的行业专家，建设校企融通的一流结构化“双师”队伍；打造国家级教学大师，夯实名师工作室，充分发挥全国“双师型”教师培养培训基地功能，创新青年教师培养载体，不断深化模块化教师队伍建设。

(一)高水平专业群建设的法人主体

高水平专业群建设有三个法人主体,分别是高水平专业群所在的学校、面向的企业、产业二级学院。高水平专业群建设的质量与水平取决于这三大法人主体的投入程度与协作程度。学校作为高水平专业群孕育建设的第一类主体,为高水平专业群建设提供必要的载体、制度、标准与保障,作用至关重要。职业教育作为一种类型教育,具有具体的服务指向性,企业作为新技术、新规范、新标准的微观载体,是高水平专业群建设的第二类主体,企业与专业群内专业的互动程度决定了高水平专业群建设的质量与效度。产业二级学院则作为一种新生事物,是职业教育对接产业发展、紧密衔接行业变化,行业企业主动参与职业教育的一种新生态,可以视作高水平专业群建设的第三类主体,产业二级学院为专业与产业的实质性融合提供了平台、制度,将在很大程度上提高高水平专业群建设的适应性。

(二)高水平专业群建设的自然人主体

高水平专业群建设的质量在很大程度上取决于它的建设者,以及建设者的能力、水平与群体结构。高水平专业群建设的自然人主体包括专业群负责人、专业群内专业负责人和专业教师。专业群建设的自然人主体关系并非简单的线性关系。专业群负责人作为高水平专业群建设的引领者,一般产生于高水平专业群中最核心、最骨干、最优势的专业,从而可以更好地发挥理念引领作用,更多需要高水平的理念、格局与站位;与此同时,专业群负责人还应具有丰富的行业企业经验与职业教育教学经验的“双师型”教师。专业负责人则作为承上启下的建设者与引领者,更多的关注点应该体现在协作方面,需要协作精神;要统领好专业自身发展,更需要定位精准,找准岗位群中岗位与岗位特点、产业链上的产业与产业特性,遵循产业发展逻辑,与专业群共生协同发展。专业教师作为最基本也是最直接的高水平专业群建设者,需要具体创新与务实,需要钻研新技术、新规范、新标准,树立创新思维,做好技术应用创新的研究与实践,并与专业建设融为一体。

四、高水平专业群建设的路径

(一)“书证融通”改革驱动下的学院新发展路径

落实立德树人根本任务,全面提升学生综合素质,促进学生优质成才。各专业群应对接智能时代产业发展新技术、新工艺、新规范,实施学生职业能力提升工程。以研究项目为支撑,让更多学生通过高水平研究项目强化技术技能与创新能力培养,构建重点突出、层次分明的实践教学体系。创新财经类专业劳动教育载体，加强劳动教育，创新多样化教育载体。养成高标准职业素养，传承“零差错”金院匠心。积极开展各专业群的“1＋X”证书制度试点工作，做好国家四批试点工作的推进。对接岗位职业技能要求，构建模块化课程体系。实施学分制改革，促进学生个性化学习。对接多样化生源，因材施教，推进学生学业综合评价改革，建立校级学分银行，健全学分积累及转换制度。修订学校全日制学生学分制管理办法及学籍管理办法，深化教育教学改革。建设高水平“金领学院”，构建财经类知识型、技能型、创新型技术技能人才培养培训体系以培养财经领域一流的技术技能人才。

（二）学生中心理念牵引下的高质量发展路径

新一轮产业革命催生出新的工作模式，“工作过程去分工化、人才结构去分层化、技能操作高端化、工作方式研究化及服务与生产一体化”是最直观表象，与此同时，职业种类快速更迭，人才需求持续迭代。社会在赋予职业教育新期待的同时，提出了新要求“期待从有学上到上好学、从会手艺到技艺精、从可就业到能发展”，专业群建设的新内核人的发展得到关注；“以学生为中心”的理念，将促进学习者职业能力的可持续发展作为目标，以学习者可持续发展的职业能力为载体，实现经济社会需求与人的发展需求的有机统一，实现职业教育作为“教育类型”的价值诉求。新的理念，需要贯穿融入专业群培养目标设定、专业群组建逻辑、专业群建设内容。专业群培养目标，应以促进学习者职业能力的可持续发展为指向；专业群的组建逻辑，应将“人的发展需求”融入满足“产业需求”的建设逻辑中；专业群建设内容，应在课程体系、教学标准、教学资源、教学方式、师资队伍建设、实训基地建设等方面兼顾通识素质培养与专业技能培养的有机融合。

（三）现代治理结构引领下的产业化发展路径

专业群建设的本质是打破原有的专业组织、制度、资源的约束和限制，通过跨专业的形式改变现有的基于工作岗位的窄口径的人才培养模式。现行的基于产业链、职业（岗位）群、资源共享、优势专业主导等的建设模式已日趋稳定；专业群建设是以职业院校为主导，以产教融合、校企合作为载体，遵循“产业需求分析—专业群设计”的逻辑展开，以“产业需求标准”与“人才培养标准”的有效对接和表达为前提假设，融合程度成为专业群建设的关键变量。在《国务院关于深化产教融合的若干意见》《职业教育校企合作促进办法》的政策效应下，校企合作开始从契约式向产权式转变，企业在职业教育中的办学主体地位得到了进一步落实，职业教育产教融合、校企合作水平得到了有效提升。但受制于体制和职业院校内部治理结构，在当前职业院校产教融合、校企合作中，企业参与程度和发挥作用依然有限，“产业需求标准”与“人才培养标准”对接效率未能有效提升，亟待体制革新。因此要以职业院校内部治理结构创新为抓手，灵活机制，多样参与；最大化地发挥院校教学指导委员会、职教集团等组织的效用，拓展行业企业参与的途径和渠道，有效保障行业企业在职业院校人才培养中的话语权，对外实现行业、企业需求标准向职业院校的有效传递；对内推进学院、专业等组织和制度的无界化，建立职业院校课程、师资、实训设备的灵活调动与配置机制，提升专业群建设的动态调整能力和资源整合能力，使企业需求标准深度融入职业院校人才培养中，实现“产业需求标准”与“人才培养标准”高度衔接，推进职业教育专业群的去学院化、去学科化的产业化发展路径。

（四）技术创新平台支撑下的生产力发展路径

职业教育长期以经济社会发展需求为主导的人才培养理念是一种单向发展逻辑，专业群与产业发展之间固化出单向的、被动的静态适应模式，从而导致高职院校专业群建设在人才培养标准、培养模式等方面对产业发展需求的“追随适应”现状，受制产业向专业的传导滞后，专业群支撑产业的能力不足。然而我国产业和技术发展具有明显的技能偏好性、依赖性。由此，产业技术发展与技术技能人才培养的关系也不是简单的单向的线性关系，而是相互作用、相互促进的关系。技术创新平台则成为有效支撑与黏合剂，通过整合校内外科技研发资源，聚焦中小企业的工艺、技术的创新与改进，主动提升自身的技术研发和实践能力，以科研引领专业、行业的发展方向。同时，高职院校可以通过不断完善科技研发对教学的反哺机制，推进专业群的教学标准、课程标准、教学模式、教学内容的持续迭代与优化，将技术技能创新成果在教材、课堂内同步；在建设缔造新标准的同时，同步应用新标准；打造专业群建设的“产业发展需求—专业群设计”的双向反馈互动的闭环，实现“产业需求标准”与“人才培养标准”高水平的互动链接，使高职院校成为人才培养标准和产业技术发展标准的引领者，实现专业群建设标准的先进性和引领性。

五、高水平专业群建设的浙江金融职业学院实践

（一）构建精准对接、动态调整、自我完善的专业群建设发展机制，发挥财经商贸专业群的集聚效应与服务功能

学校依托金融管理、国际贸易实务、会计等 7 个国家骨干专业，7 个省优势专业和 6 个省特色专业，以“标准化、智能化、国际化”为发展目标，对接国家数字经济发展与浙江八大万亿产业建设，瞄准科技金融、数字贸易、信息技术、文化创意等产业高端，推进“人工智能＋”专业转型升级；建立专业与产业衔接正反馈效应影响下的自我完善型机制，生成特色鲜明、优势突出的专业群集聚模式与集中化、综合化、专门化的专业群服务模式。以专业群文化

为引领，以“专业设置与产业需求、课程内容与职业标准、教学过程与经营过程、学历证书与职业技能等级证书、职业教育与终身学习”五个对接为抓手，实现两大突破：财经商贸类专业人才培养供给侧与产业需求侧结构要素全方位融合，学校整体专业群发展与区域经济发展双向赋能。基于“一体双引擎四翼”航空型专业群架构，建成以具有国际先进水平的金融管理专业群、国际贸易实务专业群为引领，具有国内领先水平的会计专业群、信息技术专业群、投资保险专业群、工商管理专业群、文化创意专业群协同发展的高水平专业群生态格局。

（二）瞄准财经商贸产业发展趋势与要素需求，打造校企双元融通、共建共享的专业群数字化资源平台

面向浙江财经商贸产业发展，对接信息技术、人工智能、数字创意等浙江战略新兴产业，建立专业、课程、教学对接产业的数字资源标准体系。依托主持的四个国家专业教学资源库项目，转型升级金融、国际贸易、互联网金融三个国家专业教学资源库，建立财经商贸大类专业群数字（标准）资源平台。以国家新专业目录发布为契机，建成七大专业群的国内引领、国际可交流的专业标准、课程标准、专业顶岗实习标准、课堂教学质量建设与评价标准；建立“校级、省级、国家级”三级联动的在线精品课程发展体系，以 2 门国家精品在线课程为引领，打造一批具有国际影响力的国家级精品在线开放课程；以立体新形态教材为载体，依托数字化资源平台，开发并公开出版金融、国贸等七大专业群的新形态教材；联合四大银行、阿里巴巴、高顿财经等业内领先企业，建立国家职业技能等级证书的培训、评估一体的初、中、高三级认证标准，培养与输送持有一本毕业证书和多本职业技能等级证书的“1＋X”高素质技术技能人才。

（三）打造集“实践教学、社会培训、技能鉴定、技术服务”于一体的高水平专业群实训基地，助推财经商贸类技术技能人才培养

实施产业先进元素与教学动态融合，以“育训融合、开放共享、服务区域”为目标，以共享经济理念引进浙商银行、浙江国贸集团等行业领先企业进驻学校，建设集实践教学、社会培训、企业真实业务经营、职业技能等级鉴定和技术服务于一体的高水平专业化的财经商贸类职业教育实训基地和产教融合实训基地，重点建成 5 个国家级示范实训基地、10 项省级示范实训基地，提升学校专业群建设水平、校企合作育人水平和社会服务水平。探索创新财经商贸类实训基地的运营模式，制定金融管理专业群、国际贸易实务专业群、会计专业群、投资保险专业群、工商管理专业群等 5 个高水平专业群实训基地建设与运营标准，提供财经商贸类职业教育实训基地和产教融合实训基地的建设规划和管理规范标准。依托财经商贸类职业教育实训基地和产教融合实训基地，推动实践教学模式变革，促进人才技能供给与产业需求的无缝衔接，实现专业课程与职业岗位、毕业与就业的零过渡；开展财经商贸类企业内训、再就业培训、中西部地区培训援助、对捷克贸易企业培训，年均100场，累积培训学时4000小时，累积输出高素质技术技能人才2000人次。

(四)组建契合产业变革自适应力强的教学创新团队，深化教法与教材改革

围绕财经商贸类高水平专业群建设，依托“财经工匠＋业务能手＋教学名师”的“双师”队伍，从专业跨界、职业跨界两个维度，面向财经商贸产业高端，打造10个“专业跨界化、角色多样化、履历多元化”自适应力强的教学创新团队；将产品、技术攻关、业务流程转化作业、实践及考评项目，基于工作实际创设教学环境、重构教学内容、创新教学方法。开发财经商贸类专业群系列化、“十四五”国家规划教材20部；结合新的业务与岗位元素，开发一批对接科技金融、数字贸易需求的新型活页式、工作手册式、任务清单式的新形态数字化教材20部。实施财经商贸类专业群模块化教学模式的改革，围绕“课堂教学质量与产业需求侧”两项要素，科学架构课程的教学模块与专题，以教学模式与专题组建教学团队，以“致敬课堂”的教学文化为中心，融入启发式、情境式、行动学习、思维可视化、移情式学习等教学法，打造一批“金院示范课堂”。开发课堂教学建设与质量评价标准，形成“人人参与好课堂、天天建设好课堂、门门都是好课程”的教学文化。

(五)完善财经商贸类专业群质量评价体系，构建多方协同的专业群可持续发展保障机制

依托“集决策指挥、质量生成、资源建设、服务保障、质量监控五大系统”的专业群诊断与改进平台，引入基于“专业设置与社会需求适应度、人才培养目标与培养效果达成度、教师队伍与教学资源保障度、教学与实训的有效度、社会与学生满意度”的第三方专业动态认证体系，持续优化财经商贸类专业群质量评价体系。通过政府政策制度引领、行业发展引导、协会服务支撑、企业协同融合、学校诊断改进，建立“专业设置、转型升级、文化集聚；人才培养方案优化、教学标准对接产业优化；教学模式与方法同步更新”的三级联动机制，形成“政府、行业、协会、企业、学校”多方协同的专业群可持续发展保障机制。建立专业群发展规划、组织实施、过程控制、质量提升与学校、教师、学生发展融为一体，具有自主、系统、常态的专业群质量提升制度，促进各专业群特色质量文化的形成，生成财经商贸专业群质量保障文化。

(六)聚焦数字经济，搭建专业群人才创新服务平台

紧密对接“大智移云物区”等前沿科技发展趋势，以“校政行企”协同创新为纽带，整合政府、学校、行业、企业、园区、科研机构等优势资源，依托万亿金融产业产学研协同创新中心、浙江省跨境电商综合服务应用技术协同创新中心、捷克研究中心，建好地方金融发展研究院、互联网与大数据金融研究院、众诚信用评级研究院、跨境电商联合研究院、云会计财务共享中心研究院，重点服务区域经济与产业发展、中小微企业转型升级以及创新创业型英才培养，提升学校技术技能积累能力，打造集智库咨询、技术服务、创新创业于一体的大财经技术技能创新服务大平台。

参考文献

[1] 平和光.高职院校高水平专业群组建的基本逻辑[J].职业技术教育，2019(19)：1-6.

[2] 郭福春.高水平专业群在高水平高职院校建设中的现实意义分析[J].中国职业技术教育，2019(5)：20-23.

[3] 吴升刚，郭庆志.高职专业群建设的基本内涵与重点任务[J].现代教育管理，2019(6)：101-105.

[4] 周建松.专业群是高水平高职院校的基石[N].光明日报，2018-07-26.

[5] 温贻芳.把准高水平专业群建设方向[N].中国教育报，2019-07-09.

[6] 徐国庆.国家专业教学标准建设是实现职业教育现代化的基础[J].中国职业技术教育，2019(7)：62-66.

[7] 张宇，徐国庆."双高计划"高职院校建设思路和实施路径的分析与探讨[J].现代教育管理，2020(2)：110-116.

[8] 赵志群."双高计划"项目创新发展的方法论[J].高等职业教育探索，2021(1)：1-7.

[9] 李鹏，石伟平.职业教育在线教学模式转型：问题、经验与路径[J].中国电化教育，2020(8)：86-99.

培育高素质师资队伍

王 琦 谢 峰 周 哲

高素质教师队伍建设是实现高校内涵式高质量发展、加快中国特色高水平高职学校和专业建设的关键力量。浙江金融职业学院全面贯彻中共中央、国务院《深化新时代教育评价改革总体方案》《关于全面深化新时代教师队伍建设改革的意见》《国家职业教育改革实施方案的通知》等重要文件精神，以习近平新时代中国特色社会主义思想为指导，始终牢记时任浙江省委书记习近平在学校30周年校庆贺信中提出的希望，深入学习贯彻习近平关于人才工作系列重要讲话精神，以“四有好老师”“四个引路人”为价值坐标，以全国一流“双师”队伍为建设目标，按照“引领改革、支撑发展、中国特色、世界水平”的要求推进中国特色高水平高职学校建设，深化教师评价改革，加大人才引育和培养力度，把高素质教师队伍建设作为基础工作来抓。

学校自升格办学以来，党委高度重视师资队伍建设，牢固树立全心全意依靠全体教师办学理念，大力实施“千万培养工程”，每三年召开一次师资工作会议，先后于2003年、2006年、2010年、2012年、2014年、2017年、2020年召开了七次师资工作会议，每一次师资工作会议都会系统规划阶段性师资队伍建设重点和举措。曾经的“128工程”“2388工程”“八大工程”“九大计划”“十大计划”到目前的“159高水平人才战略”，明确“五个一百”即引育百名博士、百名专业（学科）带头人、百名教授、百名名师、百名“双师”，打造全国高职师资队伍卓越校的建设目标；启动“三类创新团队建设行动、三类名师培养行动、三类工作室建设行动、三大青年发展平台建设行动、三类师资工作制度优化行动”五大行动；实施新一轮师资队伍建设“九大计划”，即高水平师德师风建设计划、高水平“双师”队伍建设计划、高水平结构化教师教学创新团队建设计划、高水平科研创新团队建设计划、高水平教学名师培养计划、高水平育人名师培养计划、高水平国际化领航人才培养计划、高水平青年英才培养计划、高水平博士引育计划。这些人才培养计划的相继实施都极大地调动了教师的积极性和热情，尤其是唤起了高层次人才和青年教师的响应，成为学校建设高素质师资队伍的有力杠杆和精神力量。

一、坚持立德树人，加强师德师风建设

加强师德师风建设是教师职业发展的需要，是建设高素质教师队伍的内在要求，对于提升教师自身修养，弘扬高尚师德，提高高等教育质量具有十分重大的意义。浙江金融职业学院始终把师德师风建设作为师资队伍建设之首来推动，在学校升格办高职之时，就系统凝练了校风、教风、学风"三位一体"的校园精神，大力弘扬"尚德、精业、爱生"的教风，倡导"爱国守法、敬业爱生、教书育人、严谨治学、服务社会、为人师表"的师德规范，激励教师争做"四有好老师"。

（一）强化组织保障

为系统实施师德师风建设计划，学校加强党委的统一领导，强化以党建引领师德师风建设，充分发挥党委教师工作部对教师思想政治工作的引领作用，成立了以学校党政一把手为组长的师德师风建设领导小组，建立了以学校党委书记作为第一责任人，学院主要领导、分管领导分工负责，各相关职能部门协调配合，各部门和各学院为主落实的工作运行的体系，形成了师德建设合力。

（二）注重师德教育

学校宣传部利用报刊、网络、橱窗等形式和媒体广泛宣传师德典范，大力弘扬师德先进，发挥榜样的正能量作用，创造良好的校园师德师风氛围。学校党委教师工作部一直把学习师德规范纳入新教工岗前培训计划，作为新教工在职培训的重要内容，培养职业荣誉感和使命感，组织新入职教师进行入职宣誓仪式，签署《浙江金融职业学院教师师德承诺书》。探索师生协同的师德师风教育特色，打造"一院一品"师德师风品牌，以二级学院党总支为主体，以"一院一品"师德师风品牌建设为主线，以若干个"课程思政"特色项目为载体的各二级学院师德师风建设"1＋X"品牌。

（三）完善师德监督

学校将教育部《新时代高校教师职业行为十项准则》印发给每位教职员工作为教师案头学习的必备资料，更加明确了新时代教师职业规范，该准则既划定了教师基本底线，也为完善师德监督提供依据。同时将师德纳入教师考核评价体系，由学生、同行教师、教学督导等不同层面进行考核，制订并推行师德师风负面清单制，进一步完善师德师风监督机制与师德师风问题预警机制，加强师德师风问题惩处，实行选人用人、职称评审、岗位聘任、评奖评优、年度考核等工作的师德师风问题一票否决制，积极引导广大教师将外在的制度约束逐步内化为自身的道德修养。

二、坚持党管人才，推进“人才强校”战略

学校深入贯彻习近平同志关于人才工作的系列讲话精神，认真落实习近平对职业教育工作作出的重要指示，培养更多高素质技术技能人才、能工巧匠、大国工匠。坚持党管人才原则，坚持“尊重教师个性、倚重教师德才、注重教师发展”的教师工作理念，以打造人才强校为目标，注重以博士人才的引育工作带动学校师资队伍建设，进一步加大高水平博士人才引进力度，不断完善博士人才校本培养的支持政策与保障，持续优化博士人才的考核激励制度，有效调动博士人才积极性、主动性和创造性。

(一)积极拓宽引才渠道

瞄准长三角地区的高端人才集聚区，积极推行“人才带着项目来，项目跟着人才走”的引才模式，引进带着“国家社科基金项目”和“教育部人文社科青年项目”的博士；修订《高层次人才引进实施办法》，用好用足省内人才引进倾斜政策和人才资源支持，全力畅通人才引进渠道，按3种引进类别(顶尖人才、领军人才、拔尖人才、骨干人才)给予人才提供专用经济住房或10万—100万元不等的人才津贴和科研启动费；吸引“海归派”人才来校就业，引进具有海外留学经历人员；大力实施《柔性引进人才管理办法》，通过柔性引进等方式从学校、企业聘用高技能型人才；发挥大师、名师的高层次人才引领作用，建设国家级技能大师工作室。

(二)大力开展人才培育

学校在注重人才引进的同时，强化了人才的培育。先后出台《博士培养与提升计划》《高水平博士引育计划》等高层次人才培养制度。

一是高水平博士校本培养：加大高水平博士的校本培养力度，大力支持优秀青年教师攻读博士学位，提高学费报销额度、增加学术休假与论文休假待遇；

二是高水平博士提升：加大博士投身教育教学、科研、技术创新等领域考核激励力度，大力支持学校优秀博士取得优质成果，按四种激励类型(顶尖博士、拔尖博士、优秀博士)给予5万—40万元不等的人才津贴、科研启动费。

三是高水平博士平台搭建：提高博士津贴，建设博士工作室，发挥青年博士创新精神与引领作用。博士工作室是围绕学校建设发展需要，由学校引导、二级学院或相关部门主导，

由优秀青年博士牵头组建，由青年骨干教师及优秀学生参与，以突破学校教学、科研或管理服务难题为主要任务的团队。重点发挥优秀青年博士的研究优势和引领作用，带动学校青年教师在教学、育人、科研、技术创新和管理服务改革等领域取得新突破。

（三）提升人才平台能级

一是为金融职教高层次人才培养搭建“金台阶”。学校入选国家“万人计划”教学名师 2 人、国务院特殊津贴专家 1 人、国家级教师教学创新团队 1 个、国家级“双师型”教师培养培训基地 2 个、全国职业院校“双师型”教师队伍建设典型案例 1 项、省“万人计划”教学名师 2 人。

二是为青年人才成长插上“金翅膀”。落实《青年事业发展纲要（2016—2025 年）》，不断创新青年人才培养载体，出台了《青年拔尖人才培养计划实施办法》，遴选了 35 名 35 岁左右到 2035 年堪当学校发展重任的“青年拔尖人才”，推出了“九大优先发展策略”。继续加大对 100 名“金融青年骨干教师研修班”（简称“2025 金骨班”）学员的培养力度。举办了三期青年拔尖班、骨干班暑期素质提升班、每月开展教学工坊，实现了教师教学能力培训常态化。

三是建设浙江省高校教师教学发展示范中心。学校教发中心成功入选省高校教师教学示范中心，为强化教师教学能力培训提供了优质平台。

三、坚持校企融通，造就高素质“双师型”教师队伍

建设高水平“双师型”教师队伍是加快推进职业教育现代化的基础性工作。根据《深化新时代职业教育“双师型”教师队伍建设改革实施方案》，紧密围绕“双师”队伍理论教学水平与实践教学能力提升，健全“双师”培养培训机制，建设一支数量充足、素质一流、熟悉产业状况、服务产业型、支撑产业发展、具有创新创业能力的高素质专业化的“双师”队伍，为全面提高复合型技术技能人才培养质量提供强有力的师资支撑。

（一）强化顶层设计，明确“双师”标准

作为国家首批示范性高等职业院校和浙江省重点建设高职院校之一，学校历来重视“双师型”教师队伍建设。在国家示范建设之初就出台了《浙江金融职业学院关于扎实推进国家示范高职院校建设若干意见》，强调优化“专兼结合”教学团队，提高专任教师“双师”素质，提升行业兼职教师教学水平。十多年以来，学校在各发展阶段始终把打造高素质“双师”教师队伍作为一项战略工程来抓，先后出台了 5 个加强“双师型”教师队伍建设和“双师结构”教学团队建设的相关管理实施办法。

(二)支持教师考证,培养青年教师"双师素质"

学校为"双师"队伍建设投入大量经费,努力为教师创造更多的培训机会,组织教师参加各种技术培训,提高实践动手能力,组织教师参与学校之间、区域之间、国际考察交流,进一步拓宽视野。近几年来,学校每年组织专任教师参加专业培训不少于300人次。同时,积极做好教师考证服务工作,引导教师通过取得中级以上的国家技能等级证书或本行业、领域具有权威的相关等级或水平认证证书,提升职业能力。目前,我校教师所具有的行业中级及以上职称资格证书或行业执业资格证书主要有注册会计师资格证、注册税务师资格证、高级工程师、高级经济师、高级人力资源师、高级秘书证书、律师资格证、经济师、统计师、会计师、剑桥商务英语证书、外贸业务员培训师等,考证产生的相关费用由学校承担。目前,学校专任教师双师比达到了90.25%,位居全国前列。

(三)开展产学合作,提升"双师"素养

协同龙头企业、行业学会,融入政府部门提高决策服务能力、融入行业企业提高社会服务能力、融入科研院所提高学术服务能力,引进了近100名龙头企业技术能手,培养了近100名胜任企业咨询和行业智库的校内骨干教师,吸收了近800名胜任业务讲师、职业导师的行业骨干,打造了质量优异、数量充足、结构合理,具有国际视野的学校"双师"队伍。

为深化服务能力,学校还专门成立了合作发展处,加强学校与合作企业的经常性沟通与联系,为"产学研"合作搭建桥梁。开展"浙江地方金融发展研究院(智库)"和"跨境电商综合服务应用技术协同创新中心"建设,集聚校内外学科、专业和政府、行业、企业专家与骨干,共同开展技术技能积累、服务(产品)研发、工艺流程创新,完成了多个相关课题的研究,发布了多个服务政府决策的智库报告,并有4个资政报告获省长、副省长批示。同时,学校鼓励教师积极参与产学研合作,积极推荐教师参与行业产学研合作,并对教师参与产学研合作给予时间和经费的支持。同时,学校要求教授深入企业行业,与一线专家建立协作团队,定期交流;积极倡导专业教师开展各种服务社会和企业的活动,为行业、企业编写培训教材,主持参与行业企业的横向课题研究,通过合作开发与社会服务,了解企业行业发展趋势,引入新技术新工艺,丰富教学内容。

(四)强化校企合作,提升教师实践教学水平

目前,学校建有8个校内国家级实验实训基地,60余个省级校内实验实训基地。学校强调通过支持教师全程参与专业实验室的设计、建设与改造等,促进了一批教师的实践教学指导及技术开发能力的提升。学校专业实验室的建设均由相关专业老师和兼职教师组成项目

组负责方案的设计和实施，校企双方共同设计、布置和调试，打破了传统教学中的“实践教学围绕理论教学内容”的模式，实行新的“以实际行业和科研背景来组织实践教学内容”创新模式。专业教师在参与专业实验室、实训基地的建设过程中，拓宽了专业知识面，搜集了大量专业前沿发展的信息资料，使教师既在专业教学中及时更新了知识，又加深了对实践教学环节的了解，使专业课程教学效果明显提高。同时，学校把教师参与省级示范性实验实训基地建设项目作为专业技术人员任职竞聘时的重要条件，以此调动教师参与实验室建设的积极性。

（五）凝聚校友力量，推进兼职教师队伍建设

学院于 1995 年成立校友总会，是法人社团组织，目前建有省内校友分会 11 家、省外校友会 5 家、县级校友会 50 家。学院确立了“重视成就校友、关心弱势校友、巩固老校友、开发新校友”的工作方针，设立校友回访日、校友返校活动日，打造“千名学生访校友、千名校友回课堂、百名校友话人生、百名校友上讲坛、百名教师进企业”的“2300”校友文化育人活动。21 个届别 5000 多名校友回校担任实践导师，参加校友创业论坛、校友明理讲堂、基层行长论坛，有效充实、优化了“双师型”师资队伍，形成了校友、母校协同教学、协同育人的良好局面。

一是在“行业、校友、集团共生态”办学模式的支撑下，积极推进以校友为主体的兼职教师队伍建设。浙江金融职业学院培养了 6 万余名校友、5000 余名行长。他们分布在全国各地，校友对母校的认同感较强。学校聘请一部分优秀校友为兼职教师。学校根据专业、课程教育教学工作和学生顶岗实习的管理需要，直接聘请校友担任兼职教师，有的直接担任课程教学工作，就某个具体课程、某些具体内容、某个工作环节、某个工作岗位进行专门教育教学工作；有的作为顶岗实习指导教师，与学校共同实施实习计划，由一名优秀校友负责若干名学生的综合指导和培养，包括专业、岗位、职业、人生观、世界观等方面；有的协同校内专任教师共同指导学生毕业论文，保证学生选题内容与行业企业最新发展相接轨。

二是聘请杰出校友和行业专家承担专题讲座。为了适应经济社会发展形势需要，就某个经济改革热点问题或专业课程相关问题或学生成长成才问题等进行专题讲座。近 5 年，学校邀请了 400 余位优秀校友，面向师生做了专业、行业及职业发展方面的多场报告。同时，学校设置了校友创业论坛，近 8 年，共邀请了 30 余名校友指导学生创新创业，也邀请校友为我校教师中青年拔尖人才开展专题讲座。

三是聘请有代表性的校友担任专业建设指导委员会委员。学校各个专业建设指导委员会选择和聘请一部分有代表性的校友参加，既对学校专业建设进行了有效指导，也有利于协调各种专业建设资源，促进学生就业，从而保证专业建设的顺利推进。

四、坚持业绩导向评价，推动教师评价制度改革

以业绩成果为导向，进一步破除“五唯”，完善职称评聘制度，是推动教师评价制度改革的关键。一是探索每年开展岗聘制度，修订了专业技术岗位评聘办法，为广大教师特别是广大优秀青年教师的岗位职级晋升提供了更为便捷的通道，目前在省内只有我校进行了每年开展岗聘的尝试。二是完善职称制度，促进分类发展。细化分类引导的评聘标准，明确了不同岗位职级晋升职称的具体条件。新的评聘办法设置了专技六级、专技五级不满三年、专技五级满三年评正高（专技九级、专技八级不满三年、专技八级满三年评副高）的具体标准，丰富了指标的选择性，建立了优秀人才快速晋升通道。三是强化评聘指标的可替代性，突出了指导学生竞赛、学生管理、项目合作等育人及团队协作业绩，充实了课程建设、教学技能竞赛、学生指导、教学成果等指标，有力地发挥了专业技术职务评聘的杠杆作用。

（一）注重育人业绩评价

1.强化教师思想政治素质

将思想政治理论课建设列入学校事业发展规划，实施由党委书记主管、主抓的“一把手工程”，建立各部门协同参与工作机制，切实保障思政课教育教学、社会实践、学科建设和教学科研等政策和措施落到实处。坚持把思想政治工作贯穿教育教学全过程，形成以全课程育人为内核，以全员育人为主体，以全程育人为基础，以全方位育人为方略的人才培养机制，做到显性课程与隐性课程融会贯通，推进“思政课程”向“课程思政”转变，实现专门课程向全课程育人转变。

2.强化以育人为导向的教师评价机制改革

一是注重学生工作履历，细化教师评价的基本要求。学校一贯重视学生工作，在2006年国家示范性高职院校建设时期，便把“学工履历、企业经历、博士学位”作为青年教师培养的要求，明确了青年教师入校后需担任2—3年学生辅导员。该制度实施至今，共有近120名青年专任教师担任了学生辅导员工作，为青年教师进一步了解高职学生的知识、能力与个性特点，强化师生纽带，有效开展教育教学工作打下坚实基础。

二是将承担辅导员、班主任与学生社团导师工作等学生工作经历纳入了教师专业技术职务评聘的必备条件。2014年，学校出台了《关于进一步完善辅导员、班主任工作机制的实施意见》，明确规定50岁以下的教师在晋升每一专业技术职务时均需担任3年班主任、2年辅导员或6年学生社团导师，不符合本条件者不得晋升更高一级专业技术职务（含晋升教授）。

三是切实加强学生工作队伍建设，评选表彰金牌班主任、金牌辅导员，激励长时期从事学生工作并取得优秀业绩的教师。学校自2015年起设立了学校班主任、辅导员工作的最高奖项：金牌班主任和金牌辅导员。5年来，共有21名教师获得金牌班主任和金牌辅导员荣誉称号，并被授予了金牌，为长期在一线从事学生工作的教师树立了典范。

四是强调“提前学中来、提后学中去”的干部培养原则，进一步健全完善干部选拔任用机制，将学工履历作为干部选拔、任用的重要参照条件，要求新提任的党委工作部门负责人应有学生工作经历。倡导教师干部特别是青年干部要到学生工作一线去锻炼、成长。学校45岁以下青年中层干部中，逾60%具有二级学院负责学生管理工作的党总支（副）书记或辅导员工作经历，或正在担任相关学生管理工作。

（二）突出教学业绩评价

一是在职称评审中破除“五唯”，不断完善职称评审标准。学校一直致力于鼓励教师走“教学为主型”职称晋升道路，将教师指导学生竞赛、指导学生社会实践、指导学生创新创业的成果以及教师的教研教改成果作为教师职称评审的重要指标。对于在上述领域取得重要成绩的教师，学校对其科研业绩可不作要求甚至支持其破格晋升。

二是探索优课优酬的金院好课堂教学改革模式。学校连续七年开展“金院好课堂”教学能力大赛，将学生的日常评课成绩作为“金院好课堂”评比的重要指标；并在决赛阶段创新推出师生共同现场投票的方式，真正将评课的权力交给了师生。同时，学校不仅对“金院好课堂”的优胜教师予以重奖，还授予“金讲坛名师”荣誉称号，享受连续3年课酬上浮20%待遇，真正做到了优课优酬，调动了教师课堂教学改革的积极性。近2年，共有7名教师获得了国家级教学技能竞赛大奖，对于其中获得国赛一等奖的3名教师，破格校聘为教授、副教授。

（三）改进科研业绩评价

一是完善教学业绩与科研业绩等效评价机制。为激励教师潜心教学，在专业技术职务评聘中教师教育教学成果及项目与科研成果及项目协同发展。如将“国家级精品在线开放课程”等效于“国家级（或省级）教研教改项目”，将主编“‘十三五’规划教材”等效于“省部级教研教改项目”。

二是完善育人业绩与科研业绩等效评价机制。为激励教师安心育人，在专业技术职务评聘中教师育人成果与科研成果及项目一视同仁。如将“指导学生国赛或省赛获奖”等效于“核心论文”。

三是完善社会服务与科研业绩等效评价机制。为激励教师用心做好社会服务，在专业技术职务评聘中设置了“社会服务与推广型”的评聘类型。同时“教学科研并重型”与“科研为主型”的评聘类型中评聘标准也要求有相应的社会服务业绩。如将“同等级横向课题”等效于“国家级或省部级或厅局级科研(教改)项目”,“研究成果得到厅级或省级或国家级领导批复”“作为第一发明人获国家授权专利”“关键技术和成果推广和应用产生显著的经济效益”等效于科研业绩。

高素质教师队伍建设是学校“双高”建设的关键,是向本科层次职业高等学校乃至本硕一体化的高水平大学加速迈进的关键,学校必须认真贯彻落实习近平总书记重要讲话精神和党中央决策部署,持续深化教师评价改革和深入实施人才强校战略,以更宽的视野认识高素质教师队伍建设的重要性,以更大的气魄谋划高层次人才队伍建设,以更好的政策推进青年教师队伍建设,努力使学校的师资工作站在更高平台上,推进到更高层次上。

构建素质教育体系

陈云涛

素质教育经过三十多年的摸索实践逐渐成为被社会认同的教育理念和模式。我国高等学校的素质教育以重视和加强人文素质教育开始，逐步发展成为与专业教育融合的立体化、全方位的素质教育，各个学校都取得了明显的成效。2010 年，中共中央、国务院印发的《国家中长期教育改革和发展规划纲要(2010—2020 年)》首次把素质教育上升到了教育改革发展战略主题的高度，指出“坚持以人为本、全面实施素质教育是教育改革发展的战略主题，是贯彻党的教育方针的时代要求”。2017 年党的十九大报告指出：“要全面贯彻党的教育方针，落实立德树人根本任务，发展素质教育”。素质教育已从全面实施素质教育到了发展素质教育阶段。

2019 年，《国家职业教育改革实施方案》和《教育部财政部关于实施中国特色高水平高职学校和专业建设计划的意见》相继出台，2021 年 4 月，全国职业教育大会在京召开。习近平总书记对职业教育工作作出重要指示，强调各级党委和政府要加大制度创新、政策供给、投入力度，弘扬工匠精神，提高技术技能人才社会地位，为全面建设社会主义现代化国家、实现中华民族伟大复兴的中国梦提供有力人才和技能支撑。在职业教育走上了提质培优、增值赋能的快车道，迎来大改革大发展的新阶段，培养高素质高技能型人才背景下对高职发展素质教育提出了更高要求，同时也为我们做好高质量发展要求下高职素质教育提供了重要依据。

一、新时期高职院校素质教育的本质内涵

中国古代对“素”“质”的论述对我们今天把握素质教育的内涵或有启发。“素”最早见于《道德经》第 19 卷，是老子的三大治国方略之一，“见素抱朴、少私寡欲、绝学无忧”，“素”为“未经印染的原本色的蚕丝和丝织品”，这里比喻品质纯洁、高尚的圣人。《论语・雍也》曰：“质胜文则野，文胜质则史。”《韩非子・难言》：“以质信言，则见以为鄙。”此处质为“素、朴实”之意。晋朝张华《励志诗》曰：“如彼莘材，弗勤丹漆，虽劳朴斫，终负素质。”此

处素质为“本质”之义。《辞源》将“素质”解释为个体的综合道德水准与综合能力。马克思主义认为人的素质“不是人的胡子、血液、抽象的肉体本性，而是人的社会特质”，“实际上，它是一切社会关系的总和”。素质具有先天性、可塑性、实践性和可测量性。素质是一个人在其先天基因的基础上，在后天社会、家庭、学校等教育和外部环境因素的影响下，通过个人的认知、学习、思考、实践等活动所形成的一个人内在的、整体的、稳定的身心特征和内在品质。

素质教育的起源可以追溯到春秋战国时期，从《礼记》《荀子》《论语》等论著中我们就可以看到朴素的素质教育思想。《大学》开篇就说：“大学之道，在明明德，在亲民，在止于至善。”素质教育之根本在于育人，即培养完整的人。素质教育揭示了教育的真谛，从一种教育理念成为包括高等职业教育改革及其制度设计的指导思想和教育行动。

高职教育作为高等教育的一种类型，其目标是培养高素质技能型人才，为全面建设社会主义现代化国家、实现中华民族伟大复兴的中国梦提供有力人才和技能支撑。高等职业教育一直坚持就业导向，如何才是坚持正确的就业导向呢？众多第三方就业调研结果显示，在毕业生所需知识、能力与素质指标重要性排名中，企业最注重的是员工的敬业精神、责任心、积极主动等素质。基于社会选用人才和评价人才的标准视角，高等职业教育在强调职业技能的同时，更应重视学生综合素质的全面培养。高职教育的逻辑起点是人而非职业，所以在专业知识、职业技能的传递和获得过程中我们应该首先围绕学生的健康、快乐与幸福，学生职场的生存、发展和成长构建起完整的高等职业教育的素质教育体系，既授予学生生存的技能，又教会学生生存的意义与价值，这才是真正坚持的就业导向。高职学生要实现全面发展，成为一个高素质高技能型人才，高等职业教育要从当前国家社会的需要出发来解释高职学生素质教育，从人的可持续发展的角度来探讨高职素质教育的含义。

二、新时期高职教育发展素质教育的内在价值要求

从《国家中长期教育改革和发展规划纲要(2010—2020年)》提出实施素质教育，到党的十九大报告指出要发展素质教育，党和政府对于素质教育提出了新的高度和要求。高等职业教育经过二十多年的快速发展，也积累了自身独特的素质教育经验和成效，重技轻人、重教轻育的局面有所改观。但从高职院校实施素质教育的进程来看，一些补偿性的教育仍未到位、“五育并举”的合力尚未形成；从高职学生的综合素养来看，一些基础性的人文素质仍有缺失、可持续发展能力还显薄弱。新时期发展高职素质教育必须围绕高职学生特点、身心健康和学生职业发展的可持续性，进一步构建完整的素质教育体系。

(一)加强思想政治素质教育:育人之德

思想政治素质包括了思想道德素养、思想政治觉悟,具体来讲就是帮助学生形成正确的世界观、人生观和价值观。思想是我们行动的指南,没有正确的思想,做人的许多必须和必备的品质就无从谈起。要培养学生成为社会主义现代化建设的合格建设者和可靠接班人,必须坚定正确的政治方向,注重马克思主义信仰教育、社会主义信念教育和社会主义核心价值观教育,夯实高职素质教育的价值基石。引导学生在政治原则、政治方向上旗帜鲜明、立场坚定、分清是非。德才兼备、立德树人都是新时期我们人才培养的基本要求,在习近平新时代中国特色社会主义思想指引下,培养学生具有良好的社会公道、家庭美德、个人品德和职业道德,使广大学生成为社会主义核心价值观的自觉和率先践行者。

(二)加强职业素质教育:育人之才

高职教育进入了一个高质量发展的阶段,主要目标是培养高素质技能型人才支撑社会主义现代化强国建设,这就需要有崇高的职业理想、高尚的职业道德、良好的职业习惯、高超的职业技能。在新形势下高职教育必须要进一步突出职业素质教育。过硬的职业素质,包括职业理想、职业态度、职业责任、职业精神、职业伦理、职业纪律、职业技能等。用过硬的职业素质教育帮助学生树立崇高的职业理想、牢固的职业责任、坚定的工匠精神、良好的职业道德和娴熟的职业技能,能够做到干一行、爱一行、钻一行、会一行、成一行,并在职业岗位发展中敢于创新、善于创新,能够获得可持续发展能力。为了强化职业素质,我们必须遵循和尊重职业教育的规律,通过校企合作、工学结合、产教融合和"双师型"创新教学团队培养等形式不断提高职业素质的效果。

(三)加强人文素质教育:育人之品

高职人文素质教育要契合高职人才培养的目标定位,因而具有自身独特的内涵。高职教育以就业为导向,以培养高技能应用型人才为宗旨,所以在加强一般人文素质、文化素养、科技素养、艺术修养等方面培养和熏陶外,还要将人文素质教育与职业素质培养结合起来。人文素质教育是一种潜移默化的教育,通过学习、反思、内省、体验、理解、对话等方式培养学生的人文知识、人文思想和人文精神。要进一步重视第一课堂的教学质量,发挥课堂教学在人文素质教育中的主渠道作用,创新第二、三课堂的育人功能,为学生搭建展示自我奉献社会的活动舞台。重视显性和隐形文化育人环境的营造。用人类文化发展的优秀成果熏陶学生,并内化为其内在品质和内在精神,为学生正确做人、正确做事,实现可持续发展打下良好基础。

(四)加强身心素质教育:育人之基

当前学生的心理问题已成为社会关注的一个棘手问题,学生中身心有问题的数量越来越多,身心不健康将严重影响学习,一切人才培养都无从谈起。引导学生要有为人民服务的思想和本领都必须以健康身心为基础。过硬的身体素质和健康的心理状态,不仅对学生的成长关系重大,也是影响其能否成为社会主义事业合格建设者和可靠接班人的重要条件。因此,加强身体锻炼,加强身心修养非常重要。开好体育课,实施好心理健康教育必不可少,倡导“每天锻炼一小时,健康工作五十年,幸福生活一辈子”的理念也是非常有意义的。同时要进一步重视学生健康心理的培养,培养学生健全的认知能力、坚强的意志品质和正常的人格特征,使学生能够形成正确的自我评价、有效的情绪控制、和谐的人际关系、乐观的人生态度、较强的社会适应和挫折承受能力等,乐意为美好而生活,为家庭、为国家、为民族复兴贡献聪明和才智。

(五)加强创新素质教育:育人之新

作为高素质高技能型人才,在职业发展中必须不断汲取新知识、新技术和新方法,创造性地应用所学知识和技能分析新情况、解决新难题,这就要求高职学生必须有创新意识和创新素质。高职院校在开展素质教育过程中,要结合地域、行业、专业特点,结合学生个性爱好,激发特长,突出培养学生的创新思维、创新精神和创新能力,使学生具有专博结合的知识结构,以创新思维和创新能力为特征的智慧能力,以创新精神和创新个性为中心的创造性人格和积极乐观的精神面貌。同时积极创造条件,为学生创业提供相关政策支持,扶持一部分学生创业团队,促进创新创业氛围在学校的广泛形成。

三、浙江金融职业学院构建素质教育体系的实践

近年来,我国高等职业教育在国家示范性高等职业院校建设、“双高”建设等项目的推动下,做了大量富有成效的工作,人才培养质量不断得到提升。浙江金融职业学院作为国家首批示范性高职院校,首批“双高”校建设单位,在教育观、质量观、成才观方面不断探索与素质教育相融合的人才培养体系。学校开展的素质教育与时俱进,有利于建立高职学生思想政治素质、人文素质、职业素质、身心素质、创新素质等关系人自由全面发展的综合素质包容一体的人才培养体系。通过设计明确的素质教育培养目标、创新素质教育知识体系和培养模式,建构和营造有利于素质教育的文化环境,以真正创新人才培养体系,切实提高人才培养质量。

(一)构建了“一二三课堂”融通的素质教育课程体系

1.构建了以明理课程为特色的素质教育第一课堂

学校率先总结了高职学生三年身心发展的阶段性规律，将学生素质教育目标转化为学生三年的阶段性教育教学重点，制定了与专业课程设置及教学进度相对接的学生素质养成学分制度，将其作为学生毕业必备条件纳入专业人才培养方案，促进了素质教育与专业教学的有机融合，保证了素质教育目标与要素的有效实施。面向大一学生，在开设“思想道德修养与法律基础”“毛泽东思想和中国特色社会主义理论体系概论”“形势与政策”等思想政治理论课的基础上开发了系列明理课程即“诚信文化理论与实践”“中国优秀传统文化”“明理人生通论”“大学生职业生涯规划”“心理健康教育”等校本课程，构建了以人文素养为重点的课程体系，带有一定的“补偿性”；面向大二学生，开设了“演讲与口才”“商业银行服务礼仪”等专业群基础课程及对应的学生社团，强调了学生的职业素养；面向大三学生，开发了企业文化、企业岗位标准及业务流程等订单课程，提升了学生的职业操守与岗位素养，强化了课程作为素质教育的载体功能。确立了大一、大二以专业群为单位开展教学，大三面向财经类行业开展个性化“订单培养”的人才培养格局，搭建了以富有财经类专业特点的人文素质与职业素养公共基础课程、专业群基础课程为主的素质教育课程载体和以明理学院、银领学院等素质教育机构为主的素质教育实施载体，将公民素质教育、金融职业素质养成等有机融合，成为专业教育的有益补充，调动了全体教师参与的积极性，整合了素质教育资源。

2.构建了以学生社团为主的素质教育第二课堂

浙江金融职业学院第二课堂以学生社团为主要活动载体，强调第一课堂的特色延伸。引导学生综合运用所学知识和理论，如金融理财专业学生实时分析股票行情和实战演习股票交易的“实践投资协会”，以及其他结合专业知识和专业技能训练而成立的财会信息化协会、未来企业家协会、秘书协会、电子商务协会等。围绕学生有效沟通、服务他人等财经类行业从业人员素质要求，对应开设营销、口才、服务礼仪类等学生社团，并安排学生参加浙江省高校演讲、辩论、礼仪等素质拓展类竞赛和开展西博会礼仪服务、省理财博览会金融服务等相应校外实践活动，强化了第二课堂活动的针对性，提高了人才培养的成效。素质教育应该根据学生的个性、特长和爱好因材施教，所以学校还为学生的个性、潜能以及创造力的发挥与提升提供了广阔舞台，建立涛声书画社、悠游动漫协会、DV新闻工作室、金口记者团、五月风文学社、银星合唱团、轻舞飞扬舞蹈团、希冀话剧社、健身协会、SUNNY爱心社、绿色环保协会、数模协会等激发学生兴趣，培养学生特长，全面提升学生综合素质，丰富学生课余文化生活。

3. 构建了以社会实践为主的素质教育第三课堂

浙江金融职业学院的社会实践课堂立足素质教育内涵，坚持“四个结合”。一是与时政结合。牢牢把握实践主题的时代性，在学生社会调查、志愿服务、公益活动、专业实习等实践活动中，引导学生关注中国特色社会主义发展的重大理论和实际问题。在主题实践活动中唱响主旋律，弘扬真善美，让学生在实践中与时代同步。二是与专业结合。着重于贴近学生专业实际，贴近社会生活实际，贴近民生发展实际，引导学生理论联系实际，关爱他人，奉献社会。依托学科优势，发挥专业所长，开展专业实践活动，为地方发展献计献策，以实践活动促进专业学习。素质教育与专业学习、服务社会、勤工助学、择业就业、创新创业相结合，通识素质类课程教师通过向学生说明课程实践目的、实践主题和实践要求，来间接指导学生在专业实习中自主开展课程实践和调研活动，或者是到专业所属行业企业直接指导学生开展参观、调研等社会实践活动。三是与就业结合。以促进学生就业创业为宗旨，组织学生到企业、学校等开展就业创业实习、见习，让学生全面了解就业市场，提升就业创业能力。四是与创新结合。结合创新创业竞赛、创新性实验计划等项目，提高学生的创新精神和实践能力。第三课堂的素质教育可以让学生走出校园去了解社会、体验民生，亲身经历事件的发生和发展，从而锻炼学生的能力和才干，培养学生的服务、合作和责任意识。

(二)创设了“四个学院”相呼应的素质育人平台

学校创设了覆盖全体学生的素质教育平台，率先设置了全国高职院校首家马克思主义学院，强化了思想政治素养教育，创设了开展一年级人文素质教育的明理学院、开展职业素养教育的银领学院和开展女生教育的淑女学院，以分段和分类培养为特色，有其各自独特的素质教育指向和培养重心，又彼此呼应，相辅相成，搭建了多元开放的办学平台。马克思主义学院、明理学院、银领学院、淑女学院四个学院的素质教育课程相互配合、相互融通、相辅相成，为学院素质教育和人才培养积淀了雄厚的实力基础。同时注重师生情感交流，在和谐愉悦的环境中实施素质教育。良好的师生关系是实施素质教育、开展人才培养的首要条件。亲其师而信其道，见到老师主动问好彬彬有礼的学生，使得教师乐教善教；爱其生而敬其业，真心爱生的教师使得学生乐学爱学。

1. 育有灵魂的人，创设马克思主义学院

学校在全国高职院校中率先创设了马克思主义学院。素质教育内容丰富，思想政治素质在其中居于主导和首要地位，它决定着其他素质的性质与方向，直接影响高职学生成长成才的高度。浙江金融职业学院在多年的素质教育实践中，始终高举马克思主义理论大旗，推进习近平新时代中国特色社会主义思想，加强理想信念教育，培育和践行社会主义核心价值观，帮助学生树立正确的世界观、人生观和价值观。使学生具有敏锐的政治意识、正确的政治观点和坚定的政治立场，在日新月异的时代中保持基本的政治辨别能力，增强自身服务国家和社会的责任感和使命感，同时注重培养学生助人为乐、关心集体、乐于奉献的集体主义精神。马克思主义学院通过第一、二、三课堂，多措并举，加强思想政治素质，全方位提升学生政治素质、思想素质、道德素质，培育有灵魂的人，争做社会主义合格建设者和可靠接班人。

2. 育合格的人，创建明理学院

明理学院着重于学生人文素质和人文精神的培养。明理学院成立于2009年3月，面向全校一年级学生开展明法理、明德理、明事理、明学理、明情理教育。以全面提升明理学院人才培养质量，为社会培育"守法纪、懂做人、会生活、爱学习、能做事"的金院学子，着力打造国内一流、国际知名的学生素质教育平台。通过明理课堂、明理课程、明理实践等一系列课程和活动，推进对学生的人文素质教育和人文养成教育，课程包括中华优秀传统文化、心理健康教育、明理人生通论、就业指导和创业指导等课程，同时通过明理大讲堂和明理实践活动促进明理教育的深入开展，促进学生人文素质和综合素质的提高。明理学院抓教育时机，强化新生始业教育和一年级的基础性素质培育；抓教育关键，完善素质类课程体系；抓教育过程，促进素质教育与专业教育相融合；抓教育实践，采取"1＋2＋2＋N"的教育架构，开展文明修身系列活动。明理学院的成立，增强了学校素质教育的预见性、科学性和有效性，对我校培养更多高品质技能型金融人才发挥了重要作用。引导学生从最基本的文明习惯、文明礼仪等细节做起，让"明法理、明德理、明事理、明学理、明情理"教育理念成为广大学生的统一认识和自觉行动。

3. 育有用的人，创建银领学院

银领学院着重于学生职业素质和核心职业能力的培养。银领学院成立于2007年，是浙江金融职业学院以服务为宗旨、以就业为导向、面向基层一线培养高素质技能型专门人才而独立设置的二级学院。其培养对象是在完成一年级明理教育和二年级专业教育并自主选择申请接受订单培养的全日制在校学生中，经由金融企业和学校共同选拔而确定的，通过学校和金融企业联合设计人才培养方案，共同实施教育，使学生成长为符合金融企业岗位需求的优质"银领"。银领学院结合行业、企业的人才要求，开设职业意识、职业协作、职业心理、职业发展的银领课程，构建银领教育课程体系，培养自信、干练，具有良好团队合作精神、职业技能、职业操守和社会担当的行业学徒和现代职业人。由学院和行业教师共同授课，将企业行业的管理的理念与方法引入到订单培养中，按照人才培养的职业针对性和技术应用性，注重学生职业礼仪、职业技能、职业操守的培养，使学生真正成为一名合格的"职业人"和"社会人"。

4. 育美丽的人，创建淑女学院

淑女学院成立于2011年3月8日，着重于女生才艺特长和淑女气质的培养。淑女学院结合各系部专业实际，开设面向全校女生的春意、夏梦、秋思、冬悟的淑女课程，构建淑女教育课程体系，培养端庄、贤淑、自立、自爱，具备博学、专能的职业智慧和高雅、灵秀的才艺修养的院部学友。淑女学院通过精心设置的女性教育系列课程，如当家理财、形象设计等课程使女生在掌握必需的专业知识与技能的同时，能够正确认识和把握自身的女性角色，展现女性风采，在完善自我、贡献社会的过程中实现其自我价值和社会价值。其教学对象、教学目标和教学资源有特殊性，教学组织、教学内容和教学形式有特殊性，为全国高职院校女生素质教育和培养提供了新思路、新案例。

四、高职教育提质培优语境下素质教育理念与实践的有效建构

《国家职业教育改革实施方案》提出推进高等职业教育高质量发展，高职教育已经进入了提质增效的高质量发展时期，这为高职院校发展素质教育提供了新的启迪，也为高职院校探索多样化的素质教育实现路径提供了契机。

（一）贯彻立德树人的核心理念，着力培育当代高职学生的核心价值素养

与专业教育目标在于让学生习得一技之长，成为某一专业领域的一线技术技能型人才不同，素质教育旨在培养高职学生具备较高的道德情操、健全的心智人格，具有责任担当意识与能力，具有中华人文底蕴的基本素养和行为准则。立德树人更加关注知识的内化环节，通过课堂教学、社会实践、校园文化等途径将外在的知识与体验内化为学生内在的核心价值与素养。用精神力量来感染和鼓舞学生，激发学生主动向学向善，激发学生的创造力和生命力，强化勤学苦练长本领、矢志报国展才华的内在精神和核心素养的培育。

（二）破除素质教育与专业教育的学科割裂，促进素质教育文化的多元融合

近年来高职院校一直试图通过素质教育改革来改变专业教育过分细化所带来的人才培养缺陷，避免学生知识结构和能力素养走向单一化，然而以专业为中心的素质教育实践只是将素质教育课程添加在人才培养方案中，并未从根本上摆脱专业对素质教育的束缚，也没有实现素质教育课程教学内部要素的贯通融合，培养起学生贯通融合的能力。高职院校要从根本上破除学科分化所造成的教育割裂，致力于促进素质教育学科文化的多元融合，实现学生的素质全面发展。

(三)提升素质教育育人质量，构建多元协同的素质教育体系

素质教育作为一种全人教育理念，高职院校既要向学生传授知识，培养学生的能力，更要塑造学生的道德，实现价值塑造、能力培养、知识传授三者有机统一，构建高水平的人才培养体系。因此素质教育要着力构建全员参与、全程育人、全方位育人的协同育人体系，在注重发挥素质教育课程育人的基础性作用的同时，要着力完善学校第二课堂、第三课堂、校园文化教育等为内容的教育体系，充分发挥它们对学生素质教育的促进作用，尤其是专业教育对素质教育的支持作用，增强专业教育与素质教育的内在融通，强化素质教育的思想性和学术性，提高学校素质教育育人质量。

高等职业教育经过三十多年的发展已由数量发展进入到质量发展的新阶段，在这一历史时期我们根据高职院校素质教育的高教性和职教性，依据社会选用人才和评价人才的标准，构建与时俱进的素质教育机制，不断完善素质教育课程体系，搭建立体的素质育人平台，在高等职业教育高质量发展的目标引导下，将素质教育融入中国特色高水平高等职业学校和专业建设之中，发展素质教育任重而道远。

参考文献

[1] 国家中长期教育改革和发展规划纲要(2010—2020 年)[EB/OL]. http://www.moe.gov.cn/jyb_xwfb/s6052/moe_838/201008/t20100802_93704.html,2021-04-12.

[2] 国家职业教育改革实施方案[EB/OL]. http://www.gov.cn/zhengce/content/2019-02/13/content_5365341.htm,2021-04-12.

[3] 教育部，财政部. 关于实施中国特色高水平高职学校和专业建设计划的意见[EB/OL]. http://www.moe.gov.cn/srcsite/A07/moe_737/s3876_qt/201904/t20190402_376471.html,2021-04-12.

[4] 周小李. 马克思教育观与当代大学生素质教育[M]. 湘潭：湘潭大学出版社，2014.

[5] 杨叔子. 实施素质教育 让学生成为他自己[J]. 中国高教研究，2013(4).

[6] 周建松. 高职教育人才培养目标的历史演变与科学定位——兼论培养高适应性职业化专业人才[J]. 中国高教研究，2013(2).

[7] 周建松. 高职院校立体化、多方位素质教育的研究与实践——以浙江金融职业学院为例[J]. 高等工程教育研究，2012(9).

加强文化建设与文化育人

张鹏超

高等院校有人才培养、科学研究、社会服务和文化传承四大功能。人才培养和文化传承是高等学校的本质属性。在2018年全国宣传思想工作会议上，习近平强调："做好新形势下宣传思想工作，必须自觉承担起举旗帜、聚民心、育新人、兴文化、展形象的使命任务。"[1]兴文化，即建设社会主义文化强国。在全国高校思想政治工作会议上，习近平指出："要更加注重以文化人，以文育人，广泛开展文明校园创建，开展形式多样、健康向上、格调高雅的校园文化活动。"[2]"文化育人是高等教育进入深度发展阶段的必然选择，是高等学校实现人才培养目标的必然要求，在人才培养全过程中发挥着重要的作用。文化育人是学生发展的根本需求，是文明养成的必要途径，更是人才培养的重要着力点。"[3]作为高等教育的高职院校，创建文化校园，构建文化育人体系，加强校园文化建设，以文化人，以文育人，是加强思想政治教育的必要和重要工作。

一、高职院校开展文化育人的必要性

习近平在北京大学师生座谈会上指出："要把立德树人的成效作为检验学校一切工作的根本标准，真正做到以文化人、以德育人，不断提高学生思想水平、政治觉悟、道德品质、文化素养，做到明大德、守公德、严私德。"[4]

（一）高职院校的文化育人

1. 文化及其本质

对于文化的含义，人类学家怀特从生物属性和社会属性进行区分，给出的定义是："文化的重要特征之一在于，它是通过社会机制而不是通过生物学方法传递的，是以社会遗传方式进行的超生物、超肉体的传递。"[5]亨廷顿给出描述性的定义："文化是指人类生产或创造的，而后传给其他人，特别是传给下一代人的每一件物品、习惯、观念、制度、思维模式和行为模式。"[6]"我们现在使用的'文化'一词，最早起源于拉丁语中的cultura，原意是'耕作、驯养、种植’等，意指人对自然物的加工和改良，包含着人类通过自身努力而摆脱自然状态的意义。在中国文化中，‘人文’既与‘天文’相对，又与‘武’相对，‘人文化成’、‘文治教化’，其含义就是指人的修养和行为养成的过程。”[7]《现代汉语词典》解释文化为人类在社会历史发展过程中所创造的物质财富和精神财富的总和。毛泽东同志说：“一定的文化是一定社会的政治和经济在观念形态上的反映。”[8]从这些释义我们可以得出这样一个结论，由于文化的复杂性，对文化的内涵可以做出多种解释，最重要的是掌握文化的本质是什么。教育家梁漱溟把文化的特性（文化对人的影响）直接概括为“文化并非别的，乃是人类生活的样法”，“生活上抽象的样法是文化”。[9]“文化的本质可以说是‘人化’和‘化人’。‘人化’，即人按照自己的方式改变、改造世界，使任何事物都带上人文的性质。也就是说，文化是人化的自然，凡是被人染指的都是文化。‘化人’是用这些改造世界的成果来培养人、武装人、提高人，使人的发展更全面、更自由、更深刻。文化是‘人化’和‘化人’的统一，它既是名词，更是动词。”[10]

2. 大学文化及文化育人

“大学文化是一种追求真理、崇尚学术、严谨求实的文化，是一所大学赖以生存、发展的重要根基和血脉，也是大学间相互区别的重要标志和特征。”[11]作为社会文化组成部分的大学文化在具有文化普遍性特征的同时，有其固有的特殊性的特征，这个特征就是育人。2002年，时任教育部副部长袁贵仁指出，“大学是通过文化培养人才的；所谓教书育人、管理育人，服务育人、环境育人，说到底都是文化育人。”[12]大学文化建设者是“人”，受教育者是“人”；继承者是“人”，创新者是“人”。大学文化发展是外化与内化、“人化”和“化人”的辩证统一过程。大学育人的主要途径有三个，一是思想政治理论课程和课程思政的有机融合，二是日常思想政治教育，三是文化育人。三个途径中，思想政治理论课程、课程思政、日常思想政治教育的显性教育功能较为突出，文化育人的隐性教育功能较为突出。大学文化育人具有导向功能，激励功能和价值认同功能，往往发挥着一种春风化雨、润物无声、潜移默化的教育作用。大学开展文化育人的工作目标是培养社会主义事业合格建设者和可靠接班人。大学文化可以分为精神文化、制度文化、行为文化和物质文化等不同的类型。应该说经过多年的发展，高校在文化建设和文化育人工作上取得了较大的成绩。但是同时我们也要看到，大学的文化育人工作还存在一些问题。“如学生未能充分融入校园文化环境、高校文化活动零散繁杂、文化育人内涵存在局限等，在一定程度上限制了高校文化育人的实效。”[13]笔者认为大学的文化育人工作存在的主要问题是：重视科学研究、教学工作，忽视文化建设；重视学生的知识、能力提升，忽视对学生的思想政治教育；重视思想政治理论课和日常思想政治教育等显性的思想政治教育模式，忽视通过文化熏陶潜移默化地开展学生的思想政治教育的隐性思想政治教育模式；重视共性思想政治教育，忽视个性思想政治教育教育。

3. 高职院校文化及文化育人

作为高等教育重要组成部分的高等职业院校，其文化建设伴随着高职院校的发展而发展。大体上经历了高职院校升格初期的母体学校原有文化的延续阶段，发展过程中的本科高校文化模仿、与原有文化的整合阶段，高职扩招外延式大发展时期的消化、内化阶段，以及目前高职院校进入内涵式发展的质量提升阶段。客观而言，因为办学时间短，较本科高校而言，高职院校自身的文化建设还有较大的完善和提升空间。同时，作为职业教育重要组成部分的高等职业院校，与本科高校相比，在校园文化建设中更应注重行业企业文化的有机融入，更应注重工匠精神的培育。由于办学时间短，学生在校时间短（一般比本科高校少一年）等原因，高职院校的文化育人工作除存在大学生文化育人工作的共性问题外，还包括：重学生的知识、技能训练，忽视对学生的素质教育尤其是思想政治教育；重视对学生的刚性管理，忽略对学生的人文关怀；注重强调教育的管理功能，忽略学生发展内在动力的调动和发展潜力的挖掘。

（二）高职院校文化育人的必要性

党的十八大报告指出："文化是民族的血脉，是人民的精神家园。""所谓文化即'人化'，是指人按照其特有的方式去改变环境、改造自然，使世界上的物质打上人的烙印，使纯粹的自然物带有人文的特征。也就是说，凡是被称为文化的东西，都必须是人类创造的。"[14]人创造了文化，同时文化培养人、塑造人，对人的成长起着潜移默化的影响，对人发挥着"化人"的功能。当然，我们要认识到，"文化有先进与落后、积极与消极、健康与腐朽之分，不同的文化对人产生不同的影响，即会'化'出不同的人。因而，文化'化人'具有不同的方向性。一般来说，积极进步的文化与'人本性'的目的是一致的，而消极落后的文化常常会偏离'人本性'的目的，甚至出现'异化'的现象。""在对人发生作用的方式上，文化的'化人'是不自觉的、潜移默化的，其对人们的思想和行为的影响，往往带有自发性和不确定性。""文化可以把人'化'得高雅，也可以把人'化'得低俗；可以使人崇高，也可以使人渺小……"[15]正因为如此，我们才要高度重视文化建设。毛泽东同志指出，新民主主义文化是"民族的科学的大众的文化"。[16]党的十六大将始终"代表中国先进文化的前进方向"写入党的章程，指引社会主义发展方向。习近平总书记指出，"文化的力量，或者我们称之为构成综合竞争力的文化软实力，总是'润物细无声'地融入经济力量、政治力量、社会力量之中，成为经济发展的'助推器'、政治文明的'导航灯'、社会和谐的'黏合剂'"。"要化解人与自然、人与人、人与社会的各种矛盾，必须依靠文化的熏陶、教化、激励作用，发挥先进文化的凝聚、润滑、整合作用"。[17]"当前我国文化建设中的先进文化'化人'，就是用社会主义核心价值体系引领文化建设。"[18]

“高校作为文化传承创新的重要阵地，要以高度的文化自觉意识和使命感担负起文化育人的责任。”[19]高校文化是社会主义文化的重要组成部分。高校文化要认同社会主义主流文化，同时要突出高等教育特点、突出校园特色，建设优秀的大学文化。大学文化最基本的功能之一是文化育人。“文化育人是指在文化传承与创新的过程中，引导人们进行正确的文化选择，使社会文化转化为个体文化，从而实现人的自我完善与自我超越的过程。”[20]文化育人是一项隐性的思想政治教育活动，同时，思想政治教育过程也是‘文化化人’的过程。“思想政治教育是政治、经济、社会发展的重要手段，同时又是促进人的文化自觉、精神生长和安身立命之本。思想政治教育强调人的发展尤其是人的精神世界的发展，积极容纳贯通人类不同历史时期和不同民族积累的优秀文化精神和成果，丰富和提升人的精神需要，触动人的心灵，通过人的情感和意志促进文化精神的传播和价值意蕴的生成，从而促使文化精神内化为个体的本质力量，外化为驾驭外部世界的才能。”[21]“文化育人是高等教育进入深度发展阶段的必然选择，是高等学校实现人才培养目标的必然要求，在人才培养全过程中发挥着重要的作用。文化育人是学生发展的根本需求，是文明养成的必要途径，更是人才培养的重要着力点。”“应大力推进文化育人，帮助学生形成积极的人文精神、求真的科学精神和开拓的创新精神，使其内化到个人灵魂深处，凝结成个体精神气质，从而提高人才培养的文化层次、思想境界和精神品味。”[22]作为同时具有高教和职教双重属性的高等职业院校，加强文化建设，构建文化育人体系，加强文化育人工作是其重要的功能。高等职业教育的目标是培养高端技能型专门人才。做好文化育人工作是实现高职院校人才培养目标的重要途径之一。

二、高职院校文化育人体系构建

党的十九大报告指出：“必须坚持马克思主义，牢固树立共产主义远大理想和中国特色社会主义共同理想，培育和践行社会主义核心价值观，不断增强意识形态领域主导权和话语权，推动中华优秀传统文化创造性转化、创新性发展，继承革命文化，发展社会主义先进文化，不忘本来、吸收外来、面向未来，更好构筑中国精神、中国价值、中国力量，为人民提供精神指引。”[23]在高职院校开展文化育人工作，重要的是遵循文化建设规律，注重高等教育和职业教育规律，突出校园文化特色，构建高职院校文化育人体系。

（一）提高站位，突出政治性

《习近平关于“不忘初心、牢记使命”重要论述选编》指出：“强调党的政治建设是党的根本性建设，要把党的政治建设摆在首位，以党的政治建设为统领。”中共中央《关于加强党的政治建设的意见》(以下简称《意见》)强调,“党的政治建设是党的根本性建设,决定党的建设方向和效果,事关统揽推进伟大斗争、伟大工程、伟大事业、伟大梦想。”党的政治建设,是党的建设的重要举措,事关全面加强党的领导和加强党的全面领导,事关两个一百年目标的如期实现,事关中华民族伟大复兴的中国梦。要以政治建设为统领做好文化宣传工作。

1.把准政治方向,着眼人心向背,做实意识形态工作

意识形态关乎旗帜、关乎道路、关乎国家政治安全。意识形态工作是党和国家工作的重要组成部分。习近平总书记在党的十九大报告中指出,要“牢牢掌握意识形态工作领导权”,要“建设具有强大凝聚力和引领力的社会主义意识形态”。高校承担着培养社会主义建设者和接班人的重要职责,做好这项工作,责任重大、使命重大,来不得半点的马虎。做实意识形态工作,一是坚持以人民为中心的政治立场。人民立场是我们党的根本政治立场,民心向背关乎党的生死存亡。在高校践行以人民为中心的立场,就是要关心好发展好学生,就是要帮助好促进好教师发展。各级干部维护了师生的正当利益,各级党组织突出了师生的主体地位,就是明确了政治方向,做好了意识形态工作。二是增强意识形态领域的领导权、主导权和话语权。新时代做好意识形态工作,必须坚持和加强党对意识形态工作的全面领导,把意识形态工作领导权牢牢抓在手里,巩固和发展主流意识形态,不断增强意识形态领域主导权和话语权。意识形态是观念,是上层建筑,将之落实在工作中,需要加强阵地建设和管理,具体而言,要从讲座论坛把关审批做起,从教材的政治审核做起,从对自办报纸、网页、微信、微博的政治审查做起,从教师职务职称晋级晋升的政治审查做起。三是要压实意识形态工作责任制。做好意识形态工作,全体党员人人有责,党的总支、支部书记,各部门负责人更要担起主要责任。责任书签订是一个必要的形式,重视、落实是应有之义。

2.坚定政治信仰,着眼凝心聚力,做好宣传思想工作

政治信仰源自理论自信。坚定政治信仰,做好宣传思想工作,必须以习近平新时代中国特色社会主义思想和党的十九大精神为指导,增强“四个意识”,坚定“四个自信”,做到“两个维护”。一是举旗帜,加强学习,以科学的理论武装头脑。做好两级中心组学习,按照学懂、弄通、做实的要求,深化学习教育和宣传阐释工作,宣传习近平新时代中国特色社会主义思想,宣传党的十九大会议精神,以科学的理论武装党员,教育群众。二是聚民心,把握导向,唱响主旋律。在高校要唱响共产党好、新中国好、社会主义好,宣传好学校师生的先进事迹,讲好学校师生的故事,凝心聚力,促进发展。三是育新人,坚持立德树人,培育和践行社会主义核心价值观。立德树人是高校的根本任务。提高广大师生思想觉悟、道德水准、文明素

养，培育和践行社会主义核心价值观，解决好为谁培养人的问题。培育和践行社会主义核心价值观，通过教育引导、舆论宣传、文化熏陶、实践养成、制度保障等，将其融入校园生活各个方面，体现在日常管理之中，让师生感知它、领悟它。贯穿于教师的校园生活工作中，发挥潜移默化的影响作用，培育良好的师德师风；贯穿于学生成长全过程，达到"日用而不知的程度"，帮助扣好学生人生的第一粒扣子。

3. 增强政治自觉，着眼以文化人，做活文化建设工作

文化是一个国家、一个民族最持久、最深沉的精神力量。遵循高校特点和育人规律，以高度的政治自觉，弘扬以爱国主义为核心的民族精神和以改革创新为核心的时代精神，弘扬优秀传统文化、革命文化和社会主义先进文化，加强校园文化建设、形成健康向上文化校园是高校党委的重要职责之一。建设文化校园，一是组织开展校园文化活动，突出思想政治教育，培养时代新人。结合高校特点弘扬优秀传统文化、革命文化和社会主义先进文化，注重政治性、思想性、教育性，建设文化校园。如，开展高雅文化进校园、传统文化艺术专场晚会，以纪念五四运动一百周年、纪念中华人民共和国成立七十周年等重大节庆日为契机，开展校园文化活动，培育新时代社会主义新人。二是坚持文化自信，突出学校特点，弘扬时代新风。在开展校园文化建设、建设文化校园的同时，做好内宣外宣工作，以正确的舆论引导人，以优秀的作品鼓舞人，弘扬时代新风，彰显学校的品牌和影响力。三是建设文化育人体系，突出院校特点，培养职业人才。建设文化景观，设计文化标识，丰富文化产品，开展文化活动，完善文化手册，培育具有高校特色、行业文化、职业特点的高校学子。

(二)兼容并蓄，创新发展

一花独放不是春，百花齐放春满园。文化事业繁荣发展的基本方针必然是百花齐放，百家争鸣。文化在争奇斗艳中显现活力，在继承的同时学习和借鉴外来的优秀文化，在保持正确的政治方向前提下鼓励创新发展，在注重人文素养的同时注重科学精神的培育。

1. 学习和借鉴外来的优秀文化

古为今用，洋为中用，吸收外来，为我所有。在批判借鉴中吸收外来文化是增强文化活力的重要途径。在学习借鉴外来文化中，我们要处理好两个问题：一是防止唯我独尊，排斥外来。历史证明，我们什么时候闭关锁国了，什么时候就落后挨打了。各民族文化没有先进、落后之分，要排斥唯我独尊、唯我独大的思想，尊重其他民族的文化，学习借鉴并促进本国文化发展。二是防止全盘西化，全面接受。不同的民族适用于不同的文化。且不说我们要坚决抵制一些外来的文化糟粕，即便是一个国家、一个民族适宜的优秀文化也要有选择地、批判地吸收。"橘生淮南则为橘，生于淮北则为枳"说的就是这个道理。

2. 鼓励文化创新

江泽民同志指出："创新是一个民族进步的灵魂，是一个国家兴旺发达的不竭动力。"同样，创新是文化的大发展大繁荣不竭的动力。鼓励文化创新，主要要处理好两个关系：一是实践是文化创新的源泉。毛泽东同志指出："人的正确思想，只能从社会实践中来，只能从社会的生产斗争、阶级斗争和科学实验这三项实践中来。"实践是人们认识客观世界的途径，是人们改造客观世界的活动。实践是文化创新的源泉，创新的文化推动社会实践发展。二是交流、交融、吸收借鉴是文化创新的重要途径。不同文化之间相互交流、交融，当然也许存在着碰撞，但最终会在选择中吸收借鉴，促进了文化的创新、繁荣和发展。

3. 注重人文素质与科学精神

人文素质与科学精神如鸟之两翼、车之两轮，缺一不可。中国高校的素质教育是以人文素质教育为切入口推进实施的，经过多年的推进取得了较好的成效，推进了高校的人文素质教育，尤其是对于理工科高校学生而言，进一步注重并加强人文素质教育，其意义重大。但是我们也要看到，高校的科学精神之培育，尤其是面临网络时代的科学普及工作还需要开展很多工作。回顾20世纪八九十年代，刊载着奇闻轶事的小报、杂志多如牛毛。但是随着教育的普及，尤其是人们科学素养的提升，这些奇闻轶事传播的空间被极大压缩，从中可以看出教育尤其是科学精神培养的重要性和必要性。在看到教育以及科学普及成效的同时，我们也要看到目前网络上一些披着科学旗号的谣言满天飞的现象依旧大量存在，加强人们科学精神教育，依旧任重道远。

（三）突出学校特点，坚持育人为本

学校是培养人才的地方。学校的文化建设应以育人为本。"育人功能是大学文化的本体功能。培育优秀大学文化，强化大学文化的育人功能，正成为高等教育工作者所关注的核心命题。"[24]高职院校实现文化育人应注重环境文化建设，在校园文化景观中体现或融入校风、教风、学风、校训，体现行业企业文化、职业文化，以文化环境熏陶人、影响人；加强制度文化建设，通过完善的制度规范，让广大师生接受并执行包括社会习俗、道德规范、行为方式、社会结构、校园规章制度等内容的规则、规矩，做一个优秀的社会公民；加强精神文化建设，充分利用校史、院史、先进师生校友事迹等，宣传学校的办学传统、育人理念，形成学校文化；加强活动文化建设，在校园活动中增进师生文化体验，强化育人因素；注重新媒体建设，以新媒体宣传文化，做好育人工作，形成文化；注重文化品牌尤其是育人文化品牌建设，以优秀的文化品牌培育品质学子。

三、高职院校文化育人的实践

学校自建校以来，高度重视校园文化建设的理论研究和实践探索，专门成立了“一会（校园文化建设委员会）一所（校园文化研究所）一处（文化建设处）”，努力使校园文化建设为学校发展服务，为学生成长成才服务。经过广大师生的共同探索和实践，形成了广度和维度相协调的“三维文化”育人体系，即诚信文化、金融文化、校友文化。以诚信文化高举精神品质之旗，涵养学子优秀品格；以金融文化深植职业能力之根，增进学子职业素养；以校友文化广结合作办学之链，助推学子成才成长。编撰出版《浙水流金——浙江金融职业学院文化育人理论与实践》一书，从理论和实践双重角度对学校文化育人进行了提炼与总结，对中国特色、世界一流高职文化育人模式进行了有益探索。

（一）品牌特色

“三维文化”中的诚信文化和金融文化，先后在2007和2008年荣获“浙江省高校校园文化品牌”称号；“校友文化”则在2011年被教育部授予“全国高校文化建设成果优秀奖”；学校的“创建三维文化，打造魅力校园，培育品质银领”入选全国高职院校校园文化品牌，荣获“魅力校园”称号。《光明日报》《中国教育报》《浙江教育报》等权威主流媒体对学校文化育人情况先后给予关注与报道，在社会各界引发高职文化育人的热议。2010年7月6日，时任中共中央政治局委员、国务委员刘延东视察学校，充分肯定学校校园文化育人的思路。刘延东指出，“你们把这个教学和校园文化很好的结合起来，和职业道德教育也结合起来，所以说学生在这个环境里成长有一个很好的文化氛围”。2012年6月28日，时任教育部副部长鲁昕在全国职业院校德育创新暨校园文化建设工作座谈会上肯定学校校园文化建设。

（二）实践特色

围绕诚信文化、金融文化、校友文化这一个三维文化体系，构建多元化活动载体，充分发挥实践育人功效。

1. 诚信文化实践育人特色

在诚信文化育人的教育实践中，举办融诚信因子的多种文化活动，让学生在亲身实践中不断积累对诚信的自我领悟。学校开设《大学生诚信文化理论与实践》课，开展诚信文化节系列活动，实现诚信教育第一、二课堂的有机结合；每年入学时给新生寄送诚信读本，报到后签订诚信自律协议，试点诚信档案和诚信考场；开展诚信借贷，倡导诚信应聘、毕业时签订诚信就业协议等；开展诚信大讲堂、学生诚信考评、诚信读书、诚信缴费、诚信公约等代表性活动，从而实现对学生诚信教育的全过程覆盖。

2.金融文化实践育人特色

在金融文化育人的教育实践中，开展金融知识讲座、投资理财知识竞赛、股票擂台、技能大赛等专业特色鲜明的活动，打造808理财实训中心、金苑华尔街、金融财富中心、投资者教育基地(浙江省级基地)等多个专业实践育人基地。同时，面向全校学生开设《现代金融概论》必修课，让所有专业学生了解金融基础知识，培养金融素养，营造出金融文化和谐之美。常年开展“手指如飞，我快谁追”“每天一小时，成就金手指”等技能训练；依托“一把手技能训练营”、技能擂台赛、技能记录上墙等方式，让学生在比学赶帮超中追求卓越；实施课程社团化、社团课程化，拓宽技能教育的丰富内涵，把人际沟通能力、语言表达能力、经济社会发展分析能力等软技能融入人才培养全过程，让全体学生受益。

3.校友文化实践育人特色

在校友文化育人的教育实践中，校友总会以“关心每一位校友”为理念，秉承“关注母校发展，助推校友成长”的宗旨；遵循“重视成就校友，关心弱势校友，巩固老校友，开拓新校友”的方针，开展了卓有成效的工作，构建起由校友总会、市级校友分会、县级校友会和省外校友联谊会组成的校友服务网络体系。校友总会积极组织校友开展捐资助教活动，支持金融教育事业，关心和支持母校发展。创造性地开展“2300”校友文化育人活动，即千名学生访校友、千名校友回课堂、百名校友上讲坛、百名校友话人生、百名教师进企业。学校首部校志由出版社出版发行，修缮了校史馆，积淀和凝练了办学精神；深入开展面向基层一线的“千名学生访校友”与“校友话人生”活动，征集编印“我与金院故事”，密切了师生与校友的情感联系；用“5000个行长同一所母校”激励在校学子刻苦学习、奋发向上；拍摄一系列的“学生最喜爱好支书”教师事迹、“金色足迹”学子风采的宣传片来打造共同的精神家园，传承金院文脉。学校利用校友资源建立了300余个校外实习基地，使金融学子的毕业实习都能在对口单位进行。通过校友的共同努力和社会各界的支持，富有特色的订单式人才培养方式持续拓展。借助校友力量，实施学校、行业、集团共生态办学，广结合作办学之链。

(三)育人特色

1.以生为本，深入人心

本着“一切为了学生、为了学生一切、为了一切学生”的理念，2000年，学校提出并构建了以“关爱学生进步、关注学生困难、关心学生就业”为主要内容的“三关”服务体系。2008年创设全国首个“爱生节”，要求每位校领导联系浙江1—2个地市为学生找岗位；每位中层以上干部至少资助或帮助一名经济或学习上有困难的学生；全体干部教师参加与学生的零距离交流活动。从2011年起，又把“11·23”（谐音“要爱生”）确定为深化爱生节活动日。“爱生节”的设立，不仅是发扬“爱生”精神的表征，实践“爱生”理念的外化，更是推动“爱生”行动的延续。十余年来得到了全校师生和广大校友一致认同。爱生节是一个特殊的节日，通过这个节日，表达学校全体师生和广大校友对学生工作、对人才培养、对立德树人的一份感情、一份责任，更表明学校高举习近平新时代中国特色社会主义思想伟大旗帜，致力培养中国特色社会主义建设者和接班人的强烈的使命担当。十年坚守，十载推进，不断创新，爱生已经成为学校全体教职员工的一种文化自觉，成为我国高等职业教育领域极具影响力的重要文化品牌。

2. 构建体系，助推成长

学校于2007年创造性地构建以学生“千日成长工程”为核心的学生工作体系，其理念是将价值引领贯穿于高职学生在校3年1000天的成长全过程，以思想政治教育为经线，以学生的职业能力和职业素质培育为纬线，致力于培养“懂做人、精专业、会做事”的优秀学子，把学生在校3年规划为：一年级“金院学子”，突出学业规划，强调懂做人；二年级“院系学友”，突出职业方向，强调精专业；三年级“行业学徒”，注重实践能力，强调会做事，从而实现学生顺利就业、对口就业、优质就业。2012年，该工程入选浙江省高校教书育人典型案例；2013年，学校作为全国唯一高职院校在第22次全国高校党的建设工作会议上做大会交流；2014年，学生“千日成长工程”入选《中国高等职业教育质量年报》；2017年，学校作为唯一高职院校在浙江省高校思想政治工作会议上做大会交流；2018年，该工程荣获全国金融行指委专业教学指导委员会教学成果一等奖。2019年，学校以双第2名的优异成绩荣获教育部组织评选的全国职业院校学生管理50强和教学管理50强。

3. 关注体验，学生受益

以强调“客户体验”这一财经类行业特征为起点，以学生优质就业为诉求，“对焦”学校素质教育的焦点与学生岗位素质要求的焦点，形成了贯穿大一、大二、大三的在校生调研和毕业生发展调研、行业用人满意度调研等学生调研的科学化、常规化制度，更好地把握了人才培养效果，掌握了学生成长成才的规律。

4. 一、二课堂融通，彰显人才培养特色

围绕学生有效沟通、服务他人等财经类行业从业人员素质要求，对应开设营销、口才、服务礼仪类等学生社团，并通过组织开展“千名学生评万象风云”活动，组织学生参加浙江省高校演讲、辩论、礼仪等素质拓展类竞赛和参与西博会礼仪服务、省理财博览会金融服务等相关校外实践活动，加强了第二课堂与第一课堂的衔接，延伸了人才培养的时空，强化了第二课堂活动的针对性，提高了人才培养的成效。

5.创新素质教育载体，整合素质教育资源

学校确立了大一、大二以专业群为单位开展教学，大三面向财经类行业开展个性化“订单培养”的人才培养格局，搭建了以富有财经类专业特点的人文素质与职业素养公共基础课程、专业群基础课程为主的素质教育课程载体和以明理学院等素质教育机构为主的素质教育实施载体，将公民素质教育、金融职业素质养成等有机融合，成为专业教育的有益补充，调动了全体教师参与的积极性，整合了素质教育资源。

(四)成果特色

1.文化育人成果显著

一直以来，学校招生录取分数线均居全省同类院校前列，吸引了大批优质生源加盟。通过三维文化培育，学生品行端正、学业进步、素质提升，毕业率达99%以上，就业率达98%以上，深受用人单位好评，且毕业生在岗位上捷报频传、发展健康，为行长摇篮、金融黄埔不断增添光彩。

2.学校声誉不断提升

学校目前是全国高职研究会会长单位，全国高职教育工作委员会主任委员单位，浙江省高职教育研究会理事长单位，浙江省高职党建研究会会长单位，彰显了在全国高职教育界的良好声誉。

3.学校品牌发展顺利

学校积极践行办特色鲜明、人民满意、师生幸福的宗旨，积极构建行业、校友、集团共生态办学模式，全面推进高品质幸福金院建设，先后被评为全国职业教育先进单位，浙江省劳动模范集体，全国高等教育就业竞争力50强，全国职业院校学生管理50强和教学管理50强等诸多荣誉，学校教师在各类教学、科研评比中频频获奖，进一步丰富和提升了学校品牌内涵，彰显了中国高等职业教育的魅力。

(五)创新特色

学校以文化引领发展为目标，以浙江省高校文化校园建设项目为载体，以诚信校园、精神家园、成长名园为主题，夯实诚信文化、校友文化、金融文化“三维文化”育人底色，构建校院二级的文化品牌体系，弘扬以德立人、以业育人、以文化人的校园文化。2008年，学院率先提出高职文化育人的命题，并发起全国首届高职教育文化建设和可持续发展论坛。2010年至今，学校已连续十年举办高职教育文化建设和可持续发展论坛，吸引了全国多家高职院校积极参与。学校在校庆日(每年11月第1周周六)、爱生节(每年5月23日)、深化爱生节活动日（每年11月23日）的基础上进一步完善开学典礼日（每年9月19日）、毕业典礼日（每年6月6日）等程序性文化，编写出版《诚信文化》《浙水流金》《文化手册》《高职教育文化的建构》《高等职业院校文化建设理论与实践》等文化育人系列丛书，从理论和实践双重角度对学校文化育人进行了提炼与总结。学校入选省首批高校文化校园和首批国家职业院校文化素质教育基地建设单位，淑女教育荣获中华传统美德文化教育品牌。服务国家“一带一路”建设，推进“专业＋语言＋国别研究”国际化应用人才培养模式实践，成立捷克研究中心并获得教育部登记备案，在提升国际影响中铸就文化标杆。

参考文献

[1] 习近平.在全国宣传思想工作会议上强调：举旗帜聚民心育新人兴文化展形象　更好完成新形势下宣传思想工作使命任务[N].人民日报，2018-08-23(1).

[2] 习近平.在全国高校思想政治工作会议上强调：把思想政治工作贯穿教育教学全过程　开创我国高等教育事业发展新局面[EB/OL].新华社，2016-12-08.

[3][22] 蔺伟，苟曼莉.高校文化育人的工作原则和实现途径[J].中国高等教育，2017(2)：37.

[4] 习近平.在北京大学师生座谈会上的讲话[N].人民日报，2018-05-03(1).

[5] 怀特.文化科学：人和文明的研究[M].曹锦清，杨雪芳，等，译.杭州：浙江人民出版社，1988.

[6] 塞缪尔·亨廷顿，劳伦斯·哈里森.文化的重要作用——价值观如何影响人类进步[M].程克雄，译.北京：新华出版社，2010：8-9.

[7] 李春华.文化的“化人”与思政的“育人”[J].马克思主义研究，2012(9)：138.

[8] 毛泽东选集(第二卷)[M].北京：人民出版社，1991：694.

[9] 梁漱溟全集(第一卷)[M].济南：山东人民出版社，1989：380-381.

[10] 刘献君.论文化育人[J].高等教育研究，2013(2)：3.

[11] 韩延明.强化大学文化育人功能[J].教育研究，2009(4)：89.

[12] 袁贵仁.加强大学文化研究　推进大学文化建设[J].中国大学教学，2002(10)：4.

[13] 阴浩.基于文化自觉视野下高校文化育人实施路径[J].中国高等教育，2019(21)：51.

[14] 李春华.文化的“化人”与思政的“育人”[J].马克思主义研究，2012(9)：139.

[15] 李春华.文化的“化人”与思政的“育人”[J].马克思主义研究，2012(9)：142、144.

[16] 毛泽东选集(第二卷)[M].北京：人民出版社，1991：706.

[17] 习近平.之江新语[M].杭州：浙江人民出版社，2013：149.

[18] 李春华.文化的“化人”与思政的“育人”[J].马克思主义研究，2012(9)：142.

[19] 阴浩.基于文化自觉视野下高校文化育人实施路径[J].中国高等教育，2019(21)：51.

［20］刘献君.论文化育人[J].高等教育研究,2013(2):1.

［21］张想明,杨红梅.论思想政治教育的政治性、科学性、文化性及其关系[J].前沿,2013(1):28.

［23］习近平.决胜全面建成小康社会　夺取新时代中国特色社会主义伟大胜利——在中国共产党第十九次全国代表大会上的报告[N].光明日报,2017-10-28(03).

［24］韩延明.强化大学文化育人功能[J].教育研究,2009(24):89.

强化创新创业教育

陈云涛　戴海容

推进创新创业教育是高职院校服务国家战略和区域经济发展的重要举措，也是高职院校实施内涵式发展和“双高”建设的需要。国务院于2017年发布《关于深化教育体制机制改革的意见》，强调不同类型的学校要根据自身特点，将创新创业教育贯穿于人才培养的全过程。李克强总理在2021年全国职业教育大会的批示中指出，职业教育是培养技术技能人才、促进就业创业创新的重要基础。可见，随着我国步入新时代，深化创新创业教育改革，促进学生全面发展，已成为高等职业院校人才培养的重要途径和使命。

一、高职创新创业教育的本质、特征与演进逻辑

（一）高职创新创业教育的本质

本质是指通过实证可感知的资料或概念逻辑的辨析获得实物表现下的抽象的规律性认识。我们可以在本质中把握事物的性能和发展方向。要弄清创新创业教育的本质，首先需要做的就是找到它的“源头”。创新与创业这两个概念不是教育领域独创、独有的概念，是从经济领域、社会领域衍生并进入教育领域的，也就是先有“创新教育”“创业教育”的概念，后有创新创业教育的概念。从文献及实践等方面考察看，创业教育概念的界定来自国外，但囿于其缘起情况既复杂又特殊，再加之在实践过程中常与商业教育、就业培训等概念混同在一起，故没有形成严格意义上的创业教育理论，后来引进国内，在知识扩散过程中，中国学者结合我国教育的实际对其内涵做了新的阐释，把创业行为由经济延伸至政治、思想和文化领域，并加入“创新”的要素。在教育领域也是沿着“创新教育—创业教育—创新创业教育”的发展序列进行的，这一发展顺序不是教育者选择的结果，而是经济社会领域对于创新创业要求的结果，创新创业教育是随着市场经济的发展而产生的，正在随着知识经济的发展而成为世界高等教育发展和改革的新趋势，即是经济社会发展的结果。

职业教育的创新创业教育，是在职业教育语境下的创新创业教育。不同学者基于自身研

究的思维角度，对职业教育的本质有不同的阐释，但概括起来多是“技艺(技能)授受的过程”。基于此，普通院校和高职院校在实施创新创业教育的过程中也将体现一定的差异性。高等职业教育作为一种教育类型，其创新创业教育既有与其他教育理念和模式相同的属性，也有其自身与众不同的属性。有学者认为是“培养具有开拓性素质的人才”，有的认为是“激发人的创造天性的教育活动”，有的认为是“培养受教育者的创业意识和创新精神”等。创新创业教育的核心内涵是培养大学生的创新精神、创业意识和创业能力，引导高等学校不断更新教育观念，改革人才培养模式、教育内容和教学方式，将人才培养、科学研究与社会服务紧密结合，实现从注重知识传授向更加重视能力和素质培养的转变，提高人才培养质量。就此而言，我们认为高职创新创业教育的本质是在技能授受过程中培养学生创新意识、创造能力和创业本领的育人实践。

(二)高职创新创业教育的特征

1.集成性的技术

技术集成创新是自主创新的一个重要内容，它通过把各个已有的技术单项有机地组合起来、融会贯通，集成一种新产品或新的工艺生产模式。技术集成创新是指将公知技术、有效专利和部分自创技术，系统化地组合集成为一个新的具有创造性的技术方案直至进入实际应用，并产生良好的经济和社会效益的商业化全过程的活动。职业院校囿于技术技能积累及创新主体等因素，在科学发现、技术转化等基础科学领域的能力是相对较弱的，但是职业院校利用公共技术、有效专利等技术来服务行业企业特别是中小微企业的技术创新则是有优势的。故高职创新创业教育是围绕生产、管理、服务一线的，是从小的切入点来影响行业领域局部发展的，其目的在于有效集成各种技术要素，提高技术创新水平。

2.拓展性的素质

这些素质包括丰富的社会知识、捕捉市场机遇的能力、敢为天下先的胆略等。而拓展性的素质首先应是人的综合素质的全面提高，它既指人的智慧和性格得到全面合理的发展，又指人的才能和个性得到自由而自主的发展。拓展性的素质体现为人的知识、能力和优良品质等素养的总和。例如，浙江金融职业学院坚持契合浙江省经济金融产业发展布局，以浙江省万亿金融产业发展规划和钱塘江金融港湾建设为抓手，以供给侧结构性改革为行业企业带来的变革为突破口，以“大金融产教融合共同体”“社会服务有机体”“高职金融教育综合体”为依托，打造创新创业应用平台，培养学生拓展性的素质。

3.探索性的劳动

习近平就加快发展职业教育作出重要指示并强调，“要树立正确人才观，培育和践行社会主义核心价值观，着力提高人才培养质量，弘扬劳动光荣、技能宝贵、创造伟大的时代风尚，营造人人皆可成才、人人尽展其才的良好环境，努力培养数以亿计的高素质劳动者和技术技能人才”。高职院校人才培养的目标即是高素质技术技能型人才，这一目标的实现需要将产业生产中的技术技能积累的观念融入校园文化、专业建设、课程建设、教学设计、实习实训等方方面面，使产教融合成为可能；要将“劳动光荣、技术宝贵、创造伟大”付诸实践，就必须在观念上高度重视创新创业教育在高等职业教育人才培养中的地位和作用，在高职院校、行业企业间形成共识，凝聚力量，将高职院校培育成行业技术创业的聚集中心。

4. 创造性的事业

依据职业院校专业自身特点，以“互联网＋”为背景，以培养创新精神、创业意识和创新创业能力为重点，实施“全覆盖”“分层次”和“差异化”培养目标。一是全覆盖，即面向全校全体学生开设一门培养创新创业基本素养的基础课程；二是分层次，即把创业创新教育素养、知识和技能与现有专业培养目标有机融合；三是差异化，即集中具有强烈创业意愿的学生组建创业实践班，开展创业实践。在整合与优化全校各类创新创业资源的同时，着力建设若干个校外大学生创新创业实践基地，作为创业园区的校外延伸。开发一系列创新创业项目，成立创新创业协会等社团组织，推进学赛结合的创业项目建设；积极开展“产、学、研、创”全面合作联盟，吸引政府、企业和科研院所为大学生创新创业提供支持，“努力让每个人都有人生出彩的机会”。

（三）高职创新创业教育的演进逻辑

作为我国高等教育的重要组成部分，高职创新创业教育的演进逻辑和我国高等教育的创新创业教育演进逻辑是一脉相承的。

1. 起步发展阶段（2002—2010 年）

为了更好地将我国高等教育工作和社会、经济发展相结合，2002 年，教育部首次批准了九所大学开设创业教育课程，由此展开了国内高校创业教育的新篇章。在试点工作中，不同高校分别运用了不同的工作形式来开展创业教育工作，形成了“提高学生创业意识、创业技能为重点”“课堂教学为主导”以及“综合式”的创业教育模式。试点工作的顺利开展，给国内其他地区高校开展创业教育工作提供了更多理论基础和实践经验。2008 年，我国教育部又开设了 32 个创新教育实验区。经过不断摸索，实验区创业教育得到了广泛认可。试点工作以及实验工作的顺利实施，给国内众多高校推广创新创业教育提供了更多保障。

2. 迅速发展阶段（2010—2015 年）

2010 年，我国正式将创业教育模式转变为创新创业教育模式。2010 年，教育部《关于大力推进高等学校创新创业教育和大学生自主创业工作的意见》的推出使国内创新创业教育工作更具有了方向性，同时对创新创业教育的理念以及价值、定位等进行了统一部署以及统一规划。创新教育以及创业教育发展模式获得了党和政府的认可，也成为我国未来教育行业的发展战略。作为高职院校的代表学校，深圳职业技术学院在2009年就意识到创新创业教育的重要性，首批开展了创新创业教育工作，并且成立了专门的工作小组，发布了《深圳职业技术学院关于加强大学生创业工作的意见》，保障了创新创业教育工作的顺利实施。

3.规范发展阶段（2015年至今）

2015年，国务院发布的《关于深化高等学校创新创业教育改革的实施意见》对创新创业教育有了更为深入的分析和界定，指出了国内高等院校在开展创新创业教育中所需要的指导思想、原则以及总体目标。通过多项改革任务以及多种举措把创新创业教育推广工作作为国家教育行业长期发展方向。

二、浙江金融职业学院创新创业教育探索与实践

浙江金融职业学院（以下简称学校）结合自身的实际，在长期实践中探索形成“行业、校友、集团共生态”办学模式，学校将创新创业教育融入这一模式，突出创新精神、创业意识和创新创业能力的培育和培养并将其作为推进人才培养模式改革的重要抓手，以此撬动教育教学改革。在具体的探索实践中，提出并践行“八个一”机制，不断丰富拓展高职创新创业教育的具体内涵。

（一）搭建一个创新创业运行平台

2006年，学校成立了笃行创业教育学院，2012年，更名为笃行创新创业教育学院，2016年，又进一步丰富充实了创新创业教育学院的内容，并优化了运行机制。主要经验有：一是学校成立了由校长担任组长，教务处、招生就业处、学生处以及各二级学院主要负责人为成员的创新创业教育领导小组，顶层设计学院的创新创业教育，全面履行学院创新创业试点工作领导职能。二是成立创新创业教育学院，全面负责学校创新创业教育工作的开展，牵头二级学院和专业落实创新创业教育的相关工作。三是创设“产、学、研、创”合作创新创业教育联盟与发展理事会，设立创新创业奖学金和发展基金，努力把笃行创新创业教育学院建成创新创业教育的教学基地、实践基地、改革基地和孵化基地。

（二）开发一系列创新创业课程

结合学校以财经商贸大类专业为主的特点，面向全校全体学生开设培养创新创业基本素养的校本课程——创新创业指导，重点在于激发在校学生的创新创业热情，培育创新创业

意识，形成创新创业理念。在专业课程中，细化原有课程创新创业项目，围绕创业企业财务、创业企业人力资源管理、创业企业营销等开发创新创业教育课程模块，如创新创业财务知识、创业企业人力资源管理、创业企业营销策划等，为有创业意愿的学生提供更多创新创业素养提升课程，增加学习选择空间。同时，辅以创新创业仿真综合实验教学平台、市场营销创新创业省级实训基地等实践场所的建设，进行系统化、专题式教育和培养，重点培养在校学生的创新创业的素质和能力，为后续创业奠定专业基础。

表 1　学校现有创新创业类课程

序号	课程性质	课程	专业
1	公共必修课	创新创业指导	全校各专业
2	公共必修课	职业生涯规划教育	全校各专业
3	专业基础课	创业指导	工商企业管理、房地产经营与管理、市场营销、电子商务
4	专业基础课	创新创业财务知识	互联网金融、金融工程、工商企业管理、房地产经营与管理、市场营销
5	专业基础课	创新创业实践	文秘
6	专业基础课	创业投资理论与实务	投资与理财、保险
7	专业核心课	C2C 创业指导	数字媒体、计算机、互联网金融
8	专业核心课	互联网金融创新创业案例分析	互联网金融
9	公共选修课	C2C 电子商务创业	全校各专业
10	公共选修课	网上支付—网商成功之道	全校各专业
11	网络公选课	大学生创新基础	全校各专业
12	网络公选课	网络创业理论与实践	全校各专业
13	网络公选课	微商创业指南	全校各专业

在创新创业教育的具体安排上，采用了“2＋2”的创新创业教育课程培养模式。从 2017 级开始，每位学生在三年学习时间里必须学习一门 2 学分的创新创业教育通识课，同时取得创业教育实践学分 2 学分，包括创业实践及相关社会实践、调查研究实践等，学分认定形式多样，由学生根据自身实际情况进行申报并获得认定。

（三）打造一支创新创业导师队伍

依托学校牵头的金融行业职业教育集团，自 2006 年开始，学校在原行业、企业、用人单位、学校、校友会共同组成的专业建设委员会中增加就业创业导师，组建了一支由校内优秀教师与校外行业专家打造的双导师团队。通过创新创业导师培训，让相关教师既有创新创业理论素养，又兼具行业实践能力，让校内教师到企业挂职锻炼，对接校内创业学生，进行创业指导;选聘具有较高理论水平和丰富实践经验的企事业单位知名专家、创业成功者、企业家、风险投资人等到学校兼职,尤其是聘请校友企业家作为兼职创业导师,承担创新创业课程授课,并适时引进第三方创新创业培训机构。同时,完善教师激励约束和发展机制,明确全体教师创新创业教育责任,完善专业技术职务评聘和绩效考核标准,建设既具备扎实专业理论知识又拥有参与创业或者担任企业高管的经历的师资队伍。制定兼职教师聘用标准和管理规范,建立教学效果评价指标体系。将创新创业意识和能力作为岗聘条件、岗前培训、课程轮训、骨干研修的重要内容。截至2020年度,全校已有百名教师参加了浙江省及全国创业导师培训班的课程学习和实践训练,拥有创业培训证书;百名来自行业企业具有丰富实践经验的企业家、创业成功人士受聘担任学校的兼职创新创业指导教师。校内导师以课程授课与创新创业竞赛指导为主,校外导师以创业实战项目孵化指导为主,校内外导师精诚合作,共同促进学生创业素质的培养。此外,学校还主办浙江省创业导师培育工程"互联网金融创业导师培训班",为来自全省高校的教师提供创业导师培训,提升我省高校创新创业教师队伍的能力。创新创业教学团队深化"三教改革",在打造高水平、结构化教师教学团队方面积极实践与探索所取得的阶段性成果,教师团队在2019年和2020年度举行的浙江省职业院校教师教学能力大赛中,连续两年创新创业团队教师均获得公共基础课组一等奖。

(四)建好一个创新创业实践场所

学校推进以培养能力为导向的创新创业实践教育体系建设,依托"互联网+国际贸易"创新创业实训基地、互联网金融虚拟运营创新创业实训基地这两个国家级创新创业实训基地、电子商务协同创新中心、出口创业孵化中心、大学生创业园、软件开发实验室、创意设计工作室、直播坊等资源整合优化而成的共享型创新创业实践场所,为在校学生进行模拟企业的注册、运行和管理。在项目模拟实践的基础上,进行项目孵化。为推动对创新创业项目的准入和资金支持,建设若干个校外大学生创新创业实践基地,打造校企合作共生体,联合建立相应的校外实践教育基地、创业示范基地、电商创业孵化基地等作为创业园区的校外延伸,帮助学生进行创新创业项目的成果转化。依托共享型创新创业实践场所,学生自行组织了创新创业协会、跨境电商协会、外贸达人俱乐部、未来企业家协会、职业生涯规划等创新创业社团,组织开展了创意创客训练营、创业沙龙、创新创业竞赛等各类生动有趣的校园活动,大幅度提高了学生的经营管理能力、沟通表达能力、组织协调能力,营造了浓厚的校园创新创业氛围。

(五)开发一系列创新创业实践项目

依托创新创业协会等社团组织,推进学赛结合的创业项目建设。积极组织学生参加浙江省高职高专院校"挑战杯"创新创业竞赛及其他创业大赛,提高学生的创新创业能力。在双导师团队指导下，学生在各类大赛中喜获佳绩。我校学生2020年获第十二届“挑战杯”中国大学生创业计划竞赛决赛金奖，取得历史性突破，创我校参加挑战杯竞赛的历史最好成绩；获“建行杯”第六届浙江省国际“互联网＋”大学生创新创业大赛决赛国际赛道银奖；2019年获浙江省第十六届“挑战杯”大学生课外科技作品竞赛一等奖、浙江省第七届职业院校“挑战杯”创新创效决赛特等奖；2018年获“建行杯”第四届浙江省“互联网＋”大学生创新创业大赛决赛金奖。也同样是在这支团队教师的引领和帮扶下，涌现出猎榜app、杭州先创会展有限公司等一大批学生创业新星。顺应数字化转型的时代浪潮，学校以数字化思维优化专业结构，设置竞赛与实战项目，取得较好成效。同时，在创业园区内为学生及时提供国家政策、区域经济社会发展规划、市场动向等信息，为创业和有创业意向的学生提供创业项目评估、融资咨询、申办企业手续、项目运行管理、创业项目对接、知识产权交易等多方位、多形式的服务。

（六）探索一种创新创业培养体系

与学校在学生就业指导方面的职业生涯规划“135791”相对应的是自2014年开始，笃行创新创业教育学院从全校学生中选拔具有创新创业潜质和意向的学生组建“才俊”创新拔尖人才实验班（以下简称“才俊班”）。“才俊班”组建若干创新创业专题（兴趣）班，参照订单培养形式进行集中学习培养，形成创新创业预备和实践团队。学校已举办四届“才俊班”。开发创业计划书编制技巧、微商创业指南、浙商案例解析等课程模块，增加创新创业实习和创业实践，为学生在校内创业园项目孵化和走出校门进行实际创业活动提供指导和服务，完善创新创业师资培训体系，强化激励措施并积极尝试多元化的教师评价标准，为学生自主创业奠定基础和提供保障，探索了一条批量培养大学生创业者的有效途径。

（七）完善一套创新创业保障制度

一是制定《创业实践学分转换办法》。逐步将学生开展的与专业相关的创新实验、发表论文、课题研究、科技成果、相关竞赛、职业证书、获得专利，以及自主创业等情况折算为学分，为有意愿有潜质的学生制定创新创业能力培养计划，建立创新创业档案和成绩单，客观记录并量化评价学生开展创新创业活动情况。二是完善专业和课程建设管理办法，全面落实创新创业教育在专业和课程实施过程中的相关事项，把创新创业教育变为专业和课程建设内容中的重要组成部分。细化实践教学与管理相关制度，明确创新创业实践在各实践教学环节中的管理内容和要求，修订其他相关教学管理制度。三是制定鼓励教师自身创新创业活动的政策，鼓励教师将申请专利与产业应用相结合。

(八)营造一种创新创业文化氛围

通过举办校友创业论坛，将创新创业教育融入素质教育，并与专业教育相融合，激发学生创新创业热情。自2009年以来，已经连续举办了十二届校友创业论坛，每届论坛均有独特的主题，邀请创业成功校友分享创业经历和心得体会，为有志创业的学生答疑解惑，由于校友与母校、与在校学生的天然情感，校友的创业历程、理念更能获得在校学生的认同，已成为深受师生欢迎的创新创业教育“金名片”，不仅进一步丰富了“行业、校友、集团共生态办学模式”的核心内容，而且更加浓厚了学校的创新创业文化氛围。同时，开通了笃行创新创业教育学院微信公众号，积极宣传创业相关政策，及时发布与创业项目、政策、资金资源等相关消息，连续出版了21期《创业报》，展示创新创业教育成果，大力营造创新创业的文化氛围。

三、新时代推进高职创新创业教育改革展望

(一)坚持立德树人，把创新创业教育融入人才培养全过程

高职创新创业教育需要始终牢记大学使命与担当，坚持立德树人，围绕办学定位和人才培养目标，树立科学的创新创业教育理念，把创新创业教育融入人才培养全过程，将高素质创新创业人才培养作为学校教学工作目标，以创新创业教育改革为引领，逐步实现不同专业创新创业教育的总体规划和分类指导，做到创新创业教育与专业培养的有机结合，实现创新创业教育基本普及，人才培养质量和培养能力显著提升，学生创新精神、创业意识、创新创业能力明显增强，课堂教学、实践教学和教学管理体系实现全面优化，建立一个完善的集政策服务、资金支持、宣传服务为一体的创新创业服务体系。

(二)坚持顶层设计，不断完善创新创业教育体制机制

1.出台配套规章制度

首先，应当保障各项规章制度的层次性。在制定创新创业教育相关规章制度时，应当考虑到学生的不同发展阶段以及不同学习能力，从而制定差异化规章制度。不能以某一阶段为标准进行一刀切，更要杜绝出现各年级之间相同水平、相同内容的教育方式，保障学生能够得到阶段性成长。其次，应当保障各项规章制度的可行性。在可行性研究中应当切实了解规章制度的参与对象信息、规章制度制定方式、制度的落实等多个方面的可行性，保障规章制度能够顺利推行。最后，要保障各项规章制度的系统性。规章制度的出台是为了更好地开展创新创业教育工作。与此同时也应当协调好创新创业教育工作和其他工作之间的关

系。在规章制度中要为学生提供更多保障，提升学生的学习积极性。也应当对教职员工进行权责划分，制定相应的激励机制，使教职员工工作积极性得以提升。还应当通过规章制度给各项研究成果提供有力保障，使创新创业工作能够顺利展开。

2. 建立资金保障机制

高职院校学生在参与创新创业学习过程中大多会对创新创业工作产生浓厚兴趣，但是往往会因为受到资金限制导致各个项目难以顺利实施。因此，学校应当为学生提供更多资金保障，有效提升学生的创新创业能力。学校资金保障工作可以分为两个部分：第一部分为创业基础基金项目。学校可以利用自身优势和政府以及企业、社会其他机构展开合作，成立专项基金为部分项目提供基金扶持。第二部分为比赛奖金机制。学校在培养学生创新创业能力过程中可以为学生提供多种创新项目比赛形式，对于表现优异的项目可以给予一定的资金扶持。另外，如果在校学生或者是校内团队在某个比赛过程中获得优异成绩，学校也可以为其提供一定的资金奖励，为项目的顺利实施提供更多帮助。

3. 搭建好学校与产业界合作平台

学校应当成立专门的创新创业服务和管理部门，不仅可以对校内创新创业项目进行综合管理，同时也可以积极和其他企业以及校外平台进行沟通，为校内创新创业项目提供更大的发展空间以及更多的展示交流平台。除此以外，管理部门还应当和其他专业平台之间展开合作。例如，通过和孵化基地进行合作，将大学生创业项目真正应用于企业生产以及发展之中。还能够为企业提供更多的理论指导，通过和企业员工之间进行深入沟通，能够不断推进企业科技进步，提升企业竞争能力，从而使企业和学校之间的关联更为密切。学校应当和政府机构展开合作，成立专门的科技创新平台。一方面可以作为学生实践活动的活动基地，另一方面也可以为社会以及企业提供更多产品及服务。

（三）坚持分类引导，建立“通用式”与“专业式”相结合的创新创业课程模式

高职院校应将创新创业教育的目标定位在更好地与学校实际情况相结合，建设“通用式”与“专业式”相结合的创新创业课程模式，将专业教育与创新创业教育相融合、通识教育与创新创业理念相融合、文化素质拓展与创新创业精神相融合、职业指导教育与创新创业能力相融合，并贯穿于整个专业教学过程之中。创新创业教育学科化发展要求创新创业课程不是简单的课程相加，而是要体现课程之间的内在规律与相互融合。我们要尽量避免创新创业教育与专业教育相互割裂、“两张皮”的做法，需要树立先进的创新创业教育理念，注重知识传授向创新创业能力培养的转变，努力实现创新创业教育与专业教育“两张皮”的有机融合。特别是高职院校，更应该根据专业特点，在专业教学中融入创新创业

教育，自觉培养学生勇于创新、敢于创业的精神，善于发现创业机会、把握创业时机，有效提高创业实践的能力。

（四）坚持多措并举，构建校内外专兼并举的师资队伍

由于创新创业教育尚未形成一门学科，教师难以取得相应的学科归属感，在一定程度上也影响了创新创业教育专业化教师队伍的形成。另外，创新创业教育不仅需要具备一定的理论知识，同时也应具备相应的实践能力，对教师的专业能力有一定的要求，在这种情况下，也影响了部分教师的选择性。因此，高职院校应集聚优质共享的创新创业导师资源，建设结构合理系统全面的创业教育师资库，通过校企深度合作，引培结合，聘请校外企业家、行业精英、创业翘楚等专业人士参与到教师队伍中来，校内导师从院校专业带头人、学术骨干和科研人才中挑选，切实发挥校内外导师的教育引导和指导帮扶作用，建设一支“专任、兼课、兼职”三位一体的高素质“双师双能型”创新创业教育师资队伍。同时，采用“外培＋内训”方式，与国内外先进创新创业教育企业合作，对学校创业教师队伍进行素质和技能培训，全方位提升教师专业水平，提高创新创业教育专业教师的归属感。

（五）坚持实践育人，不断加强创新创业教育实训平台建设

高职创新创业教育应该发挥大学科技园、学生科技创业实习基地、大学生就业创业实践基地、企业孵化器、创业孵化基地等创新创业实训平台的重要作用，积极开展学生创新创业教育实践教学，推进以培养能力为导向的创新创业实践教育体系建设，加大实践教学环节比重。进一步优化学生创新创业园的功能，探索集教育、实训、孵化多功能于一体的创新创业教育模式，注重培养学生的“双创”理念，以此提升学生创新创业能力，推动学校科技成果转化，为有创新创业意向的学生提供实践实训条件，为进一步开展“双创”持续不断地培养生力军。

（六）坚持文化育人，营造多维一体的创新创业文化氛围

高职创新创业教育需要坚持文化育人理念，通过“校内校外资源整合、线上线下有机结合”的方式营造多维一体的创新创业文化氛围，积极培育创新创业人才。通过校内校外资源整合，构建开放共享的育人环境。在校内，坚持创新创业平台建设与厚植创新创业文化土壤相结合，探索在不同学院创建与专业相契合的创业苗圃、创业讲堂等创客空间，鼓励学生在校内创客空间开展创新创业活动，激发学生的创新活力，培育学生的创业能力，营造“大胆创新、勇于创业”的良好氛围。在校外，建立与政府、企业、风投机构等常态化联络机制，与校外企业和创新创业孵化器合作，建立创新实践和创业孵化基地，构建社会、学校、学生开放共享

的创新创业育人环境。通过线上线下有机结合，打造全方位的创新创业文化氛围。在线上，开设创业服务平台，建设创新创业服务网站，实现线上项目展示、政策解读、创业指导和投资对接。在线下，组织开展各类创业计划竞赛、创业沙龙、创业论坛等活动，举办“创业精神进校园”宣讲报告，分享创业经验，积极营造线上线下全方位的创新创业文化氛围，让创新创业的理念和文化在学校深入人心。

参考文献

[1] 周建松，陈正江．中国高等职业教育“十三五”回顾与“十四五”展望[J]．中国职业技术教育，2021(10)：18-22.

[2] 周建松．努力建设中国最具魅力的高职院校——浙江金融职业学院三五八工程回顾与发展前瞻[J]．浙江金融，2009(01)：59-60.

[3] 周建松．关于双高学校提升技术创新服务能力的思考[J]．职教论坛，2020，36(08)：77-81.

[4] 陈云涛．逻辑与特质：高职教育文化自信探析[J]．职教论坛，2019(04)：20-23.

[5] 陈云涛．文化浸染：产教融合、协同育人的新语境——以浙江金融职业学院为例[J]．中国职业技术教育，2017(04)：70-73.

[6] 陈正江．高职院校创新创业教育适切性研究与实践[J]．现代教育管理，2018(01)：87-91.

[7] 张露颖，张明伟，王莺．职业教育创新创业教育评价体系研究[J]．教育与职业，2021(08)：96-99.

[8] 周庆礼．面向高等职业教育的创客教育内涵与特征研究[J]．江苏高教，2021(05)：110-113.

[9] 贺书品．创新创业2.0背景下高职院校“双创”教育升级版的实施策略[J]．高教学刊，2021(12)：34-37.

构建紧密校企合作机制

周建松　陈正江

一、问题的提出

经过改革开放四十多年的探索实践，尤其是21世纪以来的快速发展，我国高等职业教育(以下简称高职教育)以服务为宗旨、以就业为导向的发展道路已非常明确，深化以产教融合、校企合作、工学结合为核心的办学模式、人才培养模式与教学模式改革逐步深入人心，推进科教融合的工作也日益受到重视。然而，当前我国高职教育产教融合大多还停留在宏观政策和理念层面，具体表现在：一是学校层面的多，专业(系部)层面的少；二是停留在校外教育、学生就业层面的合作多，集中在科技攻关、社会服务层面的合作少；三是企业为学校提供的帮助多，学校为企业提供的服务少；四是人情关系型合作多，长效机制型合作少。针对以上问题，本文从学校发展系统的视角探讨高等职业院校(以下简称高职院校)产教融合与科教融合，提出基于学校发展系统构建高职院校产教科教双融合机制，以促进产教融合与科教融合的政策和理念落地并转化为高职院校的具体行动。

二、产教融合与科教融合

美国著名教育家欧内斯特·博耶提出将学术分为四种类型，即探究的学术——通过研究来发现新知识，综合的学术——通过课程发展建立学科间的联系来综合知识，应用的学术——用一定的方法将理论与实际联系起来，以及传播的学术——通过咨询或教学来传授知识。[1]这种分类符合高等学校的现实，因此得到了高等教育界的普遍认同，特别是“应用的学术”和“传播的学术”是开展产教融合与科教融合的理论基础。事实上，产教融合与科教融合一直贯通并且支配着我国高职教育的发展，随着我国创新驱动发展战略、科教兴国战略的深入实施，高职院校产教融合与科教融合也进入深化阶段，从宏观上看，二者都是国家统筹推进教育综合改革的重要制度安排；从微观上看，二者也都是高职院校实现人才培养职能的基本手段。

(一)产教融合

产教融合是指教育与产业融合并以此促进教育和产业联动发展。亚伯拉罕·弗莱克斯纳曾指出，企业之所以需要大学，不仅是因为大学为它们的实验室培养化学家和物理学家，还因为大学训练了适用于任何领域的智慧。[2]深化产教融合，目的是通过加快高职教育发展方式转变，不断增强高职院校服务人的发展和经济社会发展的能力。2014 年 2 月 26 日召开的国务院常务会议中指出，要加快发展与技术进步和生产方式变革以及社会公共服务相适应、产教深度融合的现代职业教育；同年发布的国务院《关于加快发展现代职业教育的决定》要求深化产教融合、校企合作，培养数以亿计的高素质劳动者和技术技能人才。党的十九大提出，完善职业教育和培训体系，深化产教融合、校企合作。随后，2017 年 12 月国务院办公厅发布《关于深化产教融合的若干意见》(国办发〔2017〕95 号)(以下简称《意见》)，聚焦于深化产教融合的进一步作出全面部署，从战略层面为推动产教融合指明了方向。

(二)科教融合

产教融合主要体现的是学校外部产业与教育的关系，而科教融合主要体现的是学校内部科研与教学的关系。[3]科教融合是指科学研究与人才培养的结合。科研在高职院校发展中起着支撑和引领作用，科教融合首先体现在对教学的反哺上，科研为教学提供新思想、新素材，提高教学质量；其次体现在对教师发展的促进上，使教师在科研的支撑和引领下不断成长；最后体现在院校发展上，科教融合对院校发展意义重大，是院校提升创新发展能力的必由之路。[4]一般而言，地方性大学都是从本土涌现出来的。它们通过满足地方需求获得部分资助，体现地方特色的技术开发活动，一般都是地方性大学的强项。[5]高职院校新技术应用不仅是伴随着产业升级和技术进步对高职教育发展提出的新要求和新方向，更是利用新技术驱动高职教育改革、加大服务区域经济力度、改革人才培养模式的综合性创新实践，在加速高职院校科技成果向产业转化的过程中增强学生应用实践和就业创业能力的培养，在丰富和壮大产业发展中主动作为。[6]

三、基于学校发展系统的高职教育产教科教双融合机制构建

《国家中长期教育改革和发展规划纲要(2010—2020 年)》提出“创新办学体制，建设现代学校制度”。学校作为教育事业的基本单元，是社会有机体的重要组成部分。学校发展深受社会发展的影响同时也深刻影响社会发展，学校发展必须经常谋求对社会的适应甚至超越。“生态学是研究生物与环境辩证统一关系的科学，也是一种科学的思维方法。”[7]在生态

学隐喻的意义上，学校通过与周围环境的联系、交换，进行自身结构与功能的调整，从而实现自身发展与满足多样社会需求的耦合，进而实现高职院校与所处自然环境、社会环境与价值环境的和谐发展，高职院校发展系统是这种思维方法在高职教育领域的应用。

(一)高职院校发展系统

1. 含义

美国教育学家伯顿·克拉克指出："系统这个名词有很多用法，意义变化不定，模棱两可，使人感到麻烦，但在任何社会科学中又必须采用这个概念。这就需要扩展边界，把认真从事教育活动的行动者和行动作为系统的组成部分，所有其他实体和集团都在系统之外，成为环境的一部分。"[8]学校发展系统的核心要义是通过系统构建，把学校自身发展和外部支持力量结合起来，找到共生点，形成互动、共赢的良性发展机制。构建学校发展系统是适应教育结构与变革的一种路径，其理想是透过教育组织变革的手段与过程，以期能获致学校发展的目标与结果。[9]作为创新办学体制，建设现代学校制度的一种实践模式和一种理论成果，高职院校发展系统是将高职院校、职业教育集团、校友及行业这些主体置于高职教育领域与社会行业领域之中，由此构建一个以高职院校与外部环境的联系为核心的系统。高职院校发展系统主要包括人力资源与物质资源的配置、学生福利与教师关怀的增长、管理结构与方法的优化、学校与多方利益相关方之间的合作等多个维度；同时，学校的外部环境也是一个生态系统，外部环境有关各要素可看作系统内的生态因子，凸显了高职院校与外部生态环境共生互动的办学特色。

2. 特征

高职院校发展系统本质上是一种参与式治理结构，这种治理结构具有以下特征。一是空间上的开放性。现代学校的特征之一是"结构开放"，这主要表现为内部和外部两个向度的开放，即在内部向师生开放，在教与学的活动中向学生发展的可能世界开放；在外部向社会开放，在与社会互动中向学校发展的可能世界开放。二是时间上的持续性。十年树木，百年树人。人才培养是一个有时间规定的教育过程，在这个过程中，通过高职院校发展系统在不同层次深化产教融合与科教融合，使两者交相辉映，全面提升人才培养质量。三是协同上的复杂性。系统的功能由其结构及环境共同决定，多元利益相关者的支持与参与，应用系统思想分析高职教育组织以及其与环境的跨层级、跨部门和跨行业的协作伙伴关系，这正反映了协同上的复杂性。以上特征都会对产教科教融合质量产生很大的影响。

3. 功能

深化产教科教融合是加快教育治理模式转变的必然要求，而产教科教融合能否推进并深化，必须依托高职院校发展系统，高职院校发展系统发挥着以下三个方面的功能。首先，从学校发展系统视角对高职院校产教科教融合进行研究有助于突破仅从学校角度进行思考的单向度模式。从系统论的视角聚焦学校发展，使高职院校发展与现实世界产生更紧密的联系，这正是产教融合、科教融合所要实现的目标。通过大胆而又审慎地应用系统思想审视学校，拓展高职教育发展的视野，开辟高职院校发展的道路。其次，高职院校发展系统增强了院校资源整合能力，高职院校以培养高素质技术技能人才为己任，经济社会发展对人才和创新的多样化需求，推动高职院校的办学定位和功能发生深刻变化，要求其向内涵式发展转轨，这是落实新发展理念的必然要求，也是推动高职教育实现可持续发展的重要基础。最后，在推进管办评分离和“放管服”改革的过程中，高职院校发展系统引入企业等主体参与办学，积极发挥行业协会和社会第三方作用，促进办学主体多元化、治理结构现代化，有力地提高了高职院校人才培养适用性，在深化办学体制改革中提升了高职教育质量。

（二）基于学校发展系统的高职教育产教科教双融合机制构建原则

1.以人才培养为主题主线

习近平总书记在党的十九大报告中强调“着力加快建设实体经济、科技创新、现代金融、人力资源协同发展的产业体系”。作为支撑现代产业发展的重要基础，作为一种教育类型，高职教育打破了传统学校的封闭，跨越了企业与学校、工作与学习的界域，产教融合、科教融合充分体现了高职教育跨界的本质和特点。现代职业教育体系的核心主题主线是人才培养，要想把产教融合和科教融合从理念转变为行动，必须找到合适的载体，这就要求高职院校必须打破在学校里办教育的思维定式，形成系统集成，采取跨界行动，构建学校发展系统，通过这一系统来构建产教、科教双融合机制，推动专业设置与产业需求对接，课程内容与职业标准对接，教学过程与生产过程对接，毕业证书与职业资格证书对接，使经济转型升级各环节和人才培养全过程得以匹配，推进一体化育人。

2.以产教科教融合为抓手

高职教育与区域经济社会发展紧密结合，助力区域经济转型、产业企业升级。产教融合和科教融合是实现高职教育内涵式发展、提高人才培养质量、支撑科技创新和服务区域行业产业的基本手段，高职教育要提高适应市场能力、满足市场急需，提高教育教学的适切性和人才培养质量，必须在构建良好的产教融合体制机制的同时，不断深化科教融合，促进校企协同创新，缩短成果转化链条，加快高职院校创新力向产业竞争力转换，使其真正成为催化产业技术变革、加速创新驱动的重要策源地，增强高职院校对经济发展和产业升级的贡献度。因此，高职院校需要根据国家区域发展战略和产业布局，开发符合国情、国际开放的校企合作培养人才和协同创新模式，把办学和育人的优势转化为创新优势和产业竞争优势，以此实现人才培养职能并推动产教融合、科教融合成为院校转型的“助推器”、促进就业的“稳定器”、人才红利的“催化器”。

3.以支持制度建设为保障

产教融合、科教融合都承载和体现着高职院校的办学与育人的理念，学校发展系统为我们审视促进建立高职院校产教融合、科教融合长效机制这一命题提供了新的分析框架。然而，产教融合不仅是教育制度，更是经济制度、产业制度的组成部分，职业教育产教融合、校企合作中存在的问题主要是企业主体缺位、行业企业参与不够，反映出经济领域缺少支持产教融合的配套制度。[10]因此，与以往推进校企合作的制度不同，《意见》更关注产教融合协同体系的构建与合作机制的建设，从七个方面、三十项举措明确提出产教融合“四位一体”的架构，并强调有效、透明的合作、投资与奉献是行业企业履行社会责任的一种形式。

(三)基于学校发展系统的高职教育产教科教双融合机制构建举措

1.以学校为单位做好产教科教双融合顶层设计

落实开放合作育人理念，面向产业和区域发展需求创新教育组织形态，实施产教融合与科教融合双轮驱动计划，全面推行现代学徒制和企业新型学徒制。推动学校招生与企业招工相衔接，校企育人“双重主体”，学生学徒“双重身份”，学校、企业和学生三方权利义务关系明晰。实践性教学课时不少于总课时的50%。聘请劳动模范和高技能人才兼职授课，开展生产性实践，加强劳动教育，培育工匠精神。

2.以专业(群)为单元落实产教科教双融合实施运行

明确以专业(群)为基点建立二级管理体制，形成重点专业带动专业群的特色发展之路，鼓励在专业(群)层面上选优配强管理干部队伍，配置管理人员，设立专门的产教融合、协同创新、社会培训(服务)机构，积极开展开放合作育人平台建设和社会服务创新，并围绕学生优质就业和有效创业提供全方位服务，使产教科教融合落实有抓手，真正做到学校围绕专业转，专业围绕学生转，学生朝着成才转。[11]

3.以发展系统为依托支持产教科教双融合深化开展

我国经济发展进入新常态，工业化、信息化深度融合带来新业态、新技术、新模式等新经济蓬勃发展。新兴产业发展对人才的创新性、实践性需求日渐渗透并融入人才培养各个环节，迫切要求学校开门办学，创新教育培养模式、组织形态和服务供给，将教育内容向社会延伸，加快构建校企协同育人机制。

四、浙江金融职业学院产教科教双融合的探索与实践

上文提出了基于学校发展系统的高职教育产教科教双融合机制的构建原则和主要举措，而如何进一步创新思路、探索实践，推动产教融合从宏观框架走向微观操作，从单一目标走向复合功能，从简单叠加走向综合互动，仍然是摆在各个高职院校面前的紧迫课题。特别是大多数高职院校兴建于21世纪后，通常地处城市郊区，受资源条件限制，产教科教融合存在一定的空间障碍，加上人财物等综合资源约束，不仅“走出去”不易，“请进来”也困难。个案研究是针对单一个体在某种情境下的特殊事件，广泛系统地收集有关资料，从而进行系统地分析、解释、推理的过程。本文运用个案研究方法对浙江金融职业学院推进产教科教双融合的经验进行总结提炼，最终形成可复制、可推广的经验。

(一)产教科教双融合的探索与实践历程回顾

1.“行业、校友、集团共生态”办学模式

早在2006年，在建设国家示范性高职院校过程中，学校就针对高职教育特点积极构建“行业、校友、集团共生态”办学模式(以下简称“共生态”办学模式)，在此基础上建立浙江金融职业教育集团，产学合作委员会和发展咨询委员会，依托行业和校友、集团成员力量形成合作育人的总体框架，这种办学模式与产教科教融合在精神与内涵上有着高度的一致。“共生态”办学模式是基于生态学的理念与原理，结合学校办学实践形成的。此模式以“高职院校—外部环境”的互动、共生关系为核心，以自然环境构建为主线，以社会环境与价值环境要素的融入为辅助，重构了以资源为核心的自然环境、以制度为核心的社会环境、以文化为核心的价值环境，营造了良好的办学生态环境。

2.学校发展系统

产教科教双融合是提升高职院校办学水平和人才培养质量的重要驱动力量，基于“行业、校友、集团共生态”办学模式的探索与实践，2013年，学校第二次党代会提出构建浙江金融职业学院发展系统，即以一个事业单位法人——浙江金融职业学院为主体，以两个企业法人——杭州资信评估公司、浙江金苑培训中心，以及两个社会团体法人——浙江金融职业学院校友总会、浙江金融教育基金会为支持成员，在完善“行业、校友、集团共生态”办学模式的基础上，不断优化完善学校发展系统，并构建基于学校发展系统的产教科教双融合机制，有力助推学校人才培养、科学研究和社会服务工作。

3. 教师学生校友发展共同体

高职教育的类型特征决定了教师、学生、校友既存在于学校内部，又存在于学校外部，发展共同体基于三者之间的各种互动关系构建而成，这种利益共同体机制既是一种制度，也是一种工具。学校这些年坚持以教师为基、学生为本、校友为宗的工作理念，探索将学校自身发展和外部支持力量结合起来，并通过"三千工程"即"教师千万培养工程""学生千日成长工程""校友千花盛开工程"加以落实和推进，为教师学生发展共同体提供了理论基础和实践条件，在实践中取得较好成效。

(二)基于学校发展系统推进产教科教双融合体系具体运作

学校落实浙江省十四次党代会提出的实施重点高校建设计划和产教融合发展计划，坚持就业立校、合作兴校、服务强校理念，学校发布了《关于深入推进产教融合工作的实施意见》，基于学校发展系统，从主体系统——学校层面和支持系统——企业法人和社会团体法人层面构建体系，服务国家战略及浙江省八大"万亿产业"发展战略，吸引社会多元主体参与，促进人才培养供给侧和产业需求侧结构要素全方位融合，培养高素质创新创业人才和技术技能人才。

1. 主体系统——学校层面

一是树立主动对接、主动作为的理念，防止等、靠、要，主动发现有为时间、作为空间，以满足经济社会和产业变革需求和发展；二是根据不同专业群，构建有差别的产教科教融合体制机制，如金融专业群就是基于数字普惠建立产教科教融合综合体，国际贸易专业群是基于学创互动建立的产教科教融合共生体，会计专业群则是基于真实过程建立的产教科教融合有机体；三是产教科教融合中促进教与学的结合、"双师"教学团队的建设、人才培养与科学研究的协同，争取资源与服务社会的良性运行，从根本上促进人才培养质量和办学治校水平的提高，彰显高等职业教育的不可替代性和旺盛生命力。

2. 支持系统——企业法人和社会团体法人层面

两个企业法人和两个社会团体法人在学校深化产教科教双融合进程中既各有侧重，又相互补充。在企业法人层面——杭州资信评估公司和浙江金苑培训中心，前者在科教融合方面着力较多，通过科研平台和载体建设，推行科教融合反哺育人；后者在产教融合方面着力较多，通过加强产教融合实训环境，推行产教融合反哺育人。在社会团体法人层面——浙江金融职业学院校友总会和浙江金融教育基金会，前者在产教融合方面着力较多，后者在科教融合方面着力较多。

（三）推进产教科教双融合具体载体及运作

1. 校内生产性实训基地

学校中全国唯一的校中行——浙商银行总部客服中心和我校银行客服实训基地，浙商银行总部客服中心落户学校是建立新型行校合作关系、推进产教融合的创新举措，实训的课时安排、实训场地的功能分布、学生录用等具体方案都是通过产教科教双融合主体联合确定的，对创新人才培养模式具有深远意义，继续加强与行业企业合作，做实、做精、做大，不断扩大学生参与度和受益面，培养优质银行客服人才。

2. 协同创新中心

以跨境电商综合服务应用技术协同创新中心、服务万亿金融产业产学研协同创新中心等省级和校级协同创新中心为载体，构建校、政、行、企、会合作办学和协同育人机制，积极助推产教融合工作。以服务万亿金融产业产学研协同创新中心为平台，推进浙江地方金融发展研究院建设。组织普惠金融发展与浙江乡村振兴、金融支持浙江实施“一带一路”倡议、金融发展支持高质量增长与风险防范等课题研究，建立以研究成果为指标，以激励为导向的考核制度，建设以校内教师为主，以校内柔性引进领衔专家为支撑的研究团队。以浙江省跨境电商综合服务应用技术协同创新中心为平台，推进应用技术研发团队建设，支持柔性引进或聘任研发人员进入协同创新团队。

3. 技术技能积累和运用

围绕浙江省产业创新服务综合体建设，进一步加强以“专业运用技术协同创新、行业企业员工培训、企业资信评估”等为核心服务的技术技能积累与应用平台建设；大力推进省级和校级协同创新中心建设，支持校企合作开展应用技术协同研发、智库建设，鼓励软件著作权、专利技术等应用技术成果转化；支持相关部门、二级学院联合企业、科研院所围绕产业发展需求开展协同创新，共建共创共享依托大金融产教融合共同体、社会服务有机体、高职金融教育综合体，建设技术技能积累和服务社会的省级及以上协同创新中心、国家实验实训基地、省级实验实训基地和校外实习基地、紧密型产学合作基地，推动成果转化和服务社会。

4. 校办企业服务能力提升

校办企业服务能力提升发挥学校专业和人才优势，探索推广“互联网＋职业培训”线上线下结合的教学方式，建设特色化、专业化职业培训平台和移动客户端，不断提升浙江金苑培训中心对企业职工在岗教育培训、学历进修等服务水平，广泛吸引各级政府和各类行业企业向学校购买服务。推进杭州资信评估公司、浙江众诚资信评估有限公司建设，发挥学校专业优势，全面实施“企业评级服务工程”，为机构、企业提供优质评级服务。

5. 校友千花盛开工程

坚持以主动换互动、以真心换真情，并将这种理念内化为文化，成为师生共同的实践行为。采取“请进来”与“走出去”方式，以校友为主体建设“六合一”专业教学指导委员会和千人金融大智库。健全并完善以校友为主体，以“学校校友总会、金融教育基金会”为载体的运行机制，充分运用校友力量推进产教融合工作，鼓励校友参与大创小镇建设，引导校友企业与学校建立紧密型产学合作关系，形成学生在学校学习、进企业实践、获校友指导的创新互动的良好生态。

6. 依托中国高等教育学会职业技术教育分会理事长单位等平台

深化与行业交流合作，加强与省内外同类职业院校共享职业教育资源，共建高端合作项目。依托行业主管部门和行业协会，吸引行业组织参与校企合作办学，建立健全学校行业指导委员会、创新创业教育专家指导委员会等组织及其运行机制，积极推进学校教育工作与行业的有机融合。强化行业协调指导。行业主管部门要加强引导，通过职能转移、授权委托等方式，积极支持行业组织制定深化产教融合工作计划，开展人才需求预测、校企合作对接、教育教学指导、职业技能鉴定等服务。

通过上述体系构建与具体运作，学校实现产教科教双融合五大目标：一是专业建设与产业、行业发展相融合与对接，人才培养不能滞后于产业、行业发展，要研究产业、行业发展前沿，培养技术技能人才；二是培养过程必须跟企业一起来进行，学校开展的构建“六合一”专业教学指导委员会、校企合作千花盛开工程、银领学院都是很好的做法；三是采取“走出去”和“引进来”的形式，与企业共同打造一系列产教融合平台，建设好校内外实训基地，除满足基本教学需要外，共同打造应用技术型协同创新平台；四是与企业共同建设一支“双师型”教师队伍，聘请企业具有丰富实践经验和一定理论水平的业界人士作为学校的兼职教师；五是在完成校内外实训的基础上，与企业共同做好实习环节教育，规范教育过程，提升技术技能人才培养质量。

本文将学校发展系统的观念用于研究高职院校深化产教融合、科教融合机制中，是高职教育院校研究的新视角。在个案实践经验的基础上，对浙江金融职业学院产教科教融合实践经验进行总结提炼和归纳提升，以超越单个学校狭隘的经验，发现高职院校产教科教融合发展困惑与瓶颈的普遍意义，为推进高职院校可持续发展提供更为充分的理论与方法支撑，促进高职教育从外延式发展向内涵式发展的转变，以更好地面向社会的多元需求，推进新时代中国特色高等职业教育创新发展。

参考文献

[1] 欧内斯特·博耶.关于美国教育改革的演讲[M].涂艳国，方彤，译.北京：教育科学出版社，2002：74-77.

[2] [5] 亚伯拉罕·弗莱克斯纳.现代大学论——美英德大学[M].徐辉，陈晓菲，译.杭州：浙江教育出版社，2002：156，222.

[3] 苏志刚，尹辉.科教产教融合，建设高水平应用型本科师资队伍[J].中国高校科技，2018(11)：8-11.

[4] 周光礼，马海泉.科教融合：高等教育理念的变革与创新[J].中国高教研究，2012(8)：15-23.

[6] 谢志远，刘燕楠.深化产教融合，推动职业教育技术革命——高职院校新技术应用人才发展战略思考[J].中国高教研究，2018(3)：103-107.

[7] 贺祖斌.高等教育生态论[M].桂林：广西师范大学出版社，2005：6.

[8] 伯顿·克拉克.高等教育新论——多学科的研究[M].王承绪，徐辉，郑继纬，等，译.杭州：浙江教育出版社，2001：7.

[9] 周建松，陈正江.学校发展系统：理论建构与实践探索[J].高等工程教育研究，2014(3)：58-63.

[10] 和震.建立现代职业教育治理体系，推动产教融合制度创新[J].中国职业技术教育，2014(21)：138-142.

[11] 周建松.以专业(群)为单元，探索建立开放合作育人机制[J].中国高等教育，2010(9)：45-46.

做大职业和社会培训

方　华

党的十九大报告指出，要“完善现代职业教育和培训体系，深化产教融合、校企合作”“大规模开展职业技能培训，注重解决结构性就业矛盾，鼓励创业带动就业”。国务院印发的《国家职业教育改革实施方案》(以下简称“职教 20 条”)《职业教育提质培优行动计划(2020—2023 年)》提出要开展高质量职业培训，落实职业院校实施学历教育与培训并举的法定职责，按照育训结合、长短结合、内外结合的要求，面向在校学生和全体社会成员开展培训等要求。同时，“双高”校建设计划、本科层次职业学校设置标准和专业设置管理办法等对高职院校开展培训工作均提出了明确的要求。

站在新的起点、新的历史方位，面临新的形势、新的要求，高职院校应配合国家重大战略，精准对接产业发展需要，精准契合受教育者需求，大力开展形式多样、高质量的培训工作，促进人力资源强国建设，服务现代经济社会发展需要。

一、高职院校培训中存在的主要问题

(一)缺乏统筹管理

多年来，各地、各行业企业、社会培训机构等都开展了职业技能培训，特别是近年来，下岗再就业工人、返乡农民工、退伍军人及其他重点人群的职业技能培训越来越受到国家的高度重视，培训项目日益增多。但是，由于缺乏统筹管理，培训标准不一，一些地方对重点人群重复开展培训，造成资源浪费，培训标准各自为政，多部门协调机制有待建立。从高职院校来看，社会培训工作体系不够健全，运行机制不够完善，缺少统一的管理部门统筹管理与协调。

(二)培训动力不足

从政府层面看，有些地方政府对于促进职业院校开展职业培训的激励政策仍未完全落实到位；从学校层面看，有的高职院校尚未建立系统且有效的培训工作考核评价机制，加上按照财务“收支两条线”的管理规定等，学校无权支配这部分创收，学校和院(系)主动开展培训的动力不足，不同程度地影响了推进培训工作的积极性。

(三)培训内容难以满足需求

有的高职院校对产教融合、校企合作重视不足，缺少有效的合作机制，与社会、行业企业联系不够紧密，沟通不够充分、深入，不能精准了解行业企业的培训需求，培训内容针对性不强，难以满足行业企业个性化的培训需求，加上院校办学层次不够高，品牌影响力不够大，不同程度降低了培训的吸引力。

(四)培训师资质量难以保障

有的高职院校对培训师队伍建设重视不够，“双师型”教师数量不足，教师除从事繁重的学历教学外，还要从事科研、学生管理及学校其他工作，对行业企业人员的培训需求缺乏深入了解，与社会培训的需求还不能完全匹配，难以在短时间内熟练掌握应用型课程的教学内容和教学方法，难以胜任行业企业员工等培训任务。

(五)职业技能培训标准和监督体系不够健全

国家层面尚未建立国家资历框架和完善的职业技能等级标准体系，缺乏统一的考评标准和监督体系，职业技能培训呈现标准体系不够健全，职业技能培训等各类非学历培训的学习成果得不到认定、积累和转换，导致职业培训与学历教育无法融通，培训质量无法得到充分保障。

二、高职院校开展培训工作的对策与建议

在我国社会转型发展中，培训作为推进产教融合的“润滑剂”，对于提高劳动者素质，促进就业，稳定民生，为全面建成小康社会，实现“两个一百年”奋斗目标提供人力资本支撑具有重要意义。“职教 20 条”的出台为高职院校开展职业教育与培训指明了方向，营造了良好的发展环境。高职院校应由传统的“供给导向型”向新型的“需求导向型”转变，[1]建立并完善立体化、多层次的培训体系。

(一)强化统筹管理能力

从国家层面看，各级政府应通过制定相关政策，引导企业积极参与到职业培训中来，推动职业培训市场培育力度，并以准入制的有效标准去评估、监督、规范培训市场。加强地方

统筹，整合各类学历教育和培训教育资源，整合人社等行政部门和群团组织以及行业协会的资源，形成“大职教”发展格局。加强对企业提取职工培训经费情况和使用情况的监督，落实职工培训任务，以增进职工参与培训的积极性。同时，应加强对培训机构的监管，防止出现乱培训、滥发证现象。[2]从学校层面看，高职院校应设立培训管理部门，统筹管理校、院（系）培训工作，建立健全培训工作奖惩机制，努力打造高水平培训师队伍，积极探索开放、灵活、多样化的培训模式。从微观层面看，高职院校二级院（系）应高度重视培训工作，自觉履行职业教育学历教育和培训的法定职责，主动参与社会培训工作。

（二）深化产教融合“润滑剂”作用

产教融合、校企合作是职业教育办学的基本模式，职业培训则是推进产教融合、校企合作的“润滑剂”。高职院校应根据自身特点和人才培养需要，主动与具备条件的企业在人才培养、技术创新、社会服务、文化传承等方面开展合作。围绕服务国家战略，服务产业、社会和全民终身教育的需要，特别是围绕现代农业、先进制造业、现代服务业、战略性新兴产业等领域开展培训。通过构建立体化、多层次培训体系建设，引导行业企业与学校共同协作开展职业培训，促进职业院校在专业建设、课程建设、师资水平、教育教学质量等方面加大改革步伐，为社会经济发展提供高素质技术技能型人才。

（三）优化培训工作考核评价机制

各级政府应支持职业院校开展补贴性培训，推动职业院校培训量计算标准化、规范化，可按一定比例折算成全日制学生培养工作量，与绩效工资总量增长挂钩。各级人力资源社会保障、财政部门应充分考虑职业院校承担培训任务情况，合理核定绩效工资总量和水平。允许职业院校将一定比例的培训收入纳入学校公用经费。[3]高职院校应统筹完善考核评价机制，将培训服务课时量和培训成效等作为教师工作绩效考核的重要内容，在内部分配时向承担培训任务的一线教师倾斜，把教师个人和专业院（系）是否参与职业培训与专业技术职务评聘、晋升、专业绩效和部门考核评价挂钩。应建立培训工作奖励机制，对培训工作成绩突出的个人和集体给予表彰奖励，鼓励更多的教授、专家参与培训工作，更好地调动其参与培训的积极性。

（四）强化培训师资队伍建设

培训师资队伍是开展高质量培训的关键。国家层面应建立适应现代职业教育发展的教师编制动态管理办法，定编到岗不到人，赋予职业院校用人自主权。高职院校应进一步加大教师素质提升计划，以“培训师提升行动计划”和“双师型师资培训基地”创建等为抓手，有针对性地组织开展系列培训，培养一大批适应“双岗”需要的教师，使教师能驾驭学校、企业“两个讲台”。建立健全高职院校自主聘任兼职教师的办法，推动企业人员和高职院校教师双向流动，打造一支师德高尚、技艺精湛、专兼结合、充满活力的“双师型”教师队伍，[4]更好地为行业企业提供高质量的培训服务。

（五）加快国家资历框架制度和学分银行建设

国家资历框架制度是保障职业教育类型地位的关键性支撑制度。[5]国家层面应以学分银行建设为切入点，建立统一的国家资历框架，明确非学历教育成果认定标准和办法，探索制定学历与非学历教育的学分互认与转换标准机制，普通高校、高职院校、成人高校之间的学分转换；自学考试与高校之间的学分互认；中职与大专、高职与专升本衔接的学分转换；并搭建转换平台。积极引入学习账号，实现学习成果可追溯、可查询、可转换，为技术技能型人才的持续成长拓宽通道，从而扩大职业教育的吸引力和认可度。

（六）建立健全督导评估制度

督导评估制度是推进高质量培训的重要保障性制度。建立监督管理制度，教育行政部门和职业教育指导咨询委员会应加强对职业技能等级证书有关工作的指导，定期开展“双随机、一公开”的抽查和监督。[6]高职院校应确立全面质量管理理念，积极参与制订职业技能培训质量标准，完善由学校、行业、企业、培训学员参与的质量评价、反馈与改进机制，努力提高培训质量和效益。

三、高职院校开展高质量培训工作的实践与思考——以“浙金院”为例

自20世纪80年代起，浙江金融职业学院面向金融行业开展职业培训，1998年自建培训大楼，注册成立浙江金苑培训中心。多年来，学校深耕教育系统管理人员、骨干教师培训，厚植金融行业行长、中层管理人员培训，为教育系统和金融行业提供各层次干部、员工培训，连续三年跻身“社会服务贡献”50强。

在职业教育进入高质量发展的新阶段，学校应结合“双高”校建设新目标和新任务，按照育训结合、长短结合、内外结合的要求，进一步完善培训工作体制机制，努力做强行业职业培训，做大职业院校师资培训，做活职业教育国际化培训，做优“1＋X”职业技能培训，做特公益性培训，做宽培训工作格局，以更大的力度，以更实的举措，推进高质量社会培训，铸就财经类职业教育培训品牌，着力打造全国服务标杆院校。

(一)服务产业需求,做强行业职业培训

学校应把准市场脉搏、把握培训发展趋势,开发适应市场需求的培训新产品。继续依托浙江金融高级人才培训中心,联合中国邮政储蓄银行等企业共建校内培训基地,建立职业证书培训基地、考核点等,根据金融行业人才需求特点,结合打造浙江万亿金融产业建设确定行业服务重点,积极开展多层次培训服务,打造金融行业职业培训的“金字”招牌。充分利用行业协会、专业教学指导委员会、产业学院等平台,扩大行业培训面,积极开展相关领域的行业职业培训,如在贸易、电商、房产中介、物流、文化、信息技术等领域开展企业职业培训,提升在行业中的影响力。

(二)引领财经类高职发展,做大职业院校师资培训

学校应积极发挥国家“双高”校、省重点校的品牌优势以及全国、省级高职教育研究会等平台优势,充分利用学校业已主持开发的金融、国际贸易、互联网金融、文秘等国家级专业教学资源库和国家级、省级精品课程等教学资源优势,利用“教学管理50强”“学生管理50强”等品牌影响力,开发职业院校管理人员、专业带头人、课程负责人、辅导员等系列培训项目,努力建设一批高质量培训课程包,推动师资培训工作转型升级,提升学校师资培训的知名度。

(三)服务“一带一路”走出去战略,做活职业教育国际化培训

学校应主动聚焦浙江省“一带一路”建设重点区域和重点建设项目,灵活设计培训课题,对企业海外员工开展金融科技、跨境电商等领域的职业培训等,服务“走出去”企业外籍员工的职业能力提升。主动加强与“一带一路”沿线国家的交流与合作,面向留学生开展金融科技、数字贸易、语言文化等培训,扩大职业培训的国际影响力。

(四)服务终身教育体系建设,做优“1+X”职业技能培训

学校应主动作为,面向市场,面向社会,面向各类群体,充分挖掘和整合教学资源,加强校政行企紧密合作,进一步开拓市场,扩大学校培训服务覆盖面,高质量推进“1+X”职业技能培训力度,为终身教育服务,使职业资格证书成为迈入行业职业的“金入场券”,助力人力资源强国建设,不断提升社会服务能力。

(五)服务对口支援、教育帮扶,做特公益性培训

学校应主动服务国家重大战略,结合自身办学特色和培训特长,积极承担社会责任,开展退役军人、进城务工人员、城镇化进程中的新市民、城乡待业人员、残疾人、农村实用人才

等社会人群的培训，提升社会重点人群的创业、就业能力，不断提升特殊人群培训质量和水平。依托《职业教育东西协作行动计划》，积极开展东西协作，主动拓展西部地区结对帮扶地区和学校，实施对口贵州、新疆、青海长期帮扶，大力开展职业培训。依托国家级投资者教育基地、农村金融、市场营销、电子商务等省级优势专业等，面向社区、农村等提供多类型的投资理财、农村金融、农村电子商务等培训，助力乡村振兴，打赢脱贫攻坚战，提升社会培训工作的美誉度。

（六）完善培训工作体制机制，做宽培训工作格局

学校应进一步重视培训工作体系建设，要建立健全社会培训校院二级管理体制。在校级层面，成立社会培训工作委员会，出台《社会培训管理办法》，明确管理机构、工作机构与责任、经费管理与激励等制度机制，以规章制度形式构建体系、理顺关系，形成责、权、利相统一的社会培训运行机制。同时，积极鼓励和推动二级学院等大力开展社会培训，激发其开展社会培训工作的积极性与主动性。以全国高职高专师资培训联盟优秀培训单位、省思想政治工作队伍研修基地、优质省级职教师资培训基地等为平台，拓宽社会培训格局，健全立体化、多层次的社会培训体系，提升社会服务的影响力。

参考文献

[1] 陈子季. 推动新时代职业教育大改革大发展[J]. 国家教育行政学院学报，2019(5).

[2] 国务院关于印发《国家职业教育改革实施方案的通知》[R]. 国发〔2019〕4 号.

[3] 教育部办公厅等十四部门关于印发《职业院校全面开展职业培训　促进就业创业行动计划》的通知[R]. 教职成厅〔2019〕5 号.

[4] 教育部等四部门关于印发《深化新时代职业教育“双师型”教师队伍建设改革实施方案》[R]. 教师〔2019〕6 号.

[5] 陈子季. 以大改革促进大发展　推动职业教育全面振兴[J]. 中国职业技术教育，2020(1).

[6] 教育部等四部门印发《关于在院校实施“证书＋若干职业技能等级证书”制度试点方案》的通知[R]. 教职成〔2019〕6 号.

加强科研和社会服务

郭福春

科研创新与社会服务是高校的基本职能，也是衡量高校核心竞争力和品牌影响力的重要指标。德国哲学家、教育家卡尔·西奥多·雅斯贝尔斯将科研与社会服务界定为大学至高无上、不可替代的基本原则。国家职业教育方案将职业教育定位为类型教育，将其提升到与普通高等教育同等重要地位，也从侧面反映出职业教育科研创新与社会服务职能的重要价值。2019 年 4 月，教育部和财政部联合印发了《关于实施中国特色高水平高职学校和专业建设计划的意见》，该意见明确指出，高职院校需要科研创新与社会服务，高职院校的科研创新需要对接科技发展趋势，搭建人才培养与技术技能创新平台，促进科研创新成果落地和转化，服务好中小微企业技术创新、研发和产品升级，赋能核心产业发展。该意见事实上更加提升了科研创新与社会服务的定位，强化了高职院校科研创新与社会服务的职能。

作为制度化的一项常规活动，科研创新与社会服务早就在大部分高职院校中推广开来，无论是学校对教师的岗位晋级、职称晋升，还是作为教师的绩效考核项目，都会将科研创新与社会服务作为重要的评价指标。在《关于实施中国特色高水平高职学校和专业建设计划的意见》指引下，高职院校科研论文、课题、专利等科研成果数量呈现出不断攀升趋势，但从实践来看，高职院校科研创新总体水平长期处于偏低水平，在科研成果数量增长的同时，高职院校科研成果质量、成果转化率并没有实现同步提升，尤其是科研成果向市场的转化率(社会服务功能)仍然很低，经济产出效应仍未彰显。中国特色高水平高职学校和专业建设需要高职院校具备高水平的科研创新与社会服务能力，只有这样才能更好地培养出高素质应用型人才，造就一批高水平的教师队伍，服务于地方经济发展所需，这必然会对高职院校科研创新和社会服务提出更高的要求。在此背景下，如何寻求合理的手段和激励机制来提升高职院校科研创新与社会服务能力，激发高职院校科研创新活力，服务于地方经济发展所需，提升高职院校科研成果市场转化率，成为高职院校，尤其是作为中国特色高水平高职学校和专业建设学校科研工作的重中之重。合理的科研创新激励机制被誉为是推动高校科研创新和社会服务能力提升的重要手段和主要动力来源，在通常情况下，人的主观能动性只能发挥出 20%—30%的水平，但在受到充分激励之后，能够迅速将激励效应提升到 80%—

90%，甚至于更高的水平。

据此，本文基于国家职业教育实施方案和“双高”校建设、教师队伍建设等维度分析高职院校加强科研创新与社会服务的重要意义基础上，客观剖析我国高职院校科研创新与社会服务面临的主要问题，并引入锦标赛理论和马斯洛需求理论，基于委托—代理激励机制和自我价值实现机制双重视角，探索行之有效的激励方法去充分调动广大教师参与科研创新与社会服务的积极性和能动性，既能够让教师奋发完成科研任务实现既定目标，又能够提升教师科研创新和社会服务能力，提升教师参与科研创新与社会服务的获得感，并据此提出我国高职院校科研创新与社会服务能力提升的路径机制（实施建议）。本文的创新点在于，将企业管理理论中的锦标赛激励机制和心理学理论中的马斯洛需求理论根植于高职院校科研管理中，将企业绩效管理方法和人性管理理论充分结合起来，激发高职院校教师科研创新与社会服务能动性，为中国特色高水平高职学校和专业建设提供强有力的科研支撑。

一、加强科研创新与社会服务的重要意义

（一）加强科研创新与社会服务是全面落实《国家职业教育改革实施方案》的必然要求

培养基础理论扎实、实践能力较强的应用型或技术技能型人才，是新时代经济社会发展对高等教育结构调整所提出的内在要求。为此，国家于2019年出台了《国家职业教育改革实施方案》，该方案将职业教育定位为与普通高等教育同等重要的类型教育，赋予了高等职业院校加强科研创新与社会服务的重要历史使命。培养基础理论扎实、实践能力强的高素质应用型技术技能人才是服务地方经济发展和产业转型升级的重要手段，也是落实《国家职业教育改革实施方案》的最终归宿。该方案把职业教育摆在教育改革创新和经济社会发展中更加突出的位置，意味着高等职业教育需要依托区域发展中的主导产业、优势产业和基础产业，整合人才、技术等要素资源，推动区域产业升级，促进企业在产品研发、技术攻关、发展咨询等方面充分依托高职院校科研创新所带来的溢出效应，为高新技术产业的成长、创新性服务业发展提供必要的要素支撑和智力支持，为区域产业发展和经济高质量发展提供强有力保障。从本质上而言，产业需求是高职院校科研创新的“原动力”，行业企业需要是高职院校科研创新的“立足点”，人才培养是高职院校深入推进科研创新与社会服务的“基本点”和“出发点”。因此，基于科研创新与社会服务培养体系，制定和完善高素质技术技能型人才培养标准，开发基于生产社会实践和项目研究过程的创新课程，在推进“产教研”融合，确保高职院校科研创新能够服务于教学的同时，更好地服务于地方经济发展、服务于市场、服务于

行业产业。

首先，加强高职院校科研创新与社会服务工作是深化产教融合，推进校企合作的重要途径。高职院校能够发挥其在技术技能积累、科研成果向市场转化和创新上的优势。一方面，可以把技术攻关、专利成果转化为落地产业，借助于科研创新成果孵化出大量中小微科创类高新企业，提升产业发展质量；另一方面，高职院校教师可以参与到中小微企业的发展中，通过新产品开发和技术转移，为中小微企业发展提供技术攻关和技能培训服务，解决行业企业和产业发展的人员不足、创新能力不足问题。所以，从功能上看，高职院校以科研创新与社会服务为核心的技术技能创新服务平台建设能够对行业企业和产业发展起到积极的赋能作用。从宏观层面来看，高职院校技术技能型人才培养的最终归宿是服务于中小微企业成长，为中小微企业成长和发展提供必要的人才支撑和智力支持，推动中小微企业创新发展，助力产业转型升级，实现区域经济高质量发展。归根到底，任何企业的成长和产业的转型升级都依赖于“人才”的赋能，尤其是技术技能型人才的赋能。高职院校组建技术技能创新服务平台，推进科研创新与社会服务，刚好能够起到有效嫁接校企合作的功能，推动产教融合的深化。从微观层面来看，依托于市场和产业发展的科研创新与社会服务能够导入行业企业发展最新方向和最新动态，反哺课堂教学，推进课堂革命，服务于技术技能人才培养，最终实现人才培养与技术技能创新的深度互动。

其次，推进科研创新与社会服务工作是提升办学层次的内在要求。办学层次提升是全面贯彻落实《职业教育提质培优行动计划(2020—2023年)》中提出的职业教育类型教育的重要举措，是推动高等职业教育与高等教育并行发展、融会贯通的重要手段。发展本科层次职业教育，培育高层次应用型人才，是契合高等职业教育服务经济发展的国家政策主张。本科层次职业教育不仅需要教师能够讲授的知识和技术的水平越来越高，尽可能地为受教育者提供更加深入的理论知识和技术技能知识，更需要教师能够契合区域经济社会发展需求和科学技术发展实际，主动服务产业基础高级化和产业链现代化之需，并解决复杂问题、从事科技成果转化、提供中高端服务，服务经济高质量发展的社会服务功能。因此，需要不断提升科研层次和社会服务的深度、广度和精度，更好地推进科研创新与社会服务工作，推动办学层次的提升。

(二)加强科研创新与社会服务是全面推进“双高”校建设的必然要求

将人才培养、科学研究与社会服务的有机融合是推进“双高”校建设的有效途径之一。高职院校普遍存在社会服务较为薄弱、服务理念不到位、服务能力不强等现象。针对这种现象，高职院校“双高”建设实施方案中提出了如何破解这一困局的方法，实践中也非常注重发挥高职院校自身优势。从人才培养来看，高职院校科研创新与社会服务主要目的是对接科技产业发展趋势和区域行业企业发展，强调以职业需求为导向、以实践能力培养为重点、以产学研用结合为途径的人才培养体制；从社会服务角度来看，高职院校科研创新强调以科研创新服务企业技术研发、产品设计，或者为地方政府决策咨询提供智力支持，推动高职院校科研成果转化为实实在在的经济效益和社会效益。

首先，科研创新与社会服务工作成效如何是衡量“双高”校建设的一项核心工作。国家关于高等职业教育改革方案中提出的高水平学校和高水平专业群建设计划最主要的两大任务是：人才培养高地和技术创新服务平台。目前，高职院校在人才培养方面取得了一定的成绩，但是在科学创新和社会服务方面，与经济社会发展、产业结构转型升级对高素质技术技能人才的需求方面，还存在着非常大的差距。未来一段时间，学校与学校之间的竞争将会更加激烈，是否真正建成高水平学校，也将更多地体现在一个学校的科研创新和社会服务方面，并以此做出新的排序。因此，加强高职院校科研创新与社会服务工作，深化科研创新与社会服务功能，对提升高职院校核心竞争力、品牌知名度和社会影响力意义重大。

其次，打造技术技能创新服务平台，是“双高”建设的另一项主要改革发展任务，是“双高”建设两大支点之一。高职院校科研创新与社会服务能力相对较弱是普遍现象，如何准确把握我国经济社会发展对技术技能人才培养和科研社会服务的需求，以及适应我国产业转型升级之需，推动我国产业结构调整，需要自上而下强化高职院校科研创新与社会服务功能，提升高职院校科研创新水平和能力，全面发挥高职院校科研创新与社会服务职能，这也是全面推进“双高”校建设的必然要求。

（三）加强科研创新与社会服务是全面提升高职院校教师队伍建设的必然要求

要想培养出满足社会需求的具有可持续发展能力的学生，就必须打造一支教学科研素养高且实践能力强的师资队伍，这是高等职业院校教师队伍建设的应然状态。“教学、科研与社会服务相统一”是高等教育发展的理想状态，三者构成一个有机整体，起到相互反哺的作用。科研创新和社会服务对人才培养的反哺，不仅表现在科研创新中发现的新知识反哺，而且表现在参与科研创新与社会服务的独特感受和精神体验，更多地体现在教师参与科研创新和行业企业实践中获得新的技能，掌握最新的动态和发展方向对教学和教师自身素养提升的综合方面。科研创新与社会服务先行，既是高等职业教育发展的内在要求，也是教师参与科研创新，积累社会服务资本的重要手段。

首先，坚持教育优先发展战略，重视教师工作，通过“优先谋划，优先保障，优先满足”将教师工作摆在极其重要的位置，是《中共中央国务院关于全面深化新时代教师队伍建设改革的意见》的明确要求，提升教师科研创新与社会服务能力则是全面深化落实新时代教师队伍建设的重要手段。苏霍姆林斯基曾说过：“如果想让教师的劳动能够给教师带来乐趣，使天天上课不至于变成一种单调乏味的义务，那你就应该引导每一位教师从事研究这条幸福的道路上来。”教师只有通过科研创新和社会服务进行积极探索，才能吸收前沿的知识，了解行业企业发展动态，提出新的切实可行的方法，不断去改进和促进教学工作，使教师教学工作成为一种乐趣，并从中获得巨大的心理满足和成就感，提升教师教学获得感。

其次，加强科研创新和社会服务能力是时代发展对教师素质提升提出的新要求，也是教师自身专业能力不断发展继而提高教育教学质量的必要条件。开展科研创新需要教师具备发现问题的能力、组织科研的能力、信息处理的能力、开拓创新的能力、文字表达的能力和学习能力，对于教师提升综合素养具有重要的推动作用。

二、文献综述

科研创新与社会服务作为高校的基本职能，一直以来备受高校管理者的关注，关于如何提升高校科研创新和社会服务能力问题一直是教育界广泛关注的话题。自从高等职业教育被定位为高等教育的类型教育以来，关于高职院校科研创新与社会服务的研究更是引起了广泛的关注。杨彦如(2015)从高等职业教育在我国高等教育中的定位剖析了加强高职院校教师科研创新与社会服务能力的重要性，并从促进教师自身发展和区域经济发展，以及教师实现自我价值体现的高层次心理需求方面剖析了激发教师开展科研创新与社会服务的内生动力，进一步基于学校强制性科研考核机制设计、科研环境的营造和科研运行管理的宏观调控等外部监督机制层面提出了以融合理念为指导的科研创新和社会服务发展建议。姚艳秋(2016)从青年教师成长和发展视角，分析了影响和制约当前青年教师开展科研创新与社会服务的因素。该研究认为，从宏观层面上看，制约青年教师科研创新与社会服务的因素主要表现在当前一些高校普遍存在“重教学、轻科研”，高校科研激励机制不够合理等方面的问题，而从微观层面上看主要存在青年教师自身发展方向迷失和科研能力不足，导致青年教师开展科研创新与社会服务的主动性和能动性不足等问题，最后提出，需要从理念上引导青年教师厘清教学与科研创新、教学与社会服务之间的内在逻辑关系，立足青年教师自我成长和职业发展规划视角去实现教学和科研创新、教学与社会服务的有机融合，同时从学校层面提出如何重构教学与科研、社会服务的评价机制，实现教学基础上的科研创新与社会服务协同发展机制，达到“鱼”与“熊掌”两者兼得的最佳成效。郭金明和耿柏洋(2018)基于高校科研创新能力提升教师自我职业发展和促进高素质技术技能人才培养的双重视角，提出了高校需要深化以教学科研体制机制改革为突破口，营造高校教师潜心科研的良好环境，充分调动高校教师开展科研创新和社会服务的主动性和能动性来提升教师科研创新能力和社会服务能力的相关建议。刘英(2019)基于高校青年思政课程教师科研创新能力提升视角分析了加强青年思政课程教师科研创新能力的重要价值，提出了如何建好一支具有高素质的科研创新和社会服务能力思政教师队伍的渠道和方法。佛朝晖等(2019)基于协同管理理论视角提出了提升高职院校科研创新和社会服务能力不仅需要发挥政府导向的外部作用，建立协同创新和应用技术信息服务交流平台，促进校企、校校、政校之间的协同，更要发挥高职院校科研定位的内部作用，构建内部协同运行机制，促进教学与科研创新、社会服务的协同发展，提升教师科研创新与社会服务能力。赵淑琪(2019)基于山西省部分高职院校的实地调研，客观分析了制约高职院校教师科研创新与社会服务能力提升的因素。该研究认为，学校科研评价体系不完善、学校科研氛围不浓厚、教科研团队合作意愿不强等是制约当前高职院校教师科研能动性的主要因素，并据此提出了如何建立科学的科研评价体系，完善科研激励机制，发挥教研室科研阵地作用等促进高职院校教师开展科研创新与社会服务的相关建议。赵庆年和姚伟(2020)基于政策成效考核目标视角，从高校机制体制改革、加强特色学科发展、引领错位发展等方面研究并提出了促进高校科研创新与社会服务能力提升的对策建议。王扬南(2020)认为高职院校科研创新能力与社会服务能力提升对促进产教融合，推动技术技能人才培养，服务区域经济发展具有重要意义，并据此提出了如何提升高职院校科研创新与社会服务的相关政策建议。汤冬冬等(2020)分析了民办高校在科研创新与社会服务方面存在的不足，从健全民办高校科研发展政策、完善科研激励机制、组建科研创新团队和搭建科研合作平台四个层面提出了民办高校科研创新和社会服务能力提升的建议。马欣悦等(2021)基于我国72所国家示范性高职院校数据，采用DEA分析法，从实证分析的角度对样本学校科研绩效进行了客观评估。该研究发现，我国示范性高职院校科研绩效整体上是非DEA有效的，同时院校之间存在较大差异性，且与高职院校负责人(书记、校长)对科研创新与社会服务的重视程度密切相关。徐萍(2021)基于贵州省8所应用型高校的田野调研，分析了制约应用型高校教师科研创新与社会服务能力提升的因素，并结合应用型高校特征，从服务社会、学术研究和教育教学三个层面提出了完善教师核心素养和专业能力促进教师科研创新和服务地方经济发展的相关建议。

三、当前高职院校科研创新与社会服务不足原因分析

影响高职院校科研创新与社会服务能力的因素纷繁复杂，既有来自高职院校层面的宏观因素，也有来自教师层面的微观因素。要提出合理的高职院校科研创新与社会服务能力提升策略，首先需要明晰当前高职院校科研创新与社会服务能力不足的主要原因。

(一)宏观环境:高职院校学校层面的分析

1.高职院校浓厚的科研创新与社会服务氛围仍未形成

高职院校科研创新与社会服务意识、科研成果转化意识仍然不够强,科学研究和“以研促教”的积极性、主动性不足,浓厚的科研创新服务氛围仍然没有形成是当前高职院校普遍存在的现象。出现上述现象,既有客观因素,也有主观因素。从客观上来看,高职院校宏观层面上所表现出来的整体科研基础设施、科研设备、科研经费、科研团队、科研时间、科研环境等软硬件方面存在明显的劣势,譬如,高职院校普遍存在教学工作量过大现象,教师每周课时基本在10节以上,甚至更多,导致教师缺乏足够的时间开展科研创新与社会服务;从主观上来看,科研创新与社会服务意识不强现象在高职院校管理层和教师中普遍存在,尤其是科研创新意识,甚至还存在一些高职院校领导提出“科研是务虚的,教学才是务实的,搞科研只是教师的业余爱好而已,而并非学校教师应做之事”的谬论。从教师自身层面来看,很多老师认为,把书教好即可,没有充分意识到科研创新与社会服务对于个人学术素养和研究能力的提升、对于教育教学能力提升、对于个人实践能力和职业发展的重大意义。

进一步地,调研还发现,相当多的教师已经习惯了仅仅把教学当作本职工作而已,也只满足于把书教好,普遍缺乏对科研创新和社会服务的热情和兴趣,当然也缺乏进行科研创新和社会服务的能力,加之科研创新出成果和开展社会服务需要耗精力、费时间,造成很多教师在完成教学工作后,无暇顾及科研创新性和社会服务,教师参与科研创新与社会服务的主动性、能动性、积极性不够,做科研的冲劲、干劲还不足。近年来,虽然一直有新鲜血液(不乏大量的博士学历人才)被充实到高职院校教师队伍中,但原有模式下科研创新与社会服务能力较弱的教师基础(数量)庞大,短时间内仍然无法得到有效逆转。从整体师资状况来看,高学历人才所占的比例不大,高职称教师所占比例同样偏低,科研队伍中缺乏领军人物,即使存在刚刚从高水平院校毕业来的,具有浓厚科研兴趣、强烈科研意识、较强科研能力的高学历人才,但由于他们被分散在不同的学科和岗位,在申请课题、承担课题以及撰写论文过程中大多是单兵作战、孤军奋战、势单力薄,犹如一盘散沙,缺乏核心支柱,无法形成结构合理、实力强劲的科研创新团队(王海英,2013),这样非常不利于教师科研创新和社会服务能力的提高。

2.高职院校现有的考核激励机制设计普遍不利于教师进行科研创新与社会服务

偏重教学工作的考核而缺乏对科研创新和社会服务的考核是当前高职院校普遍存在的现象,与之相应的激励机制也更多地表现为教学激励,而忽视对科研创新与社会服务的激励,这已然成为制约高职院校教师参与科研创新和社会服务积极性的主要因素之一。进一步调研发现,一些高职院校科研管理部门缺乏专业的能力去考核和评价教师的科研创新成果与社会服务能力，继而无法设计出合理的科研创新与社会服务激励机制，自然就无法调动教师参与科研创新与社会服务的积极性。同时，高职院校科研“正负”双向驱动的激励和约束机制还不明显。一些院校的科研管理部门虽然有强烈的意愿设计科学合理的科研创新与社会服务考核激励机制，但在实际落地中又需要协调人事等其他部门，甚至还会触发一些核心利益主体，在落地上显然无法得到较好保障，使得高职院校对教师科研创新与社会服务的考核更多的是正向激励，而缺乏相应的鞭策机制，导致考核的指挥棒作用发挥还不够明显。

(二)微观环境：高职院校教师层面的分析

1. 参与科研创新与社会服务意识淡薄

现阶段，大多数高职院校教师参与科研创新与社会服务的意识依然非常淡薄，更多地表现为被动参与科研创新与社会服务。譬如，为了评职称和岗位晋级。他们认为，高职院校教师的职责就是把书教好即可，而没有充分意识到高职院校的科学创新与社会服务同样非常重要(朱红英，2013)，相应地也就缺乏参与科研创新与社会服务的积极性。这不仅表现在高职院校领导层面，在教师层面也表现明显。他们同样存在“科研是副业”“科研冲击教学”“科研只是职称晋升时的事”等诸多心理，导致教师开展科研创新与社会服务的内生动力不足，甚至还有相当一部分教师对科研创新与社会服务抱有急功近利的想法，仅仅在需要评职称、岗位晋升、申报教学成果奖、精品课程等时候才意识到需要科研成果与社会服务成效作为学术支撑，但不出几日就被抛至九霄云外，又回到原地踏步状态，导致高职院校教师的科研创新与社会服务成效呈现出明显的“脉冲”现象，即在需要评职称时会集中产生一些成果，在不需要评职称时迅速回落，数年后再重复，当评上副教授、教授之后，很多教师的科研成果产出明显处于低谷，甚至是“零产出”状态。这在一定程度上反映出职称晋升、岗位晋级激励对教师参与科研创新和社会服务具有一定的正向影响，但也说明了职称晋升、岗位晋级激励办法的局限性，还体现出高职院校教师对参与科研创新与社会服务的意识不强，重视程度不够。

2. 参与科研创新与社会服务能力较弱

高职院校教师科研创新与社会服务能力弱是当前职业院校师资队伍的常态。大多数教师缺乏基本的科研素养和方法，在科研选题、科研项目申报、科研写作语言组织、科研成果转化、科研社会服务等方面存在着很大的盲点(万玉山，2017)，甚至有一些教师完全不知道如何去选题、如何去申报课题、如何去对课题进行组织实施、如何将科研成果进行转化实现社会效益，面对科研创新无从下手。即使他们侥幸获得了科研项目立项，在对科研项目实施和研究时，仍然处于较为迷失的状态，导致有的立项科研项目难以如期完成。尽管近年来高职院校在师资队伍建设上有了长足的发展，也引进了一大批博士，他们普遍具有良好的科研功底，受过正规的、严格的、系统的科研训练，在其求学期间也已经积累了一些相关的科研经验，但由于求学期间所学专业的广度有限，同时又受到高职院校宏观环境的影响，不能够很快适应高职科研规律，导致教师在参与科研创新与社会服务上力不从心，走进高职院校后，亦没有很好的起色，反而形成一种无形的心理压力。

3. 教师参与科研创新与社会服务的基础薄弱

场域理论启示我们，任何人的行为都会受到周围场域的影响，高职院校学术环境的低层次性和封闭性固化了教师学术场域的低层次性和社会服务成果转化的低效性(白毅，2018)。科研基础薄弱(职称低、成果少)、学术资源匮乏、社会服务能力不强等常态化因素严重束缚了高职院校教师科研创新和社会服务能力的提升。为克服这一难题，很多高职院校教师也做出了很多的努力，譬如，在他们做科研的时候，会邀请一些具有较高名望或者较高资历的教授牵头主持科研课题，通过他们达到"挂名助威"的效用，如此一来，虽然在一定程度上提高了科研课题的申报成功率，但也容易出现教师付出的努力与收获不相匹配的现象，甚至产生严重的心理落差。实践中，也有一些高职院校"花大力气"引进一批具有扎实的理论功底和创新精神的青年教师充实到科研队伍中，但这些具备较高科研能力、较强科研激情的教师往往"水土不服"，尤其是在科研功利性的影响下，急于求成、心浮气躁成为这些青年教师被迫从事科研的常态，导致相当多青年教师科研能力退化、垃圾成果频出，最终演变为"纵向课题没能力、横向课题没关系、大课题拿不到、小课题没动力、成果转化无去处"的恶性循环，让科研创新与社会服务成为教师的一块"鸡肋"，弃之则浪费了大好的资源，用之则缺乏创新意义(张焱，2013)，从其存在的意义来看，这些所谓的"科研创新成果"也只能满足于统计数据的增加，而不会产生实际的经济效益和社会效益。

四、高职院校科研创新与社会服务提升机制分析

(一)基于锦标赛理论的高职院校科研创新与社会服务提升机制

锦标赛理论由 Lazear 和 Rosen 于 1981 年提出，是基于委托代理关系为基础的一种比较相对业绩的激励机制理论，被普遍应用于企业管理实践中。作为企业委托人的股东倾向于将业绩与薪酬挂钩，从而达到激励经理人相互竞争以提高企业效益的目的。不少学者用锦标赛激励理论解释高校管理的行为特征。阎光才(2012)认为，相对于美国和德国，我国高校教师不仅在入职聘用环节，而且在学术业绩考核、晋升、薪酬发放等过程中都带有一定的锦标赛激励机制特征。陈先哲(2017)认为，中国学术治理模式从本质上看，大多采用了多重"委托—代理"机制，符合锦标赛制的技术前提，因而具有典型的学术锦标赛特征。本文也将以锦标赛理论为基础对高职院校科研创新与社会服务能力提升进行分析，并提出相应的提

升路径和策略。锦标赛激励机制应用于高职院校“双高”校建设背景下如何提升科研创新与社会服务的理论机制，可以通过图1演示。

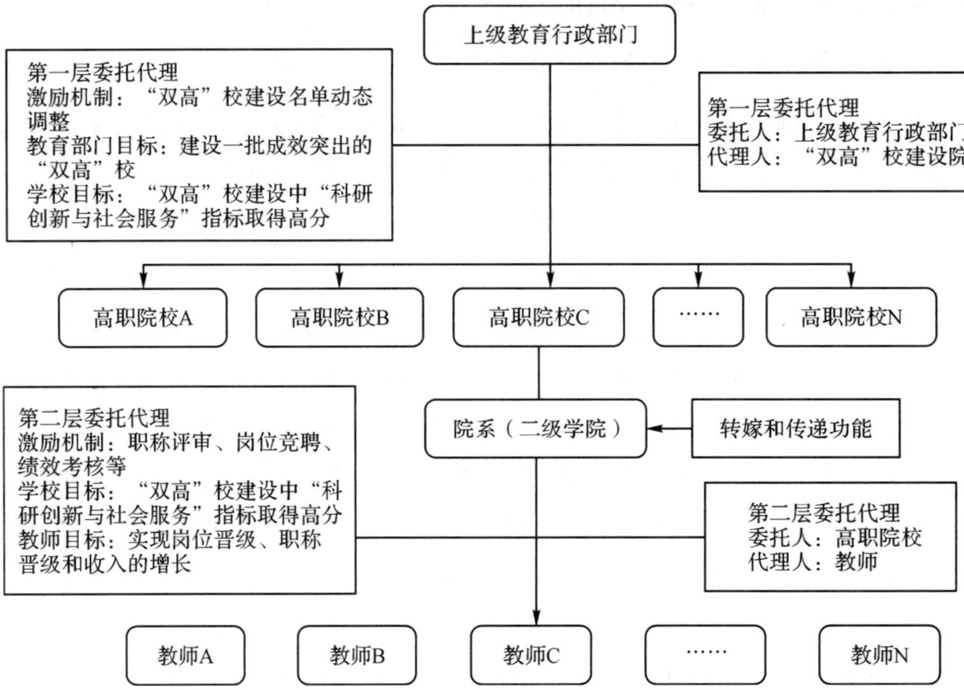

图1　基于锦标赛理论的高职院校科研创新与社会服务提升机制

采用锦标赛激励机制推动高职院校科研创新与社会服务的前提是教育部和省级教育行政部门(下文统一称之为上级教育行政主管部门)于2019年提出的“双高”校建设。首先，因为“双高”校建设经费来源于上级教育行政主管部门，这就形成了上级教育行政主管部门与高职院校之间的第一层委托代理关系，上级教育行政主管部门扮演委托人角色，高职院校扮演代理人角色。其次，上级教育行政主管部门和高职院校双方都认同“双高”校建设对科研创新与社会服务提出的要求，将科研创新与社会服务水平作为评价其“双高”校建设成效的重要依据(考核目标)，这是锦标赛激励机制得以进行的重要基础。上级教育行政主管部门的目标是要建成一批成效突出的“双高”校，不仅可以对“双高”校名录中每所高职院校的科研创新与社会服务能力进行整体评价，对相关指标进行考核，并进行横向的比较，以考核其“双高”校建设成效，推动“双高”校建设名录的动态调整。“双高”校名录的动态调整将直接影响到现有“双高”校建设的资金资助，这必然会倒逼“双高”校之间展开激烈的竞争，激发现有“双高”校为了免于被淘汰而努力去提升科研创新和社会服务指标上的高分。在这一指挥棒的激励下，锦标赛激励机制将得以顺利实施。最后，从高职院校内部治理来看，学校层面可以通过职称评审、岗位竞聘、绩效考核等方式控制和影响教师科研创新和社会服务在考核机制中的绩效，将上级教育行政主管部门对高职院校“双高”校建设中关于科研创新与社会服务的考核要求通过二级学院转嫁到教师身上，形成学校与教师之间的第二层委托代理关系，学校扮演委托人角色，教师扮演代理人角色。学校的目标是实现“双高”校建设中“科研创新与社会服务”指标的高分，教师的目标是实现岗位晋级、职称晋升和收入增长。两者目标趋同，最终发挥出锦标赛激励下的“双赢局面”，既能够起到提升高职院校科研创新与社会服务能力，又可以起到实现教师岗位晋级、职称晋升和收入增长等自我价值的实现功效。

（二）基于马斯洛需求理论的高职院校科研创新与社会服务提升机制

马斯洛需求层次理论是行为科学的理论之一，也被称作“基本需求层次理论”，由美国心理学家亚伯拉罕·马斯洛于 1943 年在《人类激励理论》论文中提出，该理论把人的需求分为生理、安全、社交、尊重、自我实现五个方面。其中前三项属于人的基本需求，这些需求通过外部条件就可以得到很好地满足，而后两项属于高级需求，一般只有通过内部因素才能得到满足。根据马斯洛需求层次理论，这五种需求是最基本的、与生俱来的，构成不同的等级或水平，并成为激励和指引个体行为的力量，高级需求比低级需求复杂，满足高级需求须具备良好的社会、经济等条件。从理论机制来看，马斯洛需求理论完全适用于微观层面高职院校教师科研创新与社会服务能力提升分析。科研创新与社会服务是高职院校教师除教学以外的最重要工作。结合马斯洛需求理论，从教师自我成长和价值实现的角度来看，教师参与科研创新与社会服务活动的需求层次理论机制可归结为图 2。

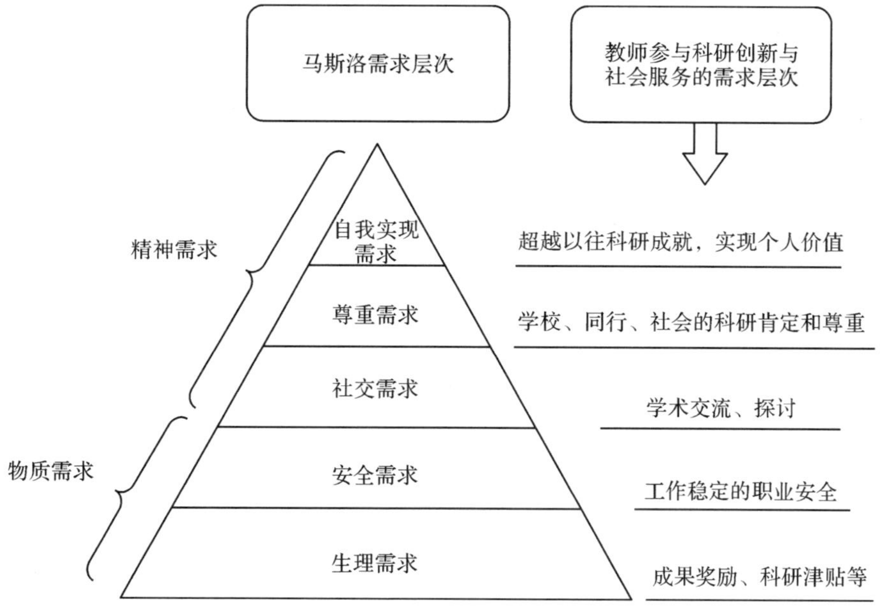

图 2　基于马斯洛需求理论的高职院校科研创新与社会服务提升机制

根据马斯洛需求理论，高职院校教师参与科研创新与社会服务的最基本需求是满足物质需求，包括生理需求和安全需求，这是绝大部分高职院校教师参与科研创新与社会服务的目标，构成金字塔的塔基部分。具体而言，教师的首要目标是追求科研成果奖励、科研津贴和社会服务收益等，满足基本生理需求，然后是追求工作稳定和职业安全的第二层次安全需求。当前高职院校教师在岗位晋级、职称晋升等方面面临激烈的竞争，同时一些高职院校采取类似本科院校的模式对教师参加科研创新与社会服务进行考核，如果达不到相应要求，不仅会面临岗位无法晋级和称职无法晋升的局面，甚至还可能面临失去工作的可能。因此，在生理和安全视角的物质需求作用下，高职院校教师会被动地去参与科研创新与社会服务，确保不会被淘汰。在满足物质需求情况下，为了更好地实现精神层面上的需求，部分高职院校教师往往会通过参与科研创新与社会服务来开展学术思想的交流和探讨，结识同领域专家学者，获取前沿知识，实现社交需求。进一步地，基于同行交流基础上，将自己的成果、观点和思想进行分享，得到学校、同行和社会的肯定，实现更高层次的尊重需求，超越自己以往的科研成就，创造出超越自我的社会效益，甚至在专业和行业内发挥出一定的影响力，达到自我价值的实现。

五、提升高职院校科研创新与社会服务的路径策略

美国麻省理工学院校长查尔斯·维斯特(Charles M. Vest)认为：在大学内部，推进教学与科研的合作，可以给学校带来“生机、活力和持续的创新，这些都是卓越院校的重要表现”。被遴选入首批“双高”建设的高职院校自然是高职院校中的卓越院校，显然更需要推动教学与科研的合作，实现教学、科研创新与社会服务的协同发展，不应只强调教学，而忽视科研创新与社会服务。基于锦标赛理论和马斯洛需求理论的分析，要实现高职院校科研创新与社会服务能力提升，既要从高职院校内部治理的宏观层面，又要从高职院校教师自我价值实现的微观层面双重视角切入，通过科研创新与社会服务理念的转变，科研考核评价激励机制的优化、科研服务优化、科研创新与社会服务高水平团队建设，以及教师自身科研素养培植，科研创新与社会服务的定位等方面推动高职院校科研创新与社会服务能力的提升。

(一)高职院校层面

一是转变理念强意识，做好自上而下的科研创新与社会服务意识培育。在“双高”建设大背景下，高职院校首先应该把科研创新与社会服务工作提到提升学校核心竞争力的高度来认识，逐渐形成“科研兴校”“服务强校”理念，采取多种途径和形式提升学校管理者对科研创新与社会服务的意识，做好示范引领作用，营造浓厚的科研创新与社会服务氛围，创造优渥的科研创新与社会服务环境。同时，要消除教师内心深处固有的科研意识淡薄现象，基于锦标赛理论和马斯洛需求理论，以岗位晋级和职称晋升为目标激励手段，以教师自我实现价

值的提升为导向，设计能够激发教师潜在科研意识的机制，提升教师科研意识，消除教师内心深处固有的“科研创新与社会服务是领导和高职称教师的事，科研创新是高不可攀的，等等”不利于科研创新与社会服务意识提升的心理暗示。

二是强化管理优制度，推动科研考核评价激励机制改革。基于“双高”建设对科研创新与社会服务的要求，对标对表，构建符合高职院校自身特色的科研创新与社会服务评价激励机制。首先，恰当、合理的科研管理制度是调动高职院校教师参与科研创新与社会服务积极性的至宝，高职院校在制定科研管理制度时要充分考虑到如何才能够引导教师学会做科研、主动做科研，主动去开展社会服务，让教师在实践中找到科研创新与社会服务的“兴奋点”，真正地将自身科研所取得的成果运用到社会服务中，提升教师参与科研创新与社会服务的获得感。其次，高职院校在科研考核机制上应该与高职特色相适应，通过良好的制度设计为教师提供优越的科研发展环境，使教师能够积极主动投身于科研工作。建立科学的、适合高职院校自身专业特色的科研创新与社会服务评价体系，是有效发挥锦标赛理论的重要手段。对于高职院校科研创新与社会服务考核，不仅仅以科研的级别和数量作为评价标准，更要站在客观、公正、公平、公开的角度，对科研成果的应用性、实践性、推广性和贡献度等进行科学评价和鉴定，严把科研创新成果的质量关，保证科研成果的质量。最后，激发教师科研工作积极性，需要营造良好的科研氛围。健全科学的科研与社会服务激励机制，持续修订与完善科研业绩考核与奖惩办法、横向课题管理办法等相关制度是基础，人性化的激励机制是关键。对于科研创新与社会服务的激励机制制定方面，要采取多元化的激励手段，对热衷科研创新与社会服务的教师除了给予一定的科研经费支持等物质奖励外，还要给予精神奖励，每年开展“科研先进个人”“科研创新优秀团队”“社会服务先进个人”“社会服务优秀团队”等项目的评选活动，对入选者给予表彰奖励，并在职称评审、对外学术交流学习、培训等方面优先考虑，为教师营造宽松、和谐的科研氛围，充分调动教师做科研的积极性和主动性，变“让我研”为“我要研”，以此带动和提升教师参与科研创新与社会服务的积极性，营造浓厚的科研氛围。

三是优化服务增动能，提升教师科研获得感。首先，加大力度优化学校行政部门对教师的科研服务水平，在软硬件方面做好教师科研创新与社会服务的硬性保障，比如开展科研所需的数据库系统、学术文献系统等，同时也需要为教师科研创新与社会服务做好外部资源的拓展，千方百计为教师开展科研创新和社会服务争取更多的社会资源，优化科研创新与社会服务的环境，提升教师的科研冲劲、干劲，助力教师快出成果、多出成果、出好成果。其次，针对高职院校教师科研创新与社会服务能力较弱的普遍现象，学校层面可以通过“引进来”和“走出去”双向畅通的机制，适时举办教师科研能力提升的讲座和专题研讨会，帮助教师提升科研创新和社会服务能力，鼓励教师“走出去”，开展科研学术交流，形成良性循环，帮助教师从满足物质需求向更高层次的精神需求跨越。科研管理部门需要做好科研项目和资金资助的服务工作，简化财政科研项目预算编制，优化科研经费报销流程，激发科研人员创新创造活力，提高学校科研创新与社会服务活力。

四是培育科研创新与社会服务高水平团队，提高高职院校科研创新服务能力。强化科研创新与社会服务工作者队伍建设，形成分层次的科研创新与社会服务研究团队是提升高职院校科研创新和社会服务能力的重要路径。首先，高职院校要积极组建若干个具有一定影响力的科研创新团队，通过“虹吸效应”将那些具有较强科研能力的教师吸纳进来。比如分类推进学术领军型、社会服务型、青年学术能力提升型等类似科研创新团队建设，提升高水平技术技能创新服务平台的贡献力。其次，高职院校还可以通过特殊渠道，比如“科研结对”或者“学术结对”的形式，在那些具有丰富科研经验的教师和其他教师之间开展“帮、扶、带”机制（韩萌和张国伟，2017），让这些教师参与到科研团队中开展合作式课题研究，并快速提升他们的科研素养和独立完成一项完整课题的能力，这种“老带新”的“师徒”结对模式可以在高效提升教师科研创新与社会服务能力的同时，为学校培养出具有较高水平且相对稳定的科研创新与社会服务骨干力量。

（二）高职院校教师层面

一是转变观念，强化教师自身科研意识的培植。高职院校教师首先要转变观念，科研创新与社会服务是高职院校教师的发展之道，与教师教学能力提升密切相关，教师要充分认识科研创新与社会服务工作对自我价值实现的重要性，而不仅仅只是岗位晋级和职称晋升的辅助，更是教师成长和自我价值实现的重要手段。

二是努力培植教师自身科研素养。高职院校教师要保持坚定的科研意识，将自己所经历过的严格科研训练和学术研究规范继续带入高职院校，并通过各种途径积极努力学习本学科最新的科研方法，掌握最新科研动态。同时，教师要主动“走出去”，参加各类科研学术交流，深入行业企业开展社会实践，在学术交流和社会服务实践中不断提升研究创新能力和社会服务能力。比如通过“访问学者”或“访问工程师”形式参与到高校、研究所或者企业生产实践中。

三是找准定位，明确方向。根据高职院校特征，明确教师科研目标定位，找准科研创新与社会服务方向。高职院校教师应该以应用型科研创新与社会服务为重点，然后兼顾基础性研究，这是由高职教育职业性的属性决定的，高等职业教育科研创新与社会服务应该服务于地方经济发展，立足“应用型”，兼顾创造性和基础性，通过深入企业行业生产一线，或者参加各种相应的学术会议，以拓宽自身的视野，启发自身的思维能力，强化自身的科研能力，提升自我科研素养。实践中应该分类推进，针对基础理论功底强的青年教师（尤其是博士），应该鼓励他们根据自身优势和特征开展创新性研究和基础性研究，其他教师应该聚焦于应用型研究，开展“落地研究”，使科研创新与社会服务工作植根于地方经济的发展需要，通过调查、走访等方式主动地去了解地方政府及行业企业发展所需，有针对性地开展科研创新与社会服务，努力将科研创新与社会服务工作着眼点定位于地方政府、行业企业生产一线的项目，从行业产业发展、地方经济发展全局所需层面制定和调整高职院校教师的科研创新与社会服务发展计划，有目的、有计划、有步骤地、循序渐进地介入企业急需解决的技术问题，并为地方政府部门的决策、企业行业的发展当好参谋，为地方经济和企业行业的发展提供必要的咨询服务。

参考文献

[1] 张志杰，李广平．应用型高校教师“教学、科研、服务”三位一体协同发展机制构建[J]．职业技术教育，2019(11)：64-67.

[2] 马欣悦，石伟平，王碗．72所国家示范性高职院校科研绩效研究——基于DEA模型的文献分析[J]．中国高校科技，2021(1)：48-52.

[3] 赵庆年，姚伟．高校科研创新与服务创新驱动发展能力评价研究——以广东高水平大学建设为例[J]．现代教育管理，2020(1)：8-14.

[4] 阎光才．学术等级系统与锦标赛制[J]．北京大学教育评论，2012(3)：8-23.

[5] 陈先哲．学术锦标赛制：中国学术增长的动力机制与激励逻辑[J]．高等教育研究，2017(9)：30-36.

[6] 赵淑琪．高职院校教师教科研能力现状调研及提升策略[J]．教育与职业，2019(21)：85-88.

[7] 郝天聪，石伟平．高职院校的科研锦标赛：表现形式、形成机制及改革建议[J]．高等教育研究，2020(11)：66-72.

[8] 姚艳秋．教学与科研："鱼"与"熊掌"的兼得要领[J]．现代教育管理，2016(05)：97-102.

[9] 杨彦如．融合创新：加强科研管理　提升高职教师实践能力[J]．中国职业技术教育，2015(15)：56-59.

[10] 刘英．提升新时代高校青年思政课教师科研能力[J]．中国高等教育，2019(02)：39-40.

[11] 郭金明，耿柏洋．高校教师科研能力探究[J]．中国高校科技，2018(Z1)：68-70.

[12] 佛朝晖，李金国，杨洪元．协同管理视角下高职院校教师科研能力提升[J]．教育与职业，2019(07)：72-77.

[13] 徐萍．应用型高校教师教育科研能力提升：理论与路径研究[J]．教育学术月刊，2021(03)：84-91.

[14] 汤冬冬，徐兴林，王红霞．新时代民办高校科研能力提升探析[J]．教育与职业，2020(08)：91-96．

[15] 闫威，杨金兰．锦标赛理论研究综述[J]．华东经济管理，2010(8)：135-137．

[16] 韩萌，张国伟．大学青年教师发展的现实困境与改革路径研究[J]．教育科学，2017(1)：43-49．

[17] 王海英．科研之于高职院校的价值、问题与对策[J]．大学教育科学，2013(4)：35-38．

[18] 董存仁．高职院校科研激励机制的现状、问题及对策——基于S职业学院做法分析[J]．中国职业技术教育，2017(12)：83-90．

推进国际交流与合作

郑亚莉　刘仿强　魏　吉

改革开放以来，中国已成为世界第一大货物贸易国和出口国，商品、服务、技术和资本与世界的互动更加频繁和深入，复合型高技术技能人才的全球流动已成为不可阻挡的趋势和潮流，成为企业“走出去”参与“一带一路”建设的关键要素，这对以培养高水平技术技能人才为目的的职业教育内涵建设和改革发展提出了新的要求。2019 年 4 月，教育部、财政部发布了《关于实施中国特色高水平高职学校和专业建设计划的意见》(以下简称“双高”计划)，集中力量建设一批引领改革、支撑发展、中国特色、世界水平的高职学校和专业群，“国际化”为核心建设内容之一，赋予高职教育现代化发展新的内涵和要求。近年来，中国高职教育的国际化遵循了从被动到主动、从单向到双向、从“引进来”到“走出去”、从规模发展到“质量提升”的逻辑过程，但是服务国家战略、提供国际职教公共产品的能力和经验不足，离培养具有国际视野、通晓国际规则、善于跨文化沟通的专业技术技能人才以及形成中国职业教育的国际品牌还存在一定差距。在“双高”建设背景下，梳理和解读职业教育国际化政策，对分析中国高职院校国际化发展的问题、探讨国际化水平提升路径、推进中国职业教育国际品牌建设和国际影响力提升具有重要意义。

一、职业教育国际化的政策演进

国际化是新时代高职院校对接实体经济高质量发展、提升办学水平、聚焦内涵建设的必然要求，也是中国高职教育打造世界品牌、提升国际影响力的战略举措。党的十八大以来，中国职业教育国际化发展进入了以转型升级和提质增效为主要特征的新阶段，政府相继出台相关政策逐步明确职业教育国际化发展目标定位、具体内容和推进路径。2013 年，教育部发布《关于 2013 年深化教育领域综合改革的意见》，将教育对外开放作为教育体制改革的重要内容之一，为职业教育国际化工作的高质量、内涵式发展奠定基础。2014 年，国务院出台《关于加快发展现代职业教育的决定》，提出“到 2020 年，形成具有中国特色、世界水平的现代职业教育体系”“建成一批世界一流的职业院校和骨干专业，形成具有国际竞争力的人才培养高地"，明确了现代职业教育国际化的建设目标。在此基础上，教育部等六部门同年印发了《现代职业教育体系建设规划(2014—2020)》，提出鼓励职业院校"走出去"办学，服务国家对外开放战略，加快培养适应中国企业和产品"走出去"要求的技术技能人才，将国际化融入职业教育的办学模式，推动国际化的双向互动发展。2015 年，教育部发布《关于深入推进职业教育集团化办学的意见》，强调国际化的功能属性，要服务"一带一路"倡议，提升中国职业教育国际影响力和竞争力；同年，教育部编制了《高等职业教育创新发展行动计划(2015—2018 年)》，提出要实质性扩大国际交流合作，并从"引进境外优质资源""支持优质产能走出去""扩大职业教育国际影响"等方面明确了职业教育国际化的主要任务。从 2016 年起，教育部在高等职业教育质量年报中首次将国际影响单列为衡量高职院校办学质量的维度之一，在实践层面进一步提升了高职院校进行教育国际化改革的内源动力。2017 年，国务院办公厅发布《关于深化产教融合的若干意见》，将加强国际交流与合作作为深化产教融合的政策支持体系，再次强调鼓励职业教育参与"一带一路"建设和国际产能合作，推动联合培养国际化应用人才。2019 年 1 月，国务院印发了《国家职业教育改革实施方案》，将"建成覆盖大部分行业领域、具有国际先进水平的中国职业教育标准体系"作为职业教育改革创新的重要目标之一；同年 4 月，教育部、财政部印发《关于实施中国特色高水平高职学校和专业建设计划的意见》，提出集中力量建设一批引领改革、支撑发展、中国特色、世界水平的高职学校和专业群，"国际化"为十大核心改革发展任务之一，也为高职教育国际化发展指明了方向。

二、高职院校国际化发展的问题

改革开放以来职业教育在国际化方面开展了积极的探索，建立了多形式、多层次和宽领域的教育交流合作。政府层面与德国、英国、东盟、非盟等国家和地区建立了职教政策对话机制，各省市的高职院校也相继开展了师生交流、合作办学、专业培训、合作研究等项目。"一带一路"倡议提出以后，高职院校作为教育国际化最为活跃的主体之一，在留学生教育、"走出去"办学方面积极响应，沿边境省份的高职院校充分发挥区域优势，探索实践"国门高职"新模式。《2019 中国高等职业教育质量年度报告》数据显示，2018 年，高职院校全日制来华留学生规模达 1.7 万人，同比增长近 50%，主要来自南亚、东南亚和非洲等"一带一路"沿线国家，595 个专业教学标准落地国(境)外，"一带一路"沿线国家日益成为高职院校招收留学生和开展境外办学的主要集聚地。与此同时，"鲁班工坊"、海外分校、海外技术技能培训基地等一系列职业教育服务企业"走出去"的新模式也日渐成熟。但与高职教育总体教育规模相比，高职教育国际合作规模小，发展水平较低，主要存在以下问题。

(一)国际化办学理念滞后,制度性建设不足

在各级政府的顶层设计和统筹布局下,以国家示范校、国家优质校等为代表的高职院校逐步意识到国际化办学的重要性,积极加强和拓展国际合作,但全国范围内高职院校的国际化办学理念还未完全树立,政府层面和学校层面的体制机制配套不足。一方面,高职院校在观念上更多注重学生技术技能的培养,忽视跨文化沟通、理解、管理等国际化综合素养的提升,部分高职院校限于自身办学实力、办学规模和财政资金的压力,国际化办学的内源动力不足,选择被动式的国际化。另一方面,近年来,很多高职院校虽然建立了国际化的工作机构,但是缺乏校际层面的制度性建设和保障,尚未制定完善的国际化发展战略、规划和工作机制,较难将国际化办学理念落实到实际工作中,也难以实现共同的行为准则。

(二)国际合作交流规模小,特色化、高水平的项目少

高职院校国际合作交流的形式主要有学生交流、教师培训、合作科研、留学生教育、涉外办学等,但是总体规模较小,"以我为主"的特色化、高水平的项目较少。学生交流方面,主要以"走出去"为主,国外院校学生来中国交流学习的比例较低,缺乏双向互动,且受学生家庭经济条件等因素制约,形式上大多以文化交流、项目培训、体验式夏令营等短期交流为主,学生赴海外实习锻炼、长期交换学习的机会少,缺乏个性化、特色化和主题性的项目。教师培训方面,缺乏统筹规划,培训主题与优势专业打造、国际化课程建设、国际化人才培养的契合度较低,学习时间短,深度不够。海外引智方面,合作模式和引智政策缺乏创新,聘请的外籍教师主要以一年期语言教学为主,专业教学和科学研究等领域的外籍教师的占比较低;海外高层次人才和归国博士的引进力度不够。留学生教育方面,规模较小且以短期语言培训为主、学历留学生规模较小、生源结构不合理等问题客观存在。涉外办学方面,目前与国外高校建立中外合作办学项目和机构的高职院校总体较少,且合作过程中缺乏内在管理体制的建设,在课程建设、教学模式、教学标准、考核评价等方面缺乏实质的对接和统筹;赴国(境)外开展培训和办学项目的比例较小。学术氛围不浓厚,缺乏相应的激励机制,学校国际化科研能力和积极性不足,举办和参与国际学术会议较少。

(三)现有平台功能分散单一,综合协同创新平台缺乏

当前,高职院校已经搭建了如中外合作办学项目(机构)、"鲁班工坊"、丝路学院、海外技术技能培训基地等相关"引进来"和"走出去"的国际合作平台,在推进高职教育国际化方面起到了一定成效,但是总体建设水平不高,合作机制不健全,平台功能分散独立,缺乏高层次的运行团队。如中外合作办学项目(机构),目前很多高职院校还是以零散的课程、师资、标

准等国际资源引进为主，缺乏与本校专业建设、人才培养、教学管理的融合创新；又如海外技术技能培训基地或分校，目前主要以开展技术技能培训为主，缺乏对目标国职业教育政策、职业准入制度、劳动力市场以及相关法律法规的体系化国别研究，还未建立与当地政府、行业、企业和高校的沟通机制，未能形成世界认可的行业标准和中国职教领域的境外办学品牌。高职院校缺乏统一的国际化创新协同平台，学校内部各自为政，国际化专业建设、人才培养、科研合作、产教融合等工作缺乏战略协同，没有形成以平台为依托，融合、交叉、集成的国际化协同创新力量。

（四）国际化产教融合层次低，逻辑诉求尚待协同

近年来，高职院校通过建立“鲁班工坊”、产业学院、丝路学院等积极探索国际化产教融合的模式，但在实践过程中政府、学校、企业三方的逻辑诉求未能协同，存在“政府主导、学校虚位、企业缺位”的现象。政府在政策上积极鼓励职业教育参与“一带一路”建设，助力企业“走出去”，但是还未建立完善的包括经费管理、出入境审批等配套指导意见，特别是在涉外办学机构、海外培训基地设立等国际校企合作领域缺乏针对性的经费投入引导和保障机制。企业在校企合作过程中缺乏内在办学动力，主动性和积极性偏弱，未能将企业的发展理念、技术、资源与学校的专业建设、课程设置、人才培养、师资培训有效协同。学校在国际化产教融合方面的定位不清晰，资源整合能力不足，专业设置、课程内容、教学过程与企业“走出去”的人才需求相对脱节，专业知识、专业技能等“硬知识”与跨文化交际、国别认知等“软知识”缺乏有效结合；教师的国别研究能力、专业技术技能积累不足，综合素质有待提升。上述现象导致学校培养的学生在跨文化交际、国别认知、技术技能等方面综合素质不高，市场竞争力不强，无法直接为“走出去”企业所用，缺乏人才培养的针对性。

三、“双高”建设背景下高职院校国际化水平提升的路径

高职院校要积极落实《国家职业教育改革实施方案》，以“双高”计划为抓手，提升教育国际化水平，重点做好以下几个方面的工作。

（一）强化国际化办学理念，完善体制机制建设

国际化办学是一个综合的体系，是办学理念、办学思路、规章制度等各个环节的树立和调整，需要内化为学校共同的价值追求、外化为自觉的办学行为。高职院校必须将教育国际化作为新时期提升学校综合办学水平的重要抓手和重要任务，树立国际化办学理念，建立由校领导统筹，国际处、人事、财务、教务、学生等各部门负责人和二级学院院长协同配合的国

际化工作协调机制，制定学校国际化发展长短期规划和具体实施路径，强化顶层设计，营造学校层面的国际化发展共识。建立、健全、创新学校国际化办学全链条的管理制度，包括人事管理、经费管理、专业建设，以及外籍教师管理、留学生管理、中外合作办学项目、师生出国（境）项目、海外办学项目等针对性的专项管理办法和保障机制，为国际化各项工作的推进保驾护航，形成学校层面制度保障、各部门协调配合、二级学院积极推进，上下联动、师生齐心的国际化办学生态。

（二）优化育才、引才、聚才政策，加强国际化师资队伍建设

高质量的国际化师资队伍是推进高水平高职院校国际化建设的根本保障，高职院校须结合国际化办学实际，科学制定国际化人才的需求和评估体系，进一步优化育才、引才、聚才政策，坚持培养、引进、使用并重的原则，加强国际化师资队伍建设。在育才方面，建立个性化、特色化和项目化的教师国际化综合能力提升培养和培训制度，针对国际化领军人才、骨干人才、青年人才等不同人群建立分层次的提升、培养和支持计划，拓展教师成长成才空间。围绕重点、特色、优势等专业建设需求，重点研究机构、协同创新中心等科研平台建设需求，涉外办学项目、外籍教师、留学生等项目管理需求，制定基于国际化教学能力、科研能力、管理能力的专题培训、访学、田野调查、援外培训、海外留学等长短期国际综合素养能力提升项目，通过自主申报、择优资助的原则，鼓励教师特别是青年教师积极参加海外培养培训计划，提升在职教师的国际化综合素养。在引才方面，建立多层次、高效且长效的引才政策，促进人才交流共享。一方面，通过公开招聘、柔性引进等途径加强海外高层次人才，特别是能带领高水平专业建设、引领学术前沿、创新教育教学的国际化专业人才的引进力度；另一方面，通过交流互访、合作研究、挂职锻炼等项目加强与政府、企业、合作院校、研究机构等方面的互动交流，建立校政、校企、校校、校研的国际化人才交流共享机制。在聚才方面，以涉外办学项目、校企合作项目、国际科研项目、协同创新中心等平台的建设优化聚才渠道，吸引海外优秀留学人才、国（境）外高水平专家学者、行业领军人才，打造一批具有国际视野、通晓国际规则、执教能力突出的“双师型”国际化师资团队，助力高水平高职学校建设。

（三）积极推进本土标准国际化，主动参与国际职教标准制定

“推出一批具有国际影响的高质量专业标准、课程标准和教学资源”是“双高”计划的重要建设任务之一，也是树立中国职业教育国际影响力和话语权的主要抓手。高职院校应主动对标“世界一流”的国际职教标准，积极构建中国职业教育的标准体系，参与国际职教分工，推进中国职教本土标准的国际化。坚持“引进来”和“走出去”并进的原则，聚焦世界科技前沿和国内薄弱的专业领域，加强与跨国企业和职业教育发达国家的交流合作，通过开展多

种形式的国(境)外合作办学，共建专业、实训基地和实验室等项目，继续引进优质国际职教标准和证书体系，加强对国际职教标准的深入研究，推动校本标准和国际职教标准有效对接，再造专业建设流程和人才培养模式，推进高水平专业、重点建设专业、特色优势专业校本标准体系建设。以留学生教育、境外办学项目、援外培训和国际职业培训为突破口，积极推动校本标准"走出去"，以点带面，示范辐射，输出移动互联网、大数据、人工智能、跨境电商等优势领域的专业标准、课程标准、职业技能评价标准、教学资源和优质师资，为世界职业教育提供"中国标准"和"中国方案"。基于高水平专业和专业群建设，加强与信誉良好的国际组织、行业协会、跨国龙头企业合作，积极参与国际职教分工，制定和开发国际通用的行业、专业和职业标准，扩大中国职业教育的话语权和影响力。

(四)深化留学生教育教学改革，打造中国职教的国际留学品牌

留学生教育是高职院校培养国际技术技能人才直接、有效的途径之一。高职院校应依托学校的专业优势，主动对接国家和区域的发展规划和开放战略，在逐步扩大留学生招生规模的基础上，优化生源结构，探索以学历教育为基础的教育教学模式，打造中国特色高水平的国际职教留学品牌，为"一带一路"沿线国家培养经济社会发展急需的技术技能人才。探索构建"专业＋语言""理论＋实践"的留学生人才培养模式。一方面，基于生源国紧缺岗位的技术技能人才需求，建立针对性的专业人才培养方案，开发包含专业核心课程、语言培训、文化体验等课程的双语教学资源库，通过分层分类培养、线上线下教学相结合的模式，强化留学生的专业能力、中文交流能力和中国优秀传统文化的理解力；另一方面，依托校企共建的实验实训基地，强化留学生实践教学，通过顶岗实习、暑期实践、创新创业比赛等途径，帮助留学生在实践过程中提升专业技术技能水平和综合职业素养，加强留学生的知华友华教育，让留学生成为国际社会上中国职教留学品牌的代言人，提升中国职教的国际影响力。

(五)创新校政行企合作模式，服务"一带一路"建设

高职院校需创新校政行企合作模式，以高水平国际化应用人才培养为"一带一路"沿线国家实现政策沟通、设施联通、贸易畅通和资金融通的人才支撑，以教育交流为沿线各国铺设民心相通的桥梁。高职院校应积极开展国别和区域研究，重点面向"一带一路"建设和国际产能合作的基础设施、工程建设、投资贸易、人文交流等重点领域，与"走出去"企业深度合作，以问题为导向，依托优势专业，探索构建政府引导下的高校—企业—高校的合作办学新模式，提升企业在合作办学过程中的参与度，共同制定人才培养方案、课程体系和教育教学规范，打造"专业＋语言＋国别研究"的国际化应用人才培养模式，通过订单式、联合培养等多种模式，为企业输送既能开展跨文化沟通，熟悉当地文化、法律，又具备专业技术技能的复

合型国际化技术技能人才，将校企协同育人工作上升到国际化人才培养的新层面。深度服务“一带一路”建设，探索援助发展中国家职业教育的新模式，通过建设“鲁班工坊”、丝路学院、海外职业培训中心等机构，与“走出去”企业合作开展面向当地员工的语言、文化、技术、管理等综合职业培训，推动技术技能人才的本土化。此外，加强与“一带一路”沿线国家高校、科研机构、智库的对话与交流，创新合作项目，开展长短期相结合的文化体验、实习实践、教育培训、国际赛事、学术会议等师生互访、合作研究和文化交流项目，增进国际理解，促进民心相通。

(六)重视职教科研国际化，打造科教创新服务平台

高职院校在国际化办学过程中需要更加重视国际化科研的引领作用，探索构建校、政、行、企、研协同发挥作用的实体化国际科教创新服务平台，汇集高水平专业群、中外合作办学项目(机构)、海外办学机构、特色研究中心等优质国际化办学资源参与平台的实体化运作。建立健全平台运营管理机制，鼓励专业带头人、项目负责人、科研骨干带头建立国际化专项研究团队，针对国际化专业建设、人才培养、产教融合、标准建设等领域开展职业教育国际化研究，以地方紧密合作和“一带一路”沿线国家为重点开展围绕经济、政治、文化、社会发展等领域的国别和区域研究，以政府推进国际合作和企业“走出去”的发展问题为出发点开展应用对策性研究，形成支撑高职院校国际化办学的综合研究体系。积极推动国际科研合作、共同举办国际学术会议，加强与国(境)外高校、智库、行业、企业的对话与交流，推动国际化人才培养、智库咨询、教育培训、文化交流、团队建设的战略协同，实现国际科教融合发展、同频共振的良性循环生态圈。

参考文献

[1] 教育部，财政部. 关于实施中国特色高水平高职学校和专业建设计划的意见(教职成〔2019〕5 号)[Z]. 2019-03-29.

[2] 张慧波. 以“走出去”谋划中国职业教育国际化发展的新篇章[J]. 中国高教研究，2018(08):34-35.

[3] 熊建辉，高瑜，王振，等. 新时代职业教育国际化发展战略与创新路径思考(下)[J]. 中国职业技术教育，2019(36):5-16.

[4] 教育部关于 2013 年深化教育领域综合改革的意见(教改〔2013〕1 号)[Z]. 2013-01-26.

[5] 国务院关于加快发展现代职业教育的决定(国发〔2014〕19 号)[Z]. 2014-05-02.

[6] 教育部等 6 部门关于印发《现代职业教育体系建设规划(2014—2020 年)》的通知(教发〔2014〕6 号)[Z]. 2014-06-16.

[7] 教育部关于深入推进职业教育集团化办学的意见(教职成〔2015〕4 号)[Z]. 2015-

06-30.

[8] 教育部关于印发《高等职业教育创新发展行动计划(2015—2018年)》的通知(教职成〔2015〕9号)[Z].2015-10-19.

[9] 国务院办公厅关于深化产教融合的若干意见(国办发〔2017〕95号)[Z].2017-12-05.

[10] 国务院关于印发国家职业教育改革实施方案的通知(国发〔2019〕4号)[Z].2019-01-24.

[11] 教育部　财政部关于实施中国特色高水平高职学校和专业建设计划的意见(教职成〔2019〕5号)[Z].2019-03-29.

[12] 柯婧秋,王亚南.高等职业教育国际化:现状、问题及对策——基于全国231所高职院校的调查[J].职业技术教育,2017,38(36):44-47.

[13] 王慧峰.产教融合不能这样"了之"[N].人民政协报,2019-08-27(1).

[14] 张慧波."双高"建设背景下高职学校国际化发展策略[J].教育与职业,2019(21):47-51.

[15] 姜大源,董刚,胡正明,等.中国特色高水平高职院校建设(笔谈)[J].中国高教研究,2018(06):98-102.

完善学校治理结构和体系

吴建斌

党的十九届四中全会从党和国家事业发展的全局出发，明确推进国家治理体系和治理能力现代化的总体目标。学校治理体系和治理能力现代化是国家治理体系和治理能力现代化的重要组成部分，是新时代高等职业教育推进内涵发展、提升综合竞争力的内在需求。高职教育要审时度势、顺势而为、乘势而上，需要与时俱进不断完善学校治理体系、提升治理能力，加快推进“双高”校建设，打造新时代高职教育“标杆校”。

一、理解治理体系和治理能力现代化基本要义

治理体系和治理能力是构成现代大学治理的两个主要要素，二者内涵不同但相辅相成。治理体系包括高等职业院校改革中建立起来的参与办学、管学与治学的所有组织及其结构关系，而治理能力是对高等职业院校治理主体的要求。治理体系是一种组织架构及其关系，而治理能力是在治理体系的基础上，参与治理的主体所具备的能力或水平，对二者内涵的阐释有助于厘清治理结构与主体间的关系，进而更好地推动大学治理。“治理”是相对于“管理”而言的，如果说“管理”是在一定组织目标的指引下，基于权力科层体系对相关人、财、物等资源或要素进行协调优化的过程，则“治理”更加强调利益主体的多边合作，强调民主平等地协商对话，强调自下而上的权益保障。“现代化”是相对于“传统”而言的，在高等职业教育普及化的背景下，只有治理体系和治理能力不断变革、不断适应才能满足高等职业教育现代化的需要。

党的十九大以来，党中央、国务院着眼于推进国家治理体系和治理能力现代化，相继出台了简政放权、放管结合、优化服务等一系列加快转变政府职能的重大改革措施。党的十九届四中全会就推进国家治理体系和治理能力现代化提出了新的更高要求。随着社会各层面对完善国家治理体系的不断深入，构建顺应新时代所需的国家职业教育治理体系也成为提升职业教育质量和社会服务能力的核心所在。如何重点把握政府与市场在完善现代职业教育体系中的关系和角色，优化政府职责体系，厘清政府和市场、政府和社会的关系，将成为完

善我国职业教育治理体系的一个重点。

“推进大学治理体系和治理能力现代化”其首先在于“推进大学内部治理体系和治理能力现代化”。内部治理体系主要包括由党委领导形成的政治权力、校长负责形成的行政权力、教授治学形成的学术权力和师生参与形成的民主权利等四个要素构成的治理体系。治理能力则是指通过健全和完善各种体制机制，正确协调处理好四种关系，提高规范管理学校各项事务和依法治校的综合能力，包括培养高素质创新人才的能力、吸引和集聚高水平师资的能力、科学研究与自主创新的能力、促进学科交叉生长的能力等。高职院校内部管理体制也始终处在变革与改善之中，在获得办学自主权的同时，注重治理体系和治理能力的培育与提升。高职院校坚持和完善党委领导下的校长负责制，调整院系结构，实现了管理重心下移，建立学术委员会，实行教授治学，健全了教职工代表大会制度，建立有效的民主监督机制。

二、把握治理体系和治理能力现代化核心要求

党的十九届四中全会强调，坚持党的集中统一领导，坚持党的科学理论，保持政治稳定，确保国家始终沿着社会主义方向前进的显著优势。必须紧紧围绕“立德树人”这一根本任务，尊重教育规律和人才成长规律，坚决破除一切不合时宜的思想观念和体制机制弊端，突破利益固化的藩篱，深入推进大学内部治理结构、管理体制和运行机制改革与完善，加快建立具有中国特色的现代大学制度，不断推进治理体系和治理能力现代化。

始终坚持党对学校工作的全面领导。习近平总书记指出：“办好我国高等教育，必须坚持党的领导，牢牢掌握党对大学工作的领导权，使大学成为坚持党的领导的坚强阵地。”高校治理直接关系到培养什么人、怎样培养人、为谁培养人的根本问题，关系到传承与创新什么样的文明等重大问题。推进治理体系和治理能力现代化，根本问题是把学校党的领导落实到“把方向、管大局、作决策、抓班子、带队伍、保落实”上来，着力提高高校党委领导班子理论素养和政策水平，增强总揽全局协调各方的能力、应对复杂局面的能力、依法治校理政的能力，全面贯彻执行党的路线方针政策，贯彻执行党的教育方针，坚持社会主义办学方向，坚持立德树人，培养德智体美劳全面发展的社会主义建设者和接班人。

高校治理离不开法制保障，更不能偏离法治轨道。大学章程是学校依法自主办学、实施内部治理的基本准则。推进高校治理体系和治理能力现代化，要以大学章程为核心，建立健全系统完备、科学规范、运行有效的制度体系。制定能够准确体现党的主张和师生意愿，立得住、行得通的规章制度。制度建设方面必须做到以下几个方面。第一，制度建设规范化。有了规范的制度才能保证教师对工作的行为结果有清晰的预测性，只有规范化制度，才能成为教师工作的导向，才能成为教师工作有章可循的依据，教师才能够依据制度很好地思考自

己的行为，勾画自己的工作轨迹，设想自己的工作效果，才会依据制度对自己有一个正确评价。第二，制度产生民主化。民主科学的程序，能让本校教师心情愉快地参与确立办学思想、制定办学制度的过程，能形成尊重制度、接受制度的良好风气，不仅使教职工意见得到重视、教职工利益得到维护、教职工人格得到尊重，更充分激发了教职工工作积极性和主人翁精神以及校荣我荣的认同感和归属感。第三，制度实施人本化。制度一旦建立，就必须坚决加以贯彻，不容破坏制度、践踏制度的现象发生，这是制度实施刚性的一面。但是在实施制度过程中，会出现一些新问题，这些问题不是教师主观原因造成的，而是客观原因所致，是教师自身力量不能克服的，为了顺利地贯彻实施制度，制度的实施就要刚柔并济，体现管理的灵活性，也体现管理的人本化，其目的是要关注整个教师群体的心理，体现出学校的关怀。“刚柔并济，人本关怀”应成为学校时时、处处呈现的管理方式。

健全完善权责一致的监督机制。党的十九届四中全会指出，党和国家监督体系是党在长期执政条件下实现自我净化、自我完善、自我革新、自我提高的重要制度保障。要传承大学灵魂精神、弘扬大学文化价值、坚持办学优势特色、凝聚办学理念共识。要全面梳理学校在教学、科研、干部人事、学生事务、后勤保障服务等方面的制度规定，全方位开展“废、改、立、留”工作，加强规章制度库建设，整合形成系统性强、层次清晰、内容规范、具有各学校特色的现代大学治理制度体系。健全和完善学校内部治理结构，关键是要建立政治权力、行政权力、学术权力、民主权利的平等制衡机制，强化对权力运行的制约和监督；要健全以学术委员会为核心的学术管理体系与组织架构，尊重并支持学术委员会独立行使学术事务的决策、审议、评定和咨询等职权；要合理划分学校、机关、院系的权责边界，建立权责分明、以院系为主的校院两级管理体制，做精机关、做实学院，加快推进管理重心下移，建立以学院为管理重心的运行体制；要建立和完善学校理事会、工会、教代会等制度，建立健全学校重大决策的民主协商机制，拓宽民主管理、民主监督的渠道和方式；要大力推进党务、校务公开，建立权力运行公开机制和流程管理制度，完善考核、激励和责任追究机制；要整合纪检、监察、审计机构的力量，做到各种监督机制协调联动，用制度管权、管事、管人，把权力关进制度的笼子里。

三、推进高职院校治理体系和治理能力现代化

建设具有中国特色现代化高等职业教育体系和高水平的高等职业院校，要构建以党委领导下的校长负责制为核心，以职能部门和专业院系为依托，以学术委员会、教代会、理事会等为支撑的现代化大学内部治理体系。只有坚持和完善这个治理体系，才能形成“党委领导、校长负责、教授治学、民主管理”的治理格局，释放办学活力，激发办学动力，不断提升高职院校办学治校的治理能力。

(一)完善党委领导下的校长负责制

要坚持和完善党委领导下的校长负责制，增强政治引领力。在高职院校内部治理体系中，坚持党委领导下的校长负责制这个根本制度，就是党委重在谋划和决策，履行把方向、管大局、做决策、抓班子、带队伍、保落实的职责，统一领导学校工作；校长重在实施和管理，全面负责教学、科研和其他行政管理工作，依法行使职权。在这一体制运行过程中，要特别注意把握好“集体领导、科学决策、分工负责”这三个关键点。

要充分发挥职能部门、各个院系和基层党组织的作用，形成高效、协调、顺畅的运行机制。注重激发院系“中场发动机”作用，把党的教育方针和重大战略部署，落实到院系的各项工作中来。充分发挥学校各职能部门联动的工作优势，始终围绕学校的中心任务特别是人才培养这个核心，坚持不懈提升管理水平和服务质量。要不断加强基层党组织建设，坚持围绕中心抓党建、抓好党建促发展的原则，为提升人才培养质量提供强有力的支撑。

(二)构建适应现代化职教体系的治理结构

推进高职院校治理体系和治理能力现代化的过程，主要是规范高职院校内部及校院两级管理体制和权责运行的过程，也是建立与学校发展阶段相适应的现代高职教育体系制度的过程。目前，高职院校权力的纵向配置，基本上有两种模式。一种是直线型的科层制，作为共同体的学校居于最高层，代表学校行使职能的机关居于次级，而学院基本上就是一个执行者，即一个操作和运行的单位。另一种是扁平化的事业部制，学院相对有一些自主权、经营权，可以有一些独立的人、财、物权。我国众多高职院校倡导的“做精机关、做实学院”，就是在推进校院两级管理体制改革中实现校院两级治理体系扁平化。这种校院治理体系中，职能部门的角色定位大致分为五个方面：一是战略管理；二是研究制定政策；三是宏观调控、监督管理；四是对外联络；五是提供公共服务。二级院系要成为相对独立的办学主体，承担起党的领导、党的建设、人才培养、学科建设、专业建设和科学研究、社会服务等主要责任；同时，要在职称评定、教师考核、自主理财、自主用人、资源配置等方面赋予院系更多的职责和权力。领导者提高治理能力就必须努力更新观念，要在构建现代化学校治理体制中发挥带头和推进作用，认同学校治理体制建设对于学校发展的基础作用，向基层放权增能。

职业院校的办学环境正在发生巨变，职业院校的使命和任务也在经历实质性改变，其组织结构必须进行适应性变革，具体来说有以下几个方面。一是增设新的管理部门或层级。例如，为强化产教融合、校企合作，建立学校董事会或理事会、产业学院等；为畅通广大教师参与管理的渠道，建立具有实质功能的、常态化的教师(教授)委员会；为适应高水平专业群建设的需要，在学院或系之上建立跨学院的专业群工作部等。二是强化校企合作处、招生就业处等部门的开放性，密切职业院校与外部的联系。三是完善机构、健全职能，增加广大普通教师和学生参与学校管理的机会。一线教师、普通的管理人员、学生、合作企业等利益攸关方参与学校管理的通道狭窄，影响了其主体性和积极性的发挥。为此，职业院校的权力配置应努力走向分布式权力结构，使权力向底层扩散，向广大一线教师和管理人员赋权增能，从而使学校的治理体制真正适应快速变化的办学环境。

（三）改进权责明晰的工作机制

确定校院两级管理体制、职能部门与学院各自的角色定位后，要尽快厘清权责清单和权责边界。权责清单建立后，机关和学院将会更加明确自己到底有哪些权力、怎么用好这些权力、需要承担什么样的职责。总体而言，对职能部门来说，“法无授权不可为”“要把权力关进制度的笼子里”，要做到有求必应、无需不扰，说到做到、服务周到；对学院来说，“法无禁止即可为”，要主动出击、履职尽责，实事求是、雷厉风行。合理配置校院两级责权、建立清单化的工作推进机制，将有助于机关简政放权，在“放管服”中优化对学院的支持与服务，增强学院在学校内部治理中的地位和作用，释放学院活力、激发学院动力。一些职业院校各项工作的规章制度刚性有余而灵活性不足，限制了管理者个人的创造性与积极性，作为管理者的职能部门要转变思想观念，深入全面研究政策，广泛采纳学院提出的意见建议，对学院的建议多一些包容和考虑，少一些“事无先例不愿为”，为学院干事创业搭建广阔的舞台。

（四）健全多层次的监督制约机制

随着校院两级管理体制改革的深化，学校的管理重心开始向学院转移，学院成为党委权力、行政权力、学术权力等多种权力的聚集区，加强对学院的权力制约与监督成为一项迫切而重要的任务。学校和各职能部门要深入研究，把放权和监督紧密结合起来，把激发活力和制度约束紧密结合起来，先期介入、加强监管，积极探索有效的监督制约机制。要进一步完善学院的党政联席会、二级教代会、学术委员会、教授委员会、学生“三代会”等制度，明确基本职责、基本权力以及相互之间的监督制约机制。要充分体现“以学生为中心、以教师为主体”的理念，扩大师生参与，最大限度地激发学院的办学活力，激发全体师生参与治理的热情。实现行政权力与学术权力既相对分离又相互促进，形成相得益彰的良好工作机制。既充分发挥学术委员会在学科建设、学术评价、学术发展和学风建设等事项中的作用，真正做到“学术的事，多听教授的”“上课的事，多听老师和学生的”；又要充分发挥工会、教代会、学代会在学校民主管理和监督中的作用，调动广大师生参与学校改革发展的积极性，推进学校决策的科学化和民主化；还要充分发挥理事会或董事会在参与讨论学校发展规划、经费筹措和社会服务等方面的作用，建立健全社会支持和监督学校发展的长效机制。

（五）建立全员发力的工作协调机制

实现由“校办院”向“院办校”转变，就是在学院内部、学院与机关、机关与机关之间搭建起有效的协同联动机制。学院要认真做好师生的思想动员和行动组织，鼓励和发动广大师生参与到学校或院系管理方方面面的工作中来。要广泛听取搜集学院师生员工的需求，以师生需求作为学院决策事项、推进工作的重要依据。同时，要用是否满足师生需求，反推学院制度流程是否合规合理。机关职能部门要把精力放在创造环境、理顺机制、搞好服务上，梳理办事流程、精简办事程序，为师生提供“阳光雨露”式服务；要把功夫下到规划设计、解决问题、沟通协调上，精细精准地支持学院改革发展，将学院在改革过程中遇到的问题进行总结归纳，及时与相关职能部门进行协调沟通，提出有利于学院事业发展、学校内涵发展的好方案、好办法。

（六）创新导向鲜明的考核评价机制

习近平总书记指出：“调查研究是谋事之基、成事之道”，“凭经验办事、拍脑袋决策”不适应新时代、新目标要求，各级领导干部要静下心来多做一些调查研究，钻研校史、院史、专业学科发展史，钻研学院、学科发展的特色与现状，只有把问题找准、把解决问题的办法研究透，才能缜密而务实地推进各项工作。要加快推进职员制改革，实现职员职级与干部职务层次并行，通过干部的“双线晋升”“双向任职”，拓宽干部晋升渠道，激励年轻干部干事创业热情。要完善落实领导干部“能上能下”机制，引导干部充分流动，优者上、庸者下、劣者汰。进一步强化分类考核机制，让能干者、实干者有动力、有舞台，让平庸者、观望者没有市场。

总之，大学治理与时代发展、社会进步密切相关，既有社会性、时代性，又有大学自身的特殊性。我们要紧紧围绕党的十九届四中全会提出的“推进国家治理体系和治理能力现代化”的要求，着眼长远、超前谋划，将大学治理体系和治理能力现代化置于中华民族伟大复兴的伟大事业宏图中，置于国家高质量发展和民族振兴中，置于服务区域和地方经济社会发展中，置于国际高等职业教育发展的大格局中，以创新的思路和举措推动治理体系和治理能力革新发展，为加快建设中国特色高水平职业大学注入新的生机与活力。

参考文献

[1] 杜玉波. 加快推进大学治理体系现代化[N]. 光明日报，2020-04-07(13).

[2] 贺祖斌. 推进高等教育治理体系和治理能力现代化建设[J]. 中国高等教育，2020(08).

[3] 袁占亭.治理体系和治理能力现代化:“双一流”大学建设的重要保证[J].中国高等教育,2019(22):7-9.

[4] 张建,王枝茂.推进大学治理体系和治理能力现代化的思考[J].现代职业教育,2021(20).

加强以章程为核心的学校制度建设

张鹏超 李 杰

《中华人民共和国教育法》规定，学校及其他教育机构设立的前提是“有组织机构和章程”[1]，学校及其他教育机构有“按照章程自主管理”的权利。[2]《中华人民共和国高等教育法》规定，申请设立高等学校的，应当向审批机关提交“章程”。[3]《高等学校章程制定暂行办法》（以下简称《办法》）规定：“章程是高等学校依法自主办学、实施管理和履行公共职能的基本准则。”[4]2015 年，浙江省教育厅下发了《关于印发公办高校章程建设计划的通知》。按照通知要求，浙江省的高职院校基本实现了“到 2015 年底一校一章程”的目标。2017 年初，在部属高校完成新制定章程的核准工作后，全国其他高校也紧跟其后陆续制定了自己的章程，“依章办校”的格局基本形成。2017 年至今，全国高职院校制定章程已近 5 年。2015 年至今，浙江省高职院校制定章程已有 6 年。围绕着章程内容的质量如何，章程在学校办学治校中的作用发挥得如何，如何进一步完善并发挥章程在办学治校中的作用等问题，作者收集了浙江省 20 所高职院校章程，并选取金华职业技术学院、浙江机电职业技术学院、浙江金融职业学院等 3 所国家高水平高职学校，浙江交通职业技术学院、浙江经贸职业技术学院、宁波城市职业技术学院等 3 所浙江省高水平高职学校，台州职业技术学院、嘉兴职业技术学院、浙江农业商贸职业学院等 3 所浙江省高水平专业群建设学校 2015 年制定的章程作为研究样本。经研究，笔者认为作为高等职业学校的“根本法”，章程具有根本性、全局性、稳定性、长期性的基本特征，是高等职业治理体系和治理能力的重要体现。完善以章程为核心的治理体系，是提升高校治理能力、促进高等职业学校优质发展的基本前提和重要保障。

一、章程是高校治理体系的核心

章程作为学校依法治校的基本准则，为健全中国特色现代大学制度、促进学校改革发展、维护师生合法权益，发挥着重要作用。依据章程治理学校是法律法规的明确要求，也是学校发展的客观需要。依据《办法》制定的高等职业学校章程基本包含了学校的办学方向、办学定位、基本准则、制度规范等一系列影响学校发展的重大事项，为建立健全学校治理体系提供了重要遵循。对照9所样本学校，虽表述方式不同，但各学校均按照《办法》要求制定章程，明确了影响学校发展的重大事项。

（一）规定学校办学方向

明确高校的办学方向，《办法》规定"高等学校制定章程应当以中国特色社会主义理论体系为指导，以宪法、法律法规为依据，坚持社会主义办学方向"。[5]指导思想和办学方向直接决定着"为谁培养人才、培养什么人才、怎样培养人才"这个大是大非的问题。学校章程的制定必须以马克思主义思想为指导，旗帜鲜明地坚持社会主义办学方向。样本9所高职院校均在章程中明确写入坚持社会主义办学方向、贯彻执行党的路线方针政策、贯彻党的教育方针、实行党委领导下的校长负责制、按照党章加强学校党的建设和领导、加强党风廉政建设和反腐败工作等内容，写入坚持立德树人、培养德智体美劳全面发展的中国特色社会主义事业合格建设者和可靠接班人。对于一个政党、一个国家、一个民族而言，方向决定道路、决定前途。对于高校而言，方向决定办学的性质，决定办学的必要性。高校坚持社会主义办学方向，就是做到为党育人、为国育才。

以人为本的理念是维护师生利益的重要保障，是保持社会主义办学方向的本质要求。《办法》规定："章程应当体现以人为本的办学理念，健全教师、学生权益的救济机制，突出对教师、学生权益、地位的确认与保护，明确其权利义务；明确学校受理教师、学生申诉的机构与程序。"[6]学校可根据发展需要自主设置校友会并明确其地位、宗旨以及基本的组织与议事规则。章程的起草修订成员可邀请校友代表参加。《办法》通过对章程以人为本理念的规定，突出了教师、学生、校友这三类人员的主体地位，解决了依靠谁来办学、培养什么样的人才、如何培养人才这个办学的关键问题。浙江机电职业技术学院在章程中明确"教师是学校办学活动的主体""学生是学校教育教学活动的主体""校友是学校声誉的代表，是学校的宝贵财富"，较好地体现了这一理念。

（二）明确学校权利和职能

1. 学校的办学权力

"高等学校应当以章程为依据，制定内部管理制度及规范性文件、实施办学和管理活动、开展社会合作。"[7]高等职业学校应依据章程界定、规范学校与政府的关系，既要严格落实党的教育方针，落实党和政府办学治校的各项要求，又要保障学校的办学自主权，依据高等教育规律、职业教育规律、学生成长规律做好人才培养工作；明确学校与社会的关系，既要做好社会服务，又要调动一切积极因素促进学校发展；促进学校与企业的关系，既要深化产教融合、校企合作，服务企业发展，又要聘请行业企业专家共同研究解决学校在教育教学中存在的问题，制定切实可行的人才培养方案并做好校企协同育人工作；明确学校与学生的关系，既要坚持以人为本的理念，做好人才培养工作，又要教育引导学生热爱学校，尊师重教；明确学校与学生家长的关系，既要引导学生家长持续关心学生成长，推进家校协同育人工作，也要引导家长关注学校发展，形成良好的育人氛围。

2.高等学校的四大职责

高校“应当促进改革创新，围绕人才培养、科学研究、服务社会、推进文化传承创新的任务”。[8]样本9所高职学校不仅在章程中明确写入四大职责，而且结合学校的实际情况做出了相关规定。在四大职能中，人才培养居于首位。没有人才培养，高校也将不是一个办学机构。金华职业技术学院在序言、总则、学校的功能与教育形式、组织机构、学校与社会等5部分8处写入人才培养相关内容。“学术委员会、学位评定委员会以及其他学术组织的组成原则、负责人产生机制、运行规则与监督机制”[9]，决定着学校发挥学术组织作用，维护学术活动的独立性，营造宽松的学术环境。样本9所高职学校在章程中明确学校成立学术委员会，并规定了学术委员会的主要职责，对学校保护学术自由以及教职员工遵守学术道德规范提出了要求。浙江交通职业技术学院在章程中规定：“学术委员会是校内最高学术机构，统筹行使学术事务的决策、审议、评定和咨询等职权。”开展社会服务、获得社会支持、接受社会监督、促进学校发展，是学校发展长效机制的重要组成内容。文化传承与创新是高职学校的重要社会职责，也是高职学校发展的不竭动力。样本9所高职学校在章程中多次写入社会服务和文化传承与创新的内容。浙江经贸职业技术学院结合学校实际情况写入“培育和践行以浙商文化为主题的校园文化”。

(三)规范学校办学行为

1.规范的制度体系和管理体系

章程明确高校实行党委领导下的校长负责制、内部法人治理结构等重要事项。高校应按照章程要求，定期召开党代会，讨论决定学校发展的方向性和重大问题，制定一系列的制度、规范、议事规则、决策程序、岗位职责，形成科学、规范、有效的制度体系。《办法》明确章程要规定：“教职工代表大会、学生代表大会的地位作用、职责权限、组成与负责人产生规则，以及议事程序等，维护师生员工通过教职工代表大会、学生代表大会参与学校相关事项的民主决策、实施监督的权利。”[10]对学校根据发展需要自主设置的各类组织机构，要明确其地位、宗旨以及基本的组织与议事规则等。章程明确高校内部治理结构和组织框架，学校应科学设置二级学院(系)等办学单位，教学、科研、学生管理、后勤等管理服务机构，形成规范的管理机构，并制定相应管理制度，保障学校规范、有序运行。同时，9所高职学校都比较注重调动校内外积极因素办学，浙江金融职业学院在章程中规定："学校发展咨询委员会是学校的咨询机构，对学校的事业发展规划、重大改革措施、专业建设、师资队伍建设、校园建设等重大咨询事项，提出意见和建议。"

2. 规范的评价体系和监督机制

"章程应当围绕提高质量的核心任务，明确学校保障和提高教育教学质量的原则与制度，规定学校对学科、专业、课程以及教学、科研的水平与质量进行评价、考核的基本规则，建立科学、规范的质量保障体系和评价机制。"[11] 科学、规范的质量保障体系和评价机制是保障学校良性运行、健康发展的关键所在，是学校人才培养的重要保障。《办法》明确规定高校章程要接受举办者、教育主管部门、其他有关机关以及个人的监督，明确学校要主动设置并不断完善监督机制，充分发挥学校教职工代表大会以及群团组织对学校工作的监督权利，不断健全社会监督，积极主动开展对教学活动、科学研究、技术开发和社会服务等事项的监督，形成促进学校发展的长效机制。

3. 章程制定、修订的规范性

《办法》明确了章程制定程序，要求做到成立专门机构开展章程起草工作，深入研究、分析学校的办学定位、人才培养目标、办学特色与需求，广泛听取意见，凝聚共识、促进管理、增进和谐。章程草案要提交教职工代表大会讨论，依据代表的意见建议进行修改，提交校长办公会议、党委会议并由学校法定代表人签发，上报核准机关。《办法》规定了章程的核准部门、核准的最后完成时间、程序，以及章程的修订案的核准程序。《办法》对章程用语、条文等内容提出了具体的要求。

二、高职院校章程制定(修订)中存在的主要问题及解决办法

经过对比样本学校的章程，发现各个学校能够按照《办法》要求制定(修订)章程，具有较好的规范性，但同时也存在一些共性的问题。

(一)高职院校章程制定(修订)中存在的主要问题

1. 章程文本千篇一律

目前一些高校在章程制定中存在着章程文本千篇一律的现象。产生这个现象有其客观原因。第一，本应先有章程，即举办者办校的初心是什么，如何能够让这个初心实现。但是事实上，我国多数的高职院校都是先办学，再按照《办法》要求制定章程。由于《办法》对章程的制定给予了明确的、规范性的规定，导致各学校制定的章程在文本格式上、主要内容上大

致相同。第二，由于高校办学治校存在着共性的特点，导致章程要解决的主要问题大体相同。当然，从主观上而言，也存在着章程制定者没有吃透《办法》精神、没能结合学校实际、突出学校特色起草章程文本的问题。

2.章程修订不够及时

章程制定与修订是一项严肃、规范而又具有创造性的工作。样本9所高职学校的章程都是按照浙江省教育厅的要求在2015年制定的，在2016年初以前发布的。2016年全国高校思想政治工作会议召开，2017年党的十九大的召开，2018年全国教育大会召开，2019年国务院发布《国家职业教育改革实施方案》，教育部、财政部印发《中国特色高水平高职学校和专业建设计划项目遴选管理办法(试行)》，2020年党的十九届五中全会通过《中共中央关于制定国民经济和社会发展第十四个五年规划和二〇三五年远景目标的建议》。虽然应该保持章程的相对稳定性，但是在中国特色社会主义进入新时代，全面建成小康社会并开启了全面建设社会主义现代化国家新征程的关键时期，各学校应认真学习党和国家重要会议、重要文件，尤其是习近平总书记重要讲话、批示、指示精神，修订完善章程。

3.未能很好地突出职业教育特点

作为高等教育重要组成部分的高等职业院校的章程制定与执行，除了具有高校章程执行与执行的共性问题之外，还存在着一些具体问题。一些高职院校简单地以普通本科层次高等学校的章程为模板制定或者修订章程，没有突出就业导向，没有突出产教融合、校企合作、工学结合、知行合一，没有突出高素质技术技能型人才培养的职业教育特点。

4.在执行上仍有欠缺

章程的文本起草、审定是一项重要的工作，更为重要的是形成以章程为核心的制度体系，以章程指导工作。但是在现实中，存在一些高职学校制定章程后便束之高阁、章程与学校教育教学管理等工作关联性不大的问题，在一定程度上存在着“有章不循”的现象，失去了以章程指导规范工作并形成规范的制度体系和管理体系的作用。究其原因，第一，学校的主管部门对章程的执行情况缺少检查、督查。章程的制定、修订工作还是“自上而下”的多了一些，多数时候是在学校主管部门要求下进行章程制定或者修订工作。学校的主管部门对学校章程的执行情况基本上没有检查、督查，学校章程制定是“被要求”的，但是缺少章程执行层面的“被要求”。第二，学校缺少章程执行的主动性。客观而言，学校的主管部门也是业务繁多的，要求其检查每一所学校章程的执行情况也存在客观上的困难。但是作为办学主体的学校，也未能做到主动执行章程、定期自查章程执行情况。

(二)解决办法

1. 章程的修订要突出政治方向

我国高等教育必须坚持正确政治方向。因此,高校章程的制定和修订要明确为党育人、为国育才的政治方向。当前,章程的制定与修订要以习近平新时代中国特色社会主义思想为指导,将党的最新路线、方针、政策贯穿其中。在章程修订中增加"为人民服务,为中国共产党治国理政服务,为巩固和发展中国特色社会主义制度服务,为改革开放和社会主义现代化建设服务"[12],明确写入构建大思政格局,"坚持把立德树人作为中心环节,把思想政治工作贯穿教育教学全过程,实现全程育人、全方位育人"[13],坚持中国特色社会主义教育发展道路,培养德智体美劳全面发展的社会主义建设者和接班人等内容。要进一步明确教师是学校办学的主体,学校选聘政治立场坚定、具有优良师德、具备较好知识结构、善于教书育人和能够进行学术、技术创新的获得教师资格的人担任教师,教师要有理想信念、道德情操、扎实学识、仁爱之心。学校根据党和国家要求制定教师守则。

2. 章程的制定与修订要因校制宜

章程的制定既要注重对高等教育法权结构的理解和把握,注重高等教育的共性特点,也要注重突出职业特色,当前尤其是要吃透《国家职业教育改革实施方案》等文件精神,形成具有高等职业教育特色的章程文本;既要关注世情、国情、省情、市情、区情,也要注重分析学校的现实基础、基本经验、机遇挑战,总结凝练学校多年形成的管理、制度、规范、文化等特色写入章程并指导工作。

3. 章程的制定与修订要规范科学

章程是高等学校的"基本法"。章程的制定要依据《办法》,组成专班或者专门的工作组,学习研读相关法律法规、政策文件,召开章程制定工作协调会,广泛听取各方意见建议,充分研讨,严格履行民主程序,既科学规范,又集中民智,科学地做好制定工作。《高等教育法》规定,高等学校"修改章程,应当根据管理权限,报国务院教育行政部门或者省、自治区、直辖市人民政府教育行政部门核准"。[14]《办法》还规定,高等学校章程修订案,应当依法报原核准机关核准。章程的修订同样要严格按照相关程序进行。

4. 在执行中完善章程

章程制定或者修订后,学校首先要组织做好学习传达工作,让教职员工尤其是各级干部知章程、守章程、依章程办事;其次要依据章程修订完善规章制度;最后要定期评估,保障促进章程的实施和落实,在执行中完善章程直至修订章程。

三、高职院校以章程为核心的治理体系建设路径探析

科学完善的治理体系能够有效地提升治理能力、增加治理效能。高职院校的治理涉及政府、行业、企业、社会团体等多个主体，也涉及领导干部、教师、学生及家长、行政管理人员、校友等各类人员。科学的治理体系是构建多个主体、各类人员通过对话、协商、合作等多种方式，共同参与治理，共同促进学校科学发展、健全育人育才的发展机制。贯穿治理机制的重要一环是科学的、能够调动各方积极性的以章程为统领的制度体系、管理机制以及绩效评价制度。学校应以章程修改为契机，形成科学制度体系、民主管理机制、特色发展途径和争先创优氛围，不断完善治理体系，提高治理能力，推动高水平高职学校建设，促进优质发展。

（一）形成制度体系，推动学校规范平稳运行

仔细学习样本9所高职学校的章程，发现其具有较多相同之处，这除了前文分析的原因之外，也从另一个方面说明高职学校的运行有其共性的规律。发现、研究这些规律，依据章程修订完善管理制度、管理规范，形成学校章程、学校基本制度、学校具体的工作制度、各部门二级学院的规章制度等以章程为核心的制度体系，是保障学校规范平稳运行的重要保障。

1. 规范的理论学习制度

明确规定学校党政班子成员原则上每周学习一次，建立每月一次党委中心组（扩大）专题学习制度，建立全校教职工每月不少于一次的理论学习制度，第一时间学习习近平新时代中国特色社会主义思想和习近平总书记最新讲话、指示、批示，第一时间传达中央、国务院、教育部和浙江省委省政府及浙江省教育厅等上级及主管部门决策部署和有关最新文件精神；同时，通过开展理论学习征文、评比、奖励和结集出版等工作提升学习效果。

2. 规范的重要工作研究制度

每学期专题研究党建和党风廉政建设制度、研究学生工作制度、研究教学工作会议制度、研究青年教师培养制度、研究学生就业工作制度、研究校友工作制度。

3. 规范的有关专项分析制度

建立办学状况分析制度、党风廉政建设和清廉学校建设分析制度、意识形态分析制度、平安校园建设分析制度、对标争先分析制度、干部和人才队伍建设分析制度、学校内控分析制度、财务分析制度、资产管理分析制度等。

4.规范的统一战线、群团、关爱学生制度

规范统一战线工作制度、群团工作制度、文化建设制度，校领导、中层干部听课制度，校领导、二级学院（系）党政领导走访行业企业和校友制度，校领导、中层干部联系二级学院（系）、班级、学生寝室和困难学生制度。

5.规范的二级学院（系）制度

规范二级学院（系）工作业绩考核制度、党总支会议和党政联席会议制度、基层党支部“三会一课”制度、党员评议制度、工作制度执行情况检查制度、民主生活会和党风廉政建设分析制度、中心组学习制度等。

（二）完善工作机制，推动学校科学民主运行

高职院校依据章程建构“党委领导、校长负责、教授治学、民主管理”的运行机制，形成决策科学、执行坚决、监督有力的权力运行格局，保证学校科学民主运行，不断提高治理能力，有效地推动学校发展。

1.进一步落实党委领导下的校长负责制

制定《党委会议议事规则》规范党委会议制度，做到重要干部任免、重要人才使用、重要阵地建设、重大发展规划、重大项目安排、重大资金使用、重大评优评奖活动等事项必须经过党委作出决定，把牢学校发展的政治方向。制定完善《校长办公会议议事规则》，规范校长办公会议，落实上级和校党委决策，研究提出学校发展等重大问题方案，研究决定教学行政后勤方面问题。制定完善《二级党组织议事规则（试行）》和《二级学院（系）党政联席会议议事规则》，规范二级学院（系）决策机制。

2.进一步完善教职工代表大会制度

根据教职工代表大会实施办法开展活动，主要审议校长工作报告、学校财务预决算报告、工会工作报告，并进行表决。关于学校改革发展方向性、全局性重大问题和教职工切身利益重要问题应在反复酝酿、听取意见和党政班子审议基础上提交教代会审定，一般应采用无记名投票方式表决。条件成熟时，应在教代会上报告章程执行情况、学术委员会年度工作情况。

此外，学校还要进一步规范完善学术委员会、团代会、学代会、妇代会等运行制度。

（三）凝练核心价值理念，推动学校特色优质发展

先进的办学理念是高职院校快速优质发展的必要条件。在高职院校发展过程中，学校的历史沿革、所处地域、校园文化、全员育人、专业特点、师生情怀、校友发展等因素综合作用

形成了学校的办学特色，这是学校发展的核心竞争力。浙江金融职业学院提出不断加强党对高职院校治理工作的领导核心作用，通过“党的领导功能化、党的建设体系化、党风廉政建设常态化”，实现“党要管党、从严治党，党抓发展、科学和谐，党主育人、价值引领，党蓄队伍、凝心聚力，党谋幸福、师生至上”重要职能。通过完善诚信、金融、校友“三维”文化，实施学生千日成长、教师千万培养、校友千花盛开“三千”工程，推进青年教师金翅膀、中年教师金台阶、老年教师金降落伞“三金”机制建设，走高品质幸福金院之路，建设高水平高职学校，打造全面展示新时代中国特色高职教育重要窗口。

参考文献

[1] [2] 中华人民共和国教育部. 中华人民共和国教育法[EB/OL]. 中华人民共和国教育部门户网站. (2015-12-28)[2020-08-12]. http://www.moe.gov.cn/s78/A02/zfs_left/s5911/moe_619/201512/t20151228_226193.html.

[3] [14] 中华人民共和国教育部. 中华人民共和国高等教育法[EB/OL]. 中华人民共和国教育部门户网站. (2015-12-28)[2020-08-12]. http://www.moe.gov.cn/s78/A02/zfs_left/s5911/moe_619/201512/t20151228_226196.html.

[4] [5] [6] [7] [8] [9] [10] [11] 中华人民共和国教育部. 高等学校章程制定暂行办法[EB/OL]. 中华人民共和国教育部门户网站. (2011-11-28)[2020-08-12]. http://www.moe.gov.cn/srcsite/A02/s5911/moe_621/201111/t20111128_170440.html.

[12] [13] 习近平在全国高校思想政治工作会议上强调：把思想政治工作贯穿教育教学全过程　开创我国高等教育事业发展新局面[N]. 光明日报，2016-12-09(1).

健全质量保障体系

郭福春

一、概念诠释：高职院校内部教学质量保障体系

健全高职院校内部教学质量保障体系对打造人才培养高地具有重要意义。然而，如何健全内部教学质量保障体系，不仅是一个技术问题和方法问题，更是一个价值问题，其背后离不开对职业教育质量是什么的追问。[1]因此，只有厘清了职业教育质量观，才能明确职业教育内部质量保证体系，才能有效指导高职院校内部教学质量保障体系建设与运行，保证人才培养质量持续提升。

（一）职业教育的质量观

"质量"一词，最早起源于企业的产品管理，其更多指向产品质量或服务质量。欧洲学者Dirk Van Damme教授提出"质量是一个多维的概念，并在不同社会背景下因时间和空间不同而不断发生变化"，因此产生了质量的"卓越观"、质量的"适应观"、质量的"满意观"……。赵志群(2014)归纳出目前学术界对职业教育的四种质量认识：适应性的质量、产品性的质量、发展性的质量、多元化和"特色"的质量。[2]孙晓云(2015)总结出我国的职业教育质量观也先后经历了符合规定性的质量观、需要性的质量观、与发展相符的质量观。[3]刘克勇(2016)从时间维度分析了职业教育在不同发展阶段分别具有合规性、应需性、发展性的质量观。[4]邢悦、马莹(2017)提出构建现代职业教育质量保障体系需要在多元主体定位下，明确应试性、利益性、个适性及本体性质量观。[5]本研究认为在高质量教育体系建设下的职业教育质量观构建，需要契合新时代职业教育的新价值定位，即提升职业教育适应性视角下的质量观，是满足国家战略、社会经济发展和个体可持续发展等多元利益共同需求的多元质量观。因此，职业教育的质量观不仅是外部适应度高的质量观、内部达成度高的质量观，更是各利益相关者满意度高的质量观。

（二）高职院校内部教学质量保障体系

质量保障的概念最初来自经济管理领域，其任务是确定并拟定产品或服务标准并不断改进，以确保其尽可能地达成“零缺陷”。质量保障水平的高低，主要是通过顾客对产品或服务的满意程度体现的。[6]教育质量保障是确保教育质量得到保持和提高的所有政策和过程。赵志群（2014）指出职业教育质量保障内容包括职业教育规划管理与办学、职业教育教学过程、教师等多个方面，职业教育质量保障的实践活动即为建立质量保障体系的过程。[7]陈振（2018）提出高等职业教育质量保障是集质量标准、制度和程序为一体的系统质量工程，目标是实现对人才输入的过程性转化和增值的输出过程，以使“教育产品”助力社会经济发展的过程。[8]所谓体系，指“若干有关事物或某些意识相互联系而构成的一个整体”，泛指一定范围内或同类的事物按照一定的秩序和内部联系组合而成的不同系统的整体系统。高等职业教育质量保障体系一般包括外部质量保障体系和内部质量保障体系两个子系统。李亚东（2013）指出，我国学术界已形成共识，外部保障体系以政府与社会为主体，是职业教育质量的基础和前提；内部保障体系以职业院校为主体，是职业教育质量保证的关键。内部质量保障体系是指进行高等职业院校内部质量保障活动的系统，也称微观质量保障系统，由质量生成、质量监督与评估、信息管理、反馈调控等系统共同组成。现行教育界对内部质量保障体系的具体概念没有明确的答案，但得到专家学者一致认可的是内部质量保障体系必须处在一个螺旋式的循环上升的过程中，而不是静态固定的体系。[9]郑卫东、毕蓉（2011）提出院校内部教学质量保障体系包含四个系统，即教学质量决策调控系统、教学质量生成（过程）管理系统、教学质量评价反馈系统、教学质量保障知识管理系统。[10]该体系包含的四大系统与戴明循环的 PDCA 具有较高相近性。本文所指的内部质量保障体系，主要是面向高职院校的内部教学质量保障体系，其体系覆盖教学质量的设计（质量的标准建设）、实施（质量的生成和管理过程）、评价（质量的监测与评价）、改进（质量的反馈与改进）等全过程及质量保障的相关核心要素，如质量的标准建设、质量主体的能力建设、质量生成的流程优化、质量生成的成果监测、质量改进的信息反馈等。

二、文件解读：“双高”建设系列文件中关于教学质量保障体系建设的表述

2019 年 1 月 24 日，国务院印发的《国家职业教育改革实施方案》（国发〔2019〕4 号）（以下简称“职教 20 条”）中正式提出启动“双高”计划。同年 4 月，教育部、财政部发布了《关于实施中国特色高水平高职学校和专业建设计划的意见》（以下简称“双高”计划）、《关于开展中国特色高水平高职学校和专业建设计划项目申报的通知》（以下简称“申报书”）。之后，为

进一步贯彻落实“职教20条”，教育部等9部门印发了《职业教育提质培优行动计划(2020—2023年)》(以下简称“行动计划”)。因此，高职院校内部教学质量保障体系的建设，需在上述文件要求的指导框架下开展，才能最大化保障高水平学校内部教学质量保障体系的全面建设和有效运行，才能符合新时代高质量教育体系建设下的质量保障要求。以下对上述文件中有关高职院校内部教学质量保障体系建设的表述和要求做简要分析。

(一)“职教20条”文件中有关教学质量保障的文本分析

“职教20条”提及质量22次、标准35次，要求严把教学标准、毕业生标准两个关口，加强职业教育办学质量督导与评价。此外，关于内部教学质量保障体系的相关内容有以下三方面。(1)完善教育教学相关标准。该文件第二大点就提出“构建职业教育国家标准”。对于职业院校来说，需在国家相关标准的基础之上，推进专业教学标准、课程标准、顶岗实习标准、实训条件标准(仪器设备配备规范)建设和落地实施，从而推进专业设置与产业需求、课程内容与职业标准、教学过程与生产过程的对接，促进教育链、人才链与产业链、创新链有机衔接。(2)启动“1+X”证书制度试点工作。“1+X”证书试点工作的目标也是进一步深化职业院校“产教融合、校企合作”的办学模式，推进课证融合，推进职业教育办学的“产教深度对接”。(3)建立健全职业教育质量评价和督导评估制度。该建设内容的主要表现形式为外部质量评价，主要内容有：建立职业教育质量评价体系；实施职业教育质量年度报告制度；完善政府、行业、企业、职业院校等共同参与的质量评价机制；积极支持第三方机构开展评估；建立职业教育定期督导评估和专项督导评估制度。分析可见，该文件更为强调以问责为基础的、面向过去的质量追溯机制的教学质量督导评估机制建设。

(二)“双高”计划中有关教学质量保障的文本分析

“双高”计划文件关于内部教学质量保障体系的描述，主要集中在“提升学校治理水平”这一建设内容中，旨在从项目建设的角度引导高职院校加强办学治校治理能力建设，其主要内容有：完善以章程为核心的现代职业学校制度体系；健全学校、行业、企业、社区等共同参与的学校理事会或董事会；设立校级专业建设委员会和教材选用委员会；扩大二级院系管理自主权等。从内部教学质量保障的视角进行分析，可以发现该建设内容主要有以下几个方面的要求：推进院校办学制度体系建设，强化质量的制度体系保障；强化多元利益相关者更大范围的深度参与，强化质量的多元协同保障；增加专业和教材建设层面的监督指导，强化质量的内容方向保障；探索二级院系自治管理，强化质量的民主协作保障。

(三)“申报书”中有关教学质量保障的文本分析

“申报书”中除了学校层面的“治理水平提升”建设任务之外，在专业群建设内容中提出了“专业群人才培养模式创新、课程教学资源建设、教材与教法改革、教师教学创新团队、实践教学基地、技术技能平台、社会服务、国际交流与合作、可持续发展保障机制”等九大建设任务，进一步明确了内部教学质量保障的建设要素。

（四）“行动计划”中有关教学质量保障的文本分析

“行动计划”文件提出了“健全职业教育标准体系、完善办学质量监管评价机制”两大质量保障体系建设内容。具体建设内容主要有：完善以章程为核心的校内规则制度体系；健全职业学校内部治理结构；深入推进职业学校教学工作诊断与改进制度建设；进一步提高质量年报编制水平和公开力度；推进职业院校教育督导体系建设。该文件以“治理”为统领，明确了职业教育质量保障的各利益相关方的职责主体和主体职责以及将开展的质量考核、督导评估、质量年报、教学诊改等多种质量保障手段，也在一定程度上表明了高等职业教育进入了“内部治理为统领”“外部评价为监督”的内外质量保障融合阶段。

综合上述“双高”相关四大系列文件对内部教学质量保障建设的内容指向，笔者将其归纳为：强化教学质量标准体系建设（各类教学标准及“1＋X”试点等均可归入该建设内容）；深化职业教育利益相关者的深度参与（不论是内部机构的完善与健全，如设置学校理事会或董事会，还是外部评价中引入行业企业代表，都体现了职业教育产教融合的特征，引入行业企业的全面、深度参与职业教育的必要性和重要性）；健全职业教育质量生成的流程建设（建立各类相关委员会，强化对质量设计过程、评价过程的监督与指导）；落实教学诊改制度建设；驱动内部教学质量评价与外部教学评价融合（如质量年报、督导评估、第三方评价等）。

三、建设路径：浙江金融职业学院内部教学质量保障体系建设的实践探索

（一）以“双标准”为抓手，强化保障内容标准建设

教学质量是大学的命脉，也是社会最为关注和最常问责的问题。学校的教学质量始于学校办学定位、人才培养目标、人才培养规格的设计、覆盖师资建设、专业建设、课程改革、教学检查、质量监测与评估等多个环节。标准是各教学质量实践活动开展的工作指南，也是验证人才培养的质量基准，更是教学质量保障体系的建设依据。自办学以来，浙江金融职业学院一直重视和不断加强教学质量相关的标准建设。如在“双高”校建设期间，以标准建设为引领，持续优化专业教学标准、课程教学标准开发与应用。在标准的开发过程中，坚持需求导向、问题导向，广泛开展面向行业企业、同类院校、毕业学生、研究机构的调研，充分吸收各利益相关方的意见和建议，构建紧密链接需求侧的专业教学标准和课程教学标准，保障教学

标准的外部适应性。同时，为推进专业建设国际化水平，学校一方面推进双语标准建设，出版了校内24个专业的双语教学标准；另一方面，学校积极参照商科范式成果导向的建设规范，推进校内专业人才培养方案、课程教学等标准建设的范式改革，强化标准建设的学生中心、成果导向、持续改进理念，构建出包括知识、能力、素质等规格及要求的质量标准体系，推进专业培养目标与课程学习成果匹配地图设计，逐步实现人才培养课程体系设计的"连贯性""一体化"。通过标准体系建设，学校牵头制定国家专业教学标准9个(金融管理、互联网金融、财务管理、国际贸易实务、文秘、农村金融、国际金融、保险、投资与理财等专业)；另外，学校将标准建设和教学资源建设关联，衍生推进建设了金融服务与管理、国际经济与贸易、金融科技应用、现代文秘等4个国家专业教学资源库，立项了国家级在线开放课程2门，新增国家精品在线开放课程1门，认定浙江省高等学校精品在线开放课程15门，入选"十三五"职业教育国家规划教材20本、浙江省高校"十三五"新形态教材16本、"1＋X"证书试点20个。

(二)以"双带头"为引领，推进主体质量能力建设

作为类型教育的高职教育，其最大特征之一为职教属性。职教属性的特征，不仅体现在育人的内容标准、实践标准、环境标准之中，更需体现于教学实施主体的师资队伍之中。因此，学校积极落实二级学院、专业层面的"双带头人"制度。在二级学院层面，积极引入行业企业的中层干部或技术骨干作为二级学院兼职院长，参与学校专业建设和人才培养。在专业层面，全面实施教师党支部书记"双带头人"培育工程，使教师党支部书记普遍成为"双带头人"，加强师资的业务能力建设。为支持师资能力建设，学校系统实施了"159高水平人才战略"，落实"五个一百"[引育百名博士、百名专业(学科)带头人、百名教授、百名名师、百名"双师"]，启动五大行动(三类创新团队建设行动、三类名师培养行动、三类工作室建设行动、三大青年发展平台建设行动、三类师资工作制度优化行动)，实施九大计划(高水平师德师风建设计划、高水平"双师"队伍建设计划、高水平结构化教师教学创新团队建设计划、高水平科研创新团队建设计划、高水平教学名师培养计划、高水平育人名师培养计划、高水平国际化领航人才培养计划、高水平青年英才培养计划、高水平博士引育计划)。通过创设各种师资能力提升平台和项目，助力校内师资的质量能力建设。

(三)以"双主体"为中心，推进质量保障流程建设

德国认证、证明和质量保障机构(ACQUIN)认证体系中强调质量保障流程的设计和运行以实现质量的闭环管理，其评估框架的指标3为"内部质量保障流程"。该指标的设计旨在把流程结合起来作为数据和信息的来源，以此形成一个闭环的质量管理周期。在任何高

水平的教学质量建设过程中都需要明确责任主体和主体职责，从而进一步强化质量主体意识，实现质量、动力、效率的联动发展。“双主体”工作的推进有效方式主要为推进教学管理流程的标准化建设。因此，在学校层面，由人事处牵头完成了校内所有部门的岗位工作标准建设。在教学管理层面，主要由教务处负责推进。为此，教务处一方面牵头完善教学建设相关指导委员会建设，如成立专业建设委员会、课程建设委员会、教材工作委员会、现代学徒制管理委员会等。在上述委员会建设中积极吸纳行业、企业优秀人才参与专业建设，并在实践教学中作为兼职教师或者企业导师参与教学。另一方面，梳理了各教学管理规章制度及业务流程，将规章制度细化为可操作的技术路线、方法和管理流程，形成符合学校实际和操作性强的程序文件，从而形成程序标准，并逐步推进教学管理工作的信息化建设工作。同时，标准化建设之后推进教学管理信息化建设，从而保证业务操作习惯化、规范化。因此，在该方面的教学质量保障措施，主要推进人才培养核心工作的线上流程式、标准化、规范化操作，如推进人才培养方案设计与论证(或修订)、课程开设、教师试讲、授课计划、日常教学检查等各项业务的线上填报和逐级审核，强化业务流程中的责任主体和主体职责，将传统教学管理的文档流管理推向数据流管理，推动教学管理工作流程的标准化建设，不断提升管理的数据循证应用、信息反馈及时、决策数据支撑。

(四)以“双导向”为准则，推进教学诊改制度建设

教学诊改制度是管办评分离政策背景下高职院校强化内部质量保障体系的有效理念、手段、方法。诊改制度的建设目标可被理解为“守初心、找差距，抓落实”，推进高职院校质量的螺旋式提升。参照全面质量管理的建设理念，学校教学诊改的实施路径为能力培训、制度设计、体系打造、实践操作、文化建设。为此，学校构建了“1＋5＋2＋1”教学诊改体系。该体系以1个《内部质量保证体系诊断与改进机制建设与运行规划方案》为纲领，以学校、专业、课程、教师、学生5个层面实施方案为主体，以智慧校园和质量文化2个建设方案为支撑，以1个智能化质量监测与管理平台为保障。在实施中，采用“分层突破、滚动推进”的工作方针和“8字”质量改进螺旋的运行机制，开展5个层面的诊改工作。同时在各实施方案中分别明确了五横维度诊改的责任主体、主体职责、实施路径、诊改指标、工作进度等内容，为每个维度的落实提供了操作指南。在体系完善和实施的过程中，注重各质量主体协商性和协作性精神的体现，通过实施过程中的协商交流、诊改周期后的研讨访谈，逐步迭代优化保证体系。同时，在诊改信息化建设中，鉴于诊改运行中对数据源头采集的需求性较高，学校信息化部门与业务部门通力合作，修订了学校信息化建设方案，推动了以部门为中心的建设模式向数据共享、业务协同的方向转变，推进了18个业务系统的建设与完善，有效提升了数据源头采集率。后续将进一步强化数据治理，将事前目标、事中监测与事后改进相统一，实现基于数

据的科学诊改和科学决策。在质量文化建设方面，学校将质量文化融入原有的“明理、诚信、校友”这一学校特色的三维育人文化之中，在办学治校各项事务中落实 PDCA 的质量管理闭环，打造智慧金院大脑，开展数据治理，推进知识管理。同时，学校在校园环境建设、活动开展、制度设计、师生发展等各项事业创设“精益求精”的事业发展文化，持续推进“教师千万工程”“学生千日成长”“校友千花盛开”等工程，不断营造教师、学术、校友共发展的育人文化，努力推进人人建“双高”的使命担当和文化氛围，将学校高质量文化嵌入到学校教育与管理的核心职能中，推进质量生成的“润物细无声”。

(五)以“双融合”为路径，推进质量保障监测体系建设

高等职业院校的督导评估，是各级政府教育督导部门围绕职业教育的宏观政策与制度建设、党的全面领导落实、办学条件保障、经费投入以及特色建设等方面，对职业院校办学质量和效益进行的系统评估和价值判断，以此督促质量治理主体(院校主管部门和职业院校)改进质量治理行为以提高质量治理效率的重要手段。加强高职院校督导评估机制建设，一方面通过建立专门的质量问责机制，明确各职能部门或二级学院所负责的督导评估指标，对标对表，推进督导评估各指标和部门业务内容、任务目标相融合，确保各指标有充足的数据和事实支撑。为此，学校发布了《关于深化改革推进高质量发展的实施意见(试行)》(浙金院党办〔2021〕6 号)文件，明确了以二级学院为主体的高质量建设任务。另一方面，推进职业院校教学质量监测指标体系建设，尤其是加强职业教育产出和成效的监测，如学生成长发展、教师专业发展、专业建设发展等方面的质量监测。从监测指标设计层面看，可将学校自身质量建设的标准指标和上级主管部门的相关考核性监测指标进行融合。如通过对国家教育行政部门、省级教育行政部门下发的相关文件进行梳理，将相关考核性的指标数据融入学校教学质量监测指标体系，如当前高职院校教学质量外部监测评价常用的质量年报、适应性评估等。为了更好地实现业务数据的融合，学校在数据汇聚层面建设了教学大数据中心，在数据采集层面建设和完善了学生千日成长发展平台、教师专业建设发展平台、专业建设与管理平台等业务平台；同时，为强化数据分析应用，建设了内部质量保证管理平台，逐步完成采集、分析、挖掘、反馈校级、院级、专业、课程、教师、学生等各质量主体的质量建设过程状态，从而实现对职业教育院校各质量主体的行为监测、预警和预测。

参考文献

[1] [4] 刘克勇.多元职业教育质量观及其质量保障体系的构建[J].中国职业技术教育，2016(28)：51-55.

[2] [7] 赵志群.现代职业教育质量保障体系研究：现状与展望[J].西南大学学报(社会

科学版)，2014(7)：64-70.

[3] 孙晓云.中国现代职业教育质量保障体系的研究框架[J].中国教育学刊，2015(2)：57-58.

[5] 邢悦，马莹.多元主体定位下的现代职业教育质量保障体系构建[J].现代教育管理，2017(9)：91-94.

[6] 赵志群，等.中国现代职业教育质量保障体系研究[M].北京：经济科学出版社，2020：43-44.

[8] 陈振.治理视阈下高职院校教育质量保障体系建构研究[D].合肥：安徽师范大学，2018：9.

[9] 李亚东.职教质量保障体系建设的多面思维[N].光明日报，2013-01-22(16).

[10] 郑卫东，毕蓉.高职院校教学质量保障体系运行机制构建刍议[J].教育发展研究，2011(11)：79-81.

提高财务和资产绩效

方 华 李 华

我国职业教育进入高质量发展的新阶段，加快建立现代财政制度是时代赋予的新使命，站在新的历史方位“十字路口”，外部政策呼唤绩效管理的快速发展，内部治理催生绩效管理的内涵提升，因此，要抓好高校预算绩效管理的“牛鼻子”，推动财政教育资金聚力增效，提高教育公共服务供给质量，增强政府教育事业的公信力和执行力。

一、发展历程：绩效管理的新阶段使命

绩效管理作为落实国家供给侧结构改革的重要方法、评估高校教育资金使用效益的重要手段，是政府、高校和社会关注的焦点之一。将预算管理和绩效管理工作有机深入融合，是国家新阶段赋予教育资金管理的重要时代使命。绩效管理的发展历程，大致可以划分为起步、推进、发展等三个不同阶段，充分体现全面布局、以点带面、层层推进的特点。

（一）起步阶段：全面实施预算绩效管理

2018年9月中共中央、国务院颁布《关于全面实施预算绩效管理的意见》（以下简称《意见》），正式将绩效管理推上了提升国家治理能力现代化的重要舞台，充分肯定预算绩效管理是深化财税体制改革、建立现代财政制度的重要抓手，是优化财政资源配置、提升公共服务质量的关键举措。

《意见》坚持总体设计、统筹兼顾；全面推进、突出重点；科学规范、公开透明；权责对等、约束有力的基本原则。以全面实施预算绩效管理为关键点，旨在构建全面规范透明、标准科学、约束有力的预算制度；以预算资金管理为主线，以数量、质量、时效、成本、效益等维度为基础，构建“政府预算—部门预算—单位预算”的全方位预算绩效管理格局。构建绩效评估、绩效目标、绩效监控、绩效评价、结果应用的全过程预算绩效管理链条；完善“一般公共预算＋其他政府预算”全覆盖预算绩效管理体系。健全预算绩效管理制度，完善预算绩效管理流程，加快预算绩效管理信息化建设，打破“信息孤岛”和“数据烟囱”，建立预算绩效标准体系。

增强预算绩效管理约束，明确绩效管理主体责任，切实做到“花钱必问效、无效必问责”，强化绩效管理激励约束，建立绩效评价结果应用机制。

力争3—5年基本建成全方位、全过程、全覆盖的预算绩效管理体系，实现预算和绩效管理一体化，着力提高财政资源配置效率和使用效益，改变预算资金分配的固化格局，提高预算管理水平和政策实施效果，为经济社会发展提供有力保障。

(二)推进阶段:项目支出绩效评价管理

2020年2月财政部颁布了《项目支出绩效评价管理办法》(以下简称《办法》)，共计七章三十二条，系统建立了项目支出绩效评价管理体系，明确绩效评价的适用范围与方式、基本原则与依据、评价对象和内容，规范绩效评价的指标与方法、组织管理与实施、评价结果应用与公开，强化绩效评价管理工作的法律责任。

《办法》主要明确规定单位自评、部门评价、财政评价等三种绩效评价方式，其中：单位自评对象主要包括纳入政府预算管理的项目支出，评价内容主要涵盖项目总体绩效目标、各项绩效指标完成情况以及预算执行情况，对未完成绩效目标或偏离绩效目标较大的项目，分析并说明原因，研究提出改进措施。自评指标权重建议预算执行率占10%，产出指标(包括数量指标、质量指标、时效指标、成本指标)占50%，效益指标(包括经济效益指标、社会效益指标、生态效益指标、可持续影响力指标)占30%，服务对象满意度指标占10%，可以根据项目实际情况适当进行调整。单位自评采用定量与定性评价相结合的比较法，自评结果主要通过项目支出绩效自评表的形式反映，做到内容完整、权重合理、数据真实、结果客观。

部门评价对象应根据工作需要，优先选择部门履职的重大改革发展项目，随机选择一般性项目。原则上应以5年为周期，实现部门评价重点项目全覆盖。评价内容主要涵盖决策情况、资金管理和使用情况、相关管理制度办法的健全性及执行情况、实现的产出情况、取得的效益情况等。部门评价指标的权重根据各项指标在评价体系中的重要程度确定，突出结果导向，原则上产出、效益指标权重不低于60%。当同一评价对象处于不同实施阶段时，指标权重应体现差异性，实施期间的评价更加注重决策、过程和产出，实施期结束后的评价更加注重产出和效益。部门评价方法主要包括成本效益分析法、比较法、因素分析法、最低成本法、公众评判法、标杆管理法等；根据评价对象的具体情况，可采用一种或多种方法。部门评价结果主要以绩效评估报告的形式体现，做到依据充分、分析透彻、逻辑清晰、客观公正。

财政评价对象应根据工作需要，优先选择贯彻落实党中央、国务院重大方针政策和决策部署的项目，以及覆盖面广、影响力大、社会关注度高、实施期长的项目。对重点项目应周期性组织开展绩效评价；评价内容、指标权重、评价方法、评价结果体现方式与部门评价一致。

绩效评价工作与结果应依法自觉接受审计监督，绩效评价结果采取评分和评级相结合的方式，具体分值和等级可根据不同评价内容设定。总分一般设置为100分，等级一般划分为四档：90—100分为优、80—89分为良、60—79分为中、60分以下为差。原则上，对评价等级为优或良的项目，根据情况予以预算支持；对评价等级为中或差的项目，要求完善政策、改进管理，根据情况核减预算；对不进行整改或整改不到位的项目，根据情况相应调减预算或整改到位后再予安排预算。

（三）发展阶段："双高"建设计划绩效管理

2020年12月，教育部、财政部颁布《中国特色高水平高职学校和专业建设计划绩效管理暂行办法》（以下简称《暂行办法》），条文共计十二款，充分体现"双高"校建设项目"目标管理—过程监控—绩效评价—结果应用"的"闭环式"绩效管理链。

《暂行办法》明确绩效目标应着重对接国家战略，响应改革任务部署，紧盯"引领"、强化"支撑"、凸显"高"、彰显"强"、体现"特"，展示在国家形成"一批有效的职业教育高质量发展政策、制度、标准"方面的贡献度，做到科学合理、细化量化、可衡量、可评价，体现项目核心成果。

绩效评价采取学校绩效自评和部门绩效评价相结合的方式，职责明确、相互衔接、科学公正、公开透明。学校对自评结果的客观性、真实性负责，及时调整绩效目标执行中存在的问题，确保绩效目标如期完成。省级教育行政部门会同同级财政部门负责审核学校自评结果，对省内学校自评结果负责。教育部、财政部结合国家职业教育改革阶段任务，在学校自评的基础上，负责开展中期及实施期结束后绩效评价。

"双高"校建设项目采用"5＋1"绩效评价模式，即5份数据采集表、1份自评报告。数据采集表包括《双高学校建设数据采集表》《高水平专业（群）建设数据采集表》等必填项目、《基于"双高绩效目标实现贡献度"信息采集表》《基于"高水平学校和专业群社会认可度"信息采集表》《基于"地方政府（含举办方）重视程度"信息采集表》等选填项目。《双高学校绩效自评报告》包括"双高"学校绩效目标实现程度及效果、建设任务进度及绩效指标的完成情况、项目预算执行情况、实现"双高"学校绩效目标采取措施（含改进措施）的有效性、对"双高"绩效目标实现的贡献度和社会认可度有关情况的说明、经验与做法、未完成或偏离绩效目标的原因以及发现的问题、改进措施及有关工作建议、其他需要特别说明的有关事宜与有关建议等。

《暂行办法》进一步明确"双高"建设的整改与退出机制，教育部、财政部的评价结果作为完善相关政策、调整中央财政奖补资金、本周期验收以及下一周期遴选的重要依据。

二、管理困境：绩效管理的“卡脖子”问题

随着高等教育投入全面步入4%时代，教育经费投入逐步增多，资金使用自主权逐步下放，教育经费监管力度逐步加大，全面预算绩效管理的呼声也不断增强。随着绩效管理工作逐步推进，诸多管理困境问题开始凸显，亟待解决。

（一）事前绩效目标的管理不够到位

绩效目标是绩效管理的工作起点，决定着绩效管理的质量水平。从目前高校绩效管理实际运行来看，绩效目标基本由学校业务部门结合项目申报的要求，自行设置相关的绩效指标，专门针对高校项目建设的绩效指标库尚未构建，缺乏可借鉴、可参考的标准化指标体系。绩效指标与资金投入之间关联度不足、匹配度不够，甚至部分高校出现“绩效指标矮化”“资金投入闲置”等情况，缺乏独立管理部门或第三方对项目进行事前绩效评估，存在重申报、轻绩效的问题，事前绩效目标的管理不够到位。

（二）事中绩效执行的监督不够到位

执行监督是绩效管理的工作核心，决定着绩效目标的可实现程度。从目前高校绩效管理实际操作来看，业务层面执行主要由项目申报部门牵头负责，资金层面执行主要由财务部门牵头负责，两者之间缺乏有效信息化管理平台，无法互联互通绩效管理数据信息。业务层面无法获取各个子项目的资金执行进度实时信息，财务层面无法了解项目进展进度、支付方式等业务信息，业务与财务难以做到有效融合，无法形成以项目为基础的管理合力，存在重建设、轻管理的问题，事中绩效执行的监督不够到位。

（三）事后绩效评价的应用不够到位

绩效评价是绩效管理的工作重点，决定着绩效管理工作的可持续性发展。从目前高校绩效管理实际工作来看，财政部、教育部每年定期开展重大项目的绩效评价工作，省级财政、教育等主管部门每年定期开展项目绩效评估工作，学校开展绩效自评工作，加上省级绩效评估工作，基本实现项目评估“全覆盖”。但是绩效评价结果应用，综合各项主、客观因素的考虑，往往是“雷声大、雨点小”。绩效评价结果应用层层传导机制尚未形成，绩效评价激励约束机制不够硬化，不利于充分调动基层单位干事创业的积极性，存在重评价、轻应用的问题，事后绩效评价的应用不够到位。

三、提升路径:绩效管理的“全周期”体系

高校应遵循“预算编制有目标、预算执行有监控、预算完成有评价,评价结果有应用、结果应用有问责”的预算绩效管理基本原则,构建全方位、全过程、全覆盖的预算绩效管理“全周期”体系,构建畅通的事前、事中、事后的绩效管理链,实现“标准科学、约束有力、全面绩效、规范透明”预算绩效改革目标。

(一)建立“全方位”绩效目标管理机制

建立事前绩效评估机制,推行以项目库为基础的预算管理体系,组建校内校外相结合的专家库,重点论证立项必要性、投入经济性、绩效目标合理性、实施方案可行性、资金投入合规性等,将评审意见作为项目立项、预算下达的重要依据和必要条件,确保绩效目标“指向明确、细化量化、合理可行、相应匹配”。对于学校“三重一大”建设项目,建议在校内论证基础上,委托第三方进行独立的项目论证,扎实推进“全方位”绩效目标管理机制创新。

积极探索高校项目绩效指标库建设,结合学校事业发展的实际需求,由业务管理部门牵头、财务部门配合,制定涵盖人才培养、科学研究、社会服务等多维度、多层面、多角度的绩效目标指标库。明确产出指标、效益指标、服务对象满意度等一级指标;细化数量指标、质量指标、时效指标、成本指标、经济效益指标、社会效益指标、生态效益指标、可持续影响力指标等二级指标;结合不同项目的特点,合理选用计划标准、行业标准、历史标准等绩效评价标准,建设三级个性化指标库,实现科学合理、细化量化、可比可测、动态调整、共建共享的绩效目标管理。

(二)推进“全过程”绩效执行监控管理

有效推进以项目为载体的绩效管理信息化平台建设,集项目论证、项目立项、预算下达、项目管理、政府采购、资产管理、合同管理、绩效评价等业务环节,建立项目“全过程”的生命周期管理理念,互联互通项目管理有效数据的采集、归集、共享和输出,加强对绩效目标实现程度和预算执行进度“双监控”。

加大业务财务的一体化建设,将预算管理与绩效管理有机结合,为业务层面提供决策有用的财务信息支撑,为财务层面提供资金流的执行进度信息,共同监控项目的建设进度,及时发现目标偏离情况,分析目标偏离原因,业务与财务联合进行项目动态纠偏管理,堵塞管理漏洞,确保资金使用安全高效。建立项目绩效跟踪机制,由于政策、环境、人员、技术等因素,严重影响项目执行进程与预期绩效,应及时提出项目退出,启用项目应急预案,动态调整建设项目,遴选项目库同类储备项目,确保绩效目标保质保量如期实现。

(三)加大“全覆盖”绩效评价结果应用

积极开展“谁支出、谁负责”的项目绩效评价工作，根据执行与监督相分离原则，建立专门校级绩效评价管理部门，由业务管理、财务、审计、纪监等部门组成，统筹协调绩效评价工作。根据不同项目性质，联合相关职能部门，组建不同项目绩效评价小组，分项目、分类别、分层次开展“全覆盖”预算绩效评价工作；针对“三重一大”项目，建议引入第三方评价机构，参与项目的绩效评价工作。将学校自评、部门评价、财政评价三者有机结合，建立责任约束制度，明确各方预算绩效管理职责，清晰界定权责边界，严格贯彻落实“花钱必问效、无效必问责”的绩效管理理念。

建立绩效管理信息披露机制，向社会公开高校运营状况、财政资金使用绩效，进而吸引更多社会资金办学。健全绩效评价结果应用的层层传导机制，以结果导向，健全激励约束机制，实现绩效评价结果与预算下达、年度部门考核、个人业绩考核等相挂钩，充分体现“干多干少不一样”的绩效考核理念。倒逼业务部门牢固树立绩效意识、长效意识和责任意识，引导决策者树立“当家理财”的政绩观，逐步实现由投入管理向绩效管理的转型升级，不断提高财政资源配置效率和教育资金使用效益。

四、实践探索：绩效管理的“浙金院”样本

2019 年 12 月，学校被教育部、财政部列为中国特色高水平高职学校和专业建设计划建设单位。新机遇、新起点、新平台，学校围绕文件要求，立足大财经、打造大平台、共建大文化，瞄准中国高职教育的党建标杆、育人标杆、服务标杆、管理标杆、文化标杆、国际化标杆，紧盯“引领”、强化“支撑”、凸显“高”、彰显“强”、体现“特”的绩效管理要求，对标对表、落实落细、凝心聚力、提质增效，有力推进中国特色高水平高职学校建设，取得了一系列标志性成果。

(一)建立以“双高”建设为基础的全覆盖制度体系

学校根据《教育部　财政部关于实施中国特色高水平高职学校和专业建设计划的意见》(教职成〔2019〕5 号)、《中国特色高水平高职学校和专业建设计划绩效评价办法(试行)》等国家相关管理要求，制定浙江金融职业学院《“中国特色高水平高职学校”建设项目管理办法(试行)》，进一步明确“双高”校建设的总体目标、建设项目、管理原则、管理机构、管理职责、项目实施、绩效评价、奖惩激励等。同步制定浙江金融职业学院《“中国特色高水平高职学校”建设项目资金管理办法(试行)》，进一步明确“双高”校建设项目资金的管理原则、预算管

理、支出管理、决算管理、监督检查、绩效考评等内容。

专门成立“双高”校建设领导小组，负责项目建设工作的领导决策、指导协调、部门沟通等，具体包括：负责“双高”校建设项目目标、任务、内容的整体规划与调整，以及学校整体项目的“三重一大”决策；确定项目建设负责人，优化分配项目建设经费；监督和协调项目的组织与实施，保证整体项目建设合法合规；指导建设项目的绩效评价和验收，负责把握学校整体项目建设绩效；研究出台保证项目顺利完成的各项政策及措施。

领导小组下设项目资金管理小组、项目运行监督小组、项目管理办公室，同时，按照“双高”校建设任务成立12个项目建设团队（具体见图1所示）。

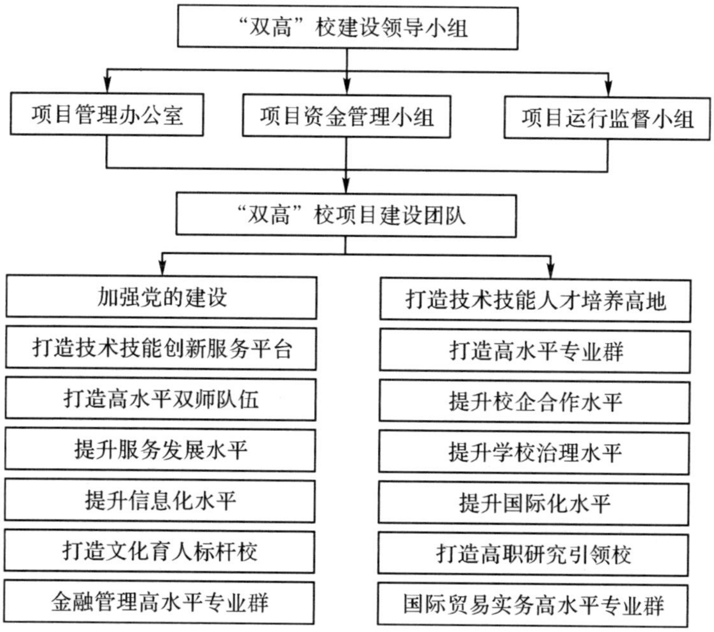

图1 “双高”校建设组织架构

各个成员单位职责分工与工作任务（具体见表1所示）。

表1 “双高”校建设组织机构职责

序号	组织机构	职责	具体工作
1	项目管理办公室	项目建设工作的日常事务管理，起草有关规章制度，组织、协调、督促、检查各项目开展建设工作	对接上级行政主管部门，按要求上报相应材料；发布子项目建设任务，组织、协调各子项目建设任务书的制（修）订工作；督促、检查各子项目日常运行、任务落实情况，定期汇总公布各子项目建设进度与完成情况；起草建设项目的有关规章制度，监督、检查有关政策及措施的落实情况；组织各子项目开展论证、自查、自评等
2	项目资金管理小组	项目资金的筹集、预算、使用、决算和审计等工作	
3	项目运行监督小组	项目的全过程监督	

续 表

序号	组织机构	职责	具体工作
4	项目建设团队	统筹、组织和落实各项任务的具体建设工作	负责本项目建设任务书的制(修)订，确保项目建设任务的具体落实并按期实现绩效目标，保证项目专项资金使用进度与绩效；负责对项目内各建设任务的方案与实施进行论证、审查、指导，并协调、督查、管理各项建设任务；负责对各子项目建设任务的调整、资金使用计划变更进行可行性论证和初审，并向“双高”办提出申请；负责梳理、完成相关的项目建设简报、总结报告、过程性佐证材料，并按时按要求将有关材料提报“双高”办；负责接受教育与财政等部门、纪检与监察等机构的监督检查

(二)推进以“项目任务”为载体的全过程执行管理

第一，建立项目事前绩效评估机制。由项目建设团队按照“双高”校任务书的要求，填报年度项目申报书，“对标对表”设定项目绩效目标、建设内容、进度安排等。按照业务归口管理的原则，组建各类项目建设委员会，按照指标可具体、任务可衡量、目标可达到、项目可相关、时间可控制的 Smart 原则进行项目评审立项，推进项目绩效的事前评估工作机制，确保“双高”校建设任务“高”“强”“特”(具体见图 2 所示)。

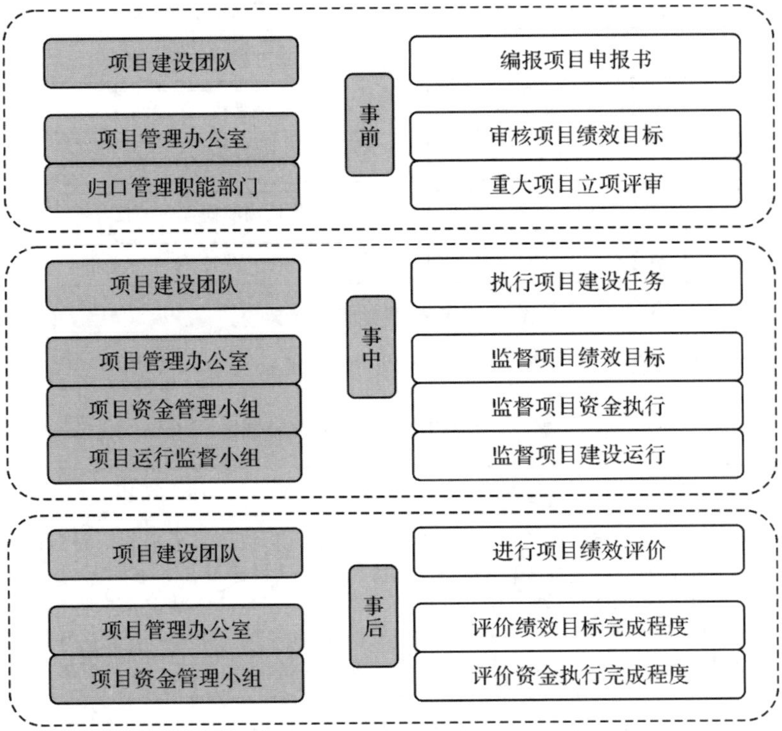

图 2 “双高”校项目建设管理流程

第二，开展项目事中绩效执行监督。项目资金管理小组按月公布项目资金执行率，项目管理办公室组织召开“双高”校项目管理小组月度例会(具体见图 3、4 所示)，对绩效目标实现情况进行全方位、全过程的监督评价，针对发现的绩效目标落实中存在的问题，及时改正，共同推进项目建设的进度、监督项目建筑质量，确保绩效目标如期完成。

图 3 “双高”校建设项目预算资金监测表

图 4 “双高”校建设项目作战图

第三，组织项目事后绩效评价工作。“双高”校自评工作由项目管理办公室牵头，项目资金管理小组、项目运行监督小组配合，根据省级财政、教育等主管部门绩效评估的工作要求，针对 14 个建设项目，开展“双高”校项目的年度自评工作，自评资料主要包括项目绩效自评表(具体见表 2 所示)、自评报告、佐证材料等，其中：自评报告应包括绩效自评的基本情况、绩效目标及其设立依据和调整情况、管理措施及组织实施情况、绩效目标实现程度和绩效指标完成情况、未完成的情况及其原因、下一步改进工作的意见及建议等内容。

表 2 “双高”校建设项目绩效自评表

项目名称					
部门			负责人		
预算资金			执行率		
* 绩效目标：					
指标类型	指标名称	指标值	指标权重	完成值	自评得分
产出指标					
效益指标					
合计	—	—	100%		
* 自评结论(优、良、中、差)：					
* 全年目标完成情况：					
绩效目标偏离原因：					
整改措施及建议：					
自评补充信息：					

注：1. 项目自评打分满分为 100 分，各部门根据各项指标完成程度及相应指标权重确定绩效指标得分，各项绩效指标得分汇总形成该项目自评的总分。

2. 执行率低于 91%或者绩效目标编制不合理无法作为自评指标的项目，自评结论不得为“优”；执行率低于 50%或者实际绩效与目标绩效偏差较大的项目，自评结论为“中”及以下。

3. 对存在未完成绩效目标的项目，需在“项目绩效目标未完成原因分析及拟采取的措施”栏中说明偏离目标、不能完成目标的原因及拟采取的措施。

(三)实施以"奖优励先"为标准的全员性激励评价

"双高"校项目采取评分与评级相结合的方式,对各子项目年度绩效评价成绩进行奖惩。年度绩效评价成绩共分优秀、良好、合格、不合格等四个等级:90 分及以上为优秀;80—89 分为良好;60—79 分为合格;60 分以下为不合格。其中,优秀比例不超过项目总数的 40%,优秀与良好的合计比例不超过项目总数的 70%。对于取得优秀等级的项目,其年度绩效奖励上浮 15%;对于取得良好等级的项目,其年度绩效奖励上浮 5%;对于取得合格等级的项目,其年度绩效奖励维持原有系数;对于被评为不合格等级的项目,其年度绩效奖励下调 10%。对于绩效评价成绩不合格、影响项目正常建设和验收的,学校将追究项目负责人的责任(具体见图 5 所示)。

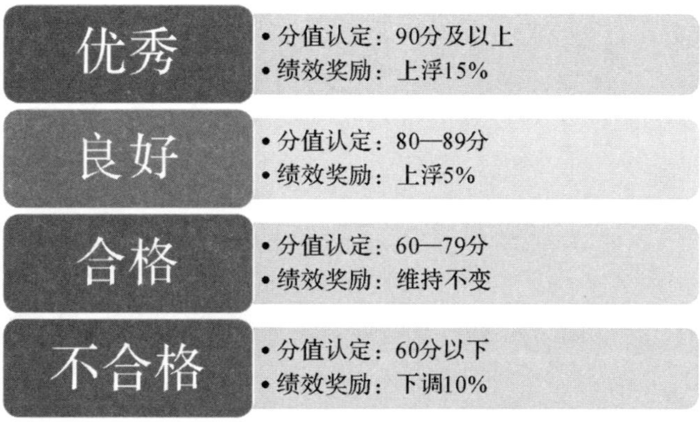

图 5 "双高"校项目绩效评价等级

对于在"双高"校建设中做出重大贡献的先进集体和先进个人,学校将根据评定等级予以表彰和奖励;对于建设绩效评价成绩突出的项目建设团队、子项目建设团队有关成员,学校将予以表彰和奖励,并作为职称晋升、评奖评优的依据之一。

"双高"校建设一级项目负责人视为国家级教改课题主持人、二级项目负责人视为省部级教改课题主持人、各子项目团队其他成员作为课题组成员;金融管理、国际贸易实务高水平专业群负责人视为国家级重点教改课题主持人,高水平建设专业负责人视为省部级教改课题主持人,各子项目团队其他成员作为课题组成员。

参考文献

[1] 中共中央 国务院关于全面实施预算绩效管理的意见[EB/OL]. 2018-09-01. http://www.gov.cn/zhengce/2018-09/25/content_5325315.html.

[2] 项目支出绩效评价管理办法[EB/OL]. 2020-02-25. http://www.gov.cn/zhengce/zhengceku/2020-03/02/content_5485586.html.

[3] 中国特色高水平高职学校和专业建设计划绩效管理暂行办法[EB/OL]. 2020-12-21. http://www.moe.gov.cn/srcsite/A07/moe_737/s3876_qt/202012/t20201225_507515.html.

[4] 浙江金融职业学院 2019—2020 年"双高计划"建设绩效报告中国特色高水平高职学校建设喜结硕果[EB/OL]. 2021-01-13. https://www.tech.net.cn/news/show-92924.html.

[5] 刘斌,邹吉权."双高计划"绩效评价指标体系内涵分析与权重确定[EB/OL]. 2021-04-16. https://www.163.com/dy/article/G9B9ELQR0516RJ0M.html.

推进清廉学校建设

张江琳

党的十八大以来，以习近平同志为核心的党中央将全面从严治党纳入战略布局，国家党风廉政建设和反腐败工作取得了巨大成就。当前，我国正处在“两个一百年”奋斗目标的历史交汇期，我省正在全面实施教育现代化战略和高等教育强省战略，努力为高质量发展建设共同富裕示范区提供人才和智力支持。高质量发展靠人才，人才的培养靠教育。高校肩负着培养社会主义建设者和接班人的使命，高等教育的发展不仅是我省高质量发展的重要推动力量，也是两个高水平建设的重要内容。习近平总书记指出：“今天，党和国家事业发展对高等教育的需要，对科学知识和优秀人才的需要，比以往任何时候都更为迫切。”全面加强党对教育工作的领导，坚持社会主义办学方向，培养德才兼备的社会主义事业建设者和接班人是发展我国高等教育事业的内在需求。将全面从严治党向纵深发展，扎实落实立德树人的根本任务，建设清廉学校，推进清廉教育，对进一步开创党和国家事业新局面意义重大。

一、深刻理解清廉学校建设与全面从严治党的内涵

(一)清廉学校的内涵与特征

清廉学校是我省部署深化推进“八八战略”、建设“清廉浙江”之“清廉教育”的一个重要组成部分，是实现“重要窗口”和建设“示范区”新目标新定位的一个系统工程。

1. 清廉是教育的基石

清廉学校不仅仅面向学生、教师，也不仅仅是廉洁教育和廉洁从政，而是学校正确的办学理念、完善的治理体系、规范的权力运行、良好的师德师风、积极的教风学风等各个部分的有机统一。清廉学校是党的十八大以来教育反腐倡廉理论的创新，也是实践上的不断开拓进取，既是教育的长期奋斗目标，同时也是与每位教育工作者息息相关的现实实践。

2.坚持共产党的领导是清廉学校的根本保证

这是清廉学校的前提和基础。坚持中国共产党的领导，坚持党的教育方针，坚定端正的办学理念，把培养社会主义建设者和接班人作为根本使命，培养一代又一代拥护中国共产党和我国社会主义制度、践行社会主义核心价值观、为中国特色社会主义奋斗终身的有用人才。

3.立德树人是清廉学校的本质要求

学校是培养人才的摇篮，要坚持立德树人这个中心任务，牢牢把握正确政治方向的大“德”不放松，将教育事业的发展同国家现实目标和未来方向紧密地联系在一起，使教育回归本位、回归初心。学校必须紧紧围绕立德树人组织开展各类教育教学活动，把立德树人作为检验学校一切工作的最高标准。

4.师生共同参与是清廉学校的必要条件

清廉学校建设涉及学校教育事业的方方面面，必须凝聚各方力量，形成共识。如果没有党员干部、教工师生的广泛参与和共同努力，清廉学校将始终是空中楼阁、纸上谈兵。

(二)全面从严治党的内涵

习近平总书记对全面从严治党的基本内涵做了明确阐释：“全面从严治党，核心是加强党的领导，基础在全面，关键在严，要害在治。”就高校来说，全面从严治党，要牢牢把握“全”“严”“治”这三个方面。

“全”首先体现为管党治党的内容具有全面性，囊括了党的各个领域，包括思想建设、政治建设、组织建设、制度建设、作风建设等多个方面。其次，“全”体现了管党治党的要素具有多元性，不仅各级党组织承担了管党治党的主体责任，保证全面从严治党贯穿于党组织建设的方方面面，党员干部也要精准落实管党治党的各项要求。最后，“全”还体现了管党治党的持久性，随着我国特色社会主义进入新时代，国际形势的复杂性和不确定性逐渐增加，共产党执政也遇到了前所未有的机遇和挑战，只有持续不断地坚强党的领导，才能有效应对各种错综复杂的问题和挑战。

“严”就是管党治党的力度，要有敢管敢严、真管真严、长管长严的态度和勇气。“严”还是一种标准，严明党的纪律和党的规矩，在党章的统领下不断完善党内各项法规。“严”还体现在要落实到各领域、各环节、各主体，做到规矩面前人人平等。

“全面”与“从严”都必须通过“治”才能实现，“治”是全面从严治党的关键环节。“治”体现了管党治党的强度，要有“猛药去疴、重典治乱的决心，刮骨疗毒、壮士断腕的勇气，坚持惩治不放松，保持高压态势”，敢于直面并解决存在的各种问题。“治”还体现在各个主体都要承担起相应的职责。各级党组织要真正承担起治党的主体责任,各级纪委落实好监督执纪职责,长期严抓,才能真正体现管党治党的效果。

(三)全面从严治党与清廉学校建设的关系

1. 清廉学校建设是全面从严治党的重要抓手

建设清廉学校是学校党风廉政建设和反腐败斗争取得胜利的重要途径,是执行全面从严治党的必然要求。在坚持党的全面领导下,树立综合治理的基本理念,既对各种失范行为形成震慑,将问题消灭在萌芽之中,又通过理论指导和信念指引熏染的内向发力,提高认识水平和思想境界,增强党员干部的党性修养,在外在约束与自我反思中规范行为,有利于实现治标与治本,思想建党与制度建党的有机统一。建设清廉学校,是推进学校正向积极发展的强大动力,能够极大地促进全校师生积极主动投身于学校的教育事业,形成合力推动学校不断发展。

2. 全面从严治党是清廉学校建设的有力保障

作为党的建设的重要领域,清廉学校建设必须以坚定社会主义办学方向为前提。全面从严治党不仅事关培养社会主义事业合格的建设者和接班人的职责履行,更是事关中华民族伟大复兴中国梦的顺利实现。没有党的领导,学校的发展必将是无源之水、无本之木,清廉二字更是无从谈起。在建设清廉学校的过程中,必须坚持全面从严治党,确保学校在党的坚强领导下,不断深化共产主义和社会主义信念,保持教师队伍稳定的政治立场。全面从严治党确保人才培养的价值导向,确保社会主义核心价值观的教育引领,营造以廉洁文化为依托的廉洁教育环境,有助于建设清新的党风、政风、校风、教风、学风,形成风清气正的政治生态局面。

二、正确把握清廉学校建设的意义和内容

(一)全面从严治党下建设清廉学校的重大意义

清廉学校建设为提高学校综合竞争能力提供重要保障。学校发展不仅需要有良好的硬件条件,同时也需要具有高水平的治理能力,清廉学校是体现学校治理水平的重要标准。自从进入中国特色社会主义新时代后,高校的发展迎来了新的历史机遇。国家全面推进产业转型升级和“一带一路”倡议,出台一系列政策对高等教育的发展进行重大战略调整,学校应当契合国家发展和区域建设的需求,努力提升专业人才的培养水平。尤其对于高职院校来说,国家对职业教育进行重大改革,对高职院校的发展提出了新的要求。高职院校应当在办

学机制、产教融合、人才培养、社会服务等方面全面转型升级，实现高职教育的高质量发展。在当今时代新的科学技术不断出现的背景下，传统行业不断被颠覆，新兴产业接连出现，对人才的需求也产生了重大转变。这些变革都促使高校要密切根据产业发展形态推进学科（专业）建设，匹配产业发展以适应经济的新常态要求。清廉学校建设的内容不仅涵盖了学校整体层面的治理体系和治理能力，也对学校内部的内控机制、关键领域和小微权力的管理、师德师风、校风学风都提出了高水平建设的要求。这不仅仅是国家、社会对高等教育的期望，更是一个高校全面、健康、可持续发展的重要基础，也是高校不断提高综合竞争能力的巨大推动力。

建设清廉学校是贯彻落实习近平新时代中国特色社会主义思想和党的十九大精神的具体举措。它是全面落实习近平总书记对浙江工作重要指示精神的内在要求，是浙江推动全面从严治党向纵深发展的有力抓手，是推进治理体系和治理能力现代化的重要内容，是坚定不移沿着“八八战略”指引的路子走下去的必然要求，在“两个高水平”建设和“六个浙江”建设中处于基础性地位、具有保障性作用。清廉学校建设就是要在坚持共产党对教育事业的全面领导下，发挥多元主体合力，不断完善治理体系，创新治理模式，提升治理水平，为实现教育现代化、建设教育强国提供坚强政治保证、思想保证和组织保证。建设清廉学校就是要从高校党委到各党总支、党支部，从党委第一负责人到普通党员、教师员工，承担起各自应尽的职责，共同参与，形成合力，围绕高校教书育人、立德树人的根本目标，把“严”字贯穿于党的政治建设、思想建设、组织建设、作风建设，把“清廉”融合在高校制度建设、权力运行、文化建设、学术科研、师德师风、教风学风等各个领域，统筹规划，一体推进，建设风清气正的育人环境。

（二）清廉学校建设的基本原则

清廉学校建设作为贯彻全面从严治党的重要载体，对于高校遏制腐败、提升治理能力、优化政治生态有着重要的作用。

1. 坚持以全面从严治党为引领的原则

全面从严治党是清廉学校建设的重要指导思想。学校要认真贯彻落实上级的统一决策部署，做到党的建设与学校发展良性促进。以全面从严治党为牵引力，凝聚党员干部、师生员工的共识，形成建设清廉学校的合力，为下一步推进各项工作打下良好基础。

2. 坚持顶层设计和统筹推进的原则

清廉学校建设是一项系统工程，必须高屋建瓴，按照统筹全局、协调促进的原则，有序协调师生员工各方面力量共同推进。坚持走群众路线，相信群众，依靠群众，拓宽民主监督渠道，充分发挥教职员工积极参与学校民主管理的积极性。

3. 坚持以问题为导向的原则

清廉学校建设要重视查摆问题，从突出问题入手，进行深入的分析，发现背后深层次的原因，提出完善的措施，由表及里、由浅及深、由点及面不断推进，严格执行学校制度，确保各项目标任务的落实。

（三）清廉学校建设的主要内容

与传统的校园廉洁文化相比，清廉学校建设的内容更加广泛，包括强化党的领导、牢牢把握意识形态工作的主动权、加强中华传统文化和爱国主义教育，确保正确的办学方向。健全治理体系和治理机制，提升现代化的治理能力，推动健全以章程为统领的现代学校制度，落实教工民主参与管理的体制机制，拓展专家治学的渠道和载体，实现学校自我管理、自我发展、自我约束。规范权力的运行，加强对重点领域和关键环节的管理，完善内部管理制度，完善内部控制体系，提升制度的执行力。持续从严加强作风建设，不折不扣地执行中央“八项规定”精神，建立健全作风建设常态化的长效机制。加强师德师风建设，将习近平新时代中国特色社会主义思想融入教师教育、学科专业、教学实践，将教师队伍锻造成坚定执行党的教育方针的强大队伍。追求求真务实、勤于学习、敢于创新、勇于实践的清新学风。

三、深化清廉学校建设的实践路径

清廉学校建设是一项根本性、全局性、系统性的工程。浙江金融职业学院抓住关键环节，对发现问题强化根源剖析，从源头上、从促进高校治理的全局高度上不断完善与创新旧规，不断提升制度执行力度，科学考评及问责，形成结构合理、内容完善的内部治理机制。充分发挥学校的专业人才优势，结合自身特点开展廉洁教育与廉政文化建设，使廉洁自律成为个人的内在需求。从根本上夯实清明政风、清净校风、清正教风、清新学风、清纯党风为一体的“清廉学校”。

（一）以政治建设为统领，强化党的全面领导

紧紧抓住政治建设这个中心，强化党的全面领导。把清廉学校建设作为落实管党治党政治责任的重要内容，严格落实政治建设首要任务，严明政治纪律和政治规矩，牢固树立“四个意识”。加强领导班子能力建设，出台《落实党风廉政建设党委主体责任、纪委监督责任的实施办法》，压紧压实学校各级党组织的主体责任和主要负责人的第一责任。学校每年初召开全面从严治党推进大会，回顾上一年度的管党治党工作，总结存在的问题与不足，部署全

年的党风廉政建设任务，推动学校党委主体责任与纪委监督责任贯通联动、一体落实。党委书记与班子成员，班子成员与分管、联系部门负责人签订《党风廉政建设责任书》，明确每一层级的责任内容，分层分级落实领导干部的“一岗双责”。学校党委定期分析党风廉政建设情况，纪委委员列席参会，结合不同阶段工作重点，分析党风廉政建设存在的薄弱环节、问题的整改落实等情况，提出改进举措。分管、联系校领导和纪委委员每年定期听取二级学院党总支（直属支部）党风廉政建设情况汇报，提出指导意见。加强对各级党组织责任落实情况的检查，分项目对主体责任落实情况进行年度量化指标考核，并将结果纳入学校年终绩效考核。紧盯日常监督、专项督查、信访举报和审计等发现的问题，以刚性纪法约束推动问题的整改，在整改落实中使所在部门、单位压紧压实责任，形成全面从严治党主体责任落实的“闭合回路”。

（二）以“四责协同”为抓手，压紧压实主体责任

党委主体责任、纪委监督责任、党委书记第一责任、班子成员一岗双责，这四种责任不仅要横向协同，还要纵向压力传导。学校纪委深刻把握“四责协同”的关键，切实担负起监督责任，坚守“严”字主基调，做实做细专项监督、日常监督，注重运用谈心谈话、沟通走访等方式监督前移，在过程监督中推动“四责”主体知责、明责、履责横向协同，强化担当作为的责任意识。充分运用多形式监督的结果，做深做实督促责任部门排查风险、堵塞漏洞、解决问题、完善机制，抓实整改见效。在整治问题、健全治理体制的过程中向“四责”主体传导压力，使责任履行由纸面文字转化为深刻认识和切实行动，不断推动知责明责、履责督责、考责问责等各个环节形成闭合，逐步构建主体明晰、有机协同、层层传导、问责有力的全面从严治党责任落实机制。

（三）以依法治校为中心，提升内部治理能力

学校坚持党委领导、校长负责、专家治学、民主管理的治理结构。坚持党委对学校的全面领导，支持校长依法行使行政管理权力，尊重学术委员会根据章程行使学术事务职权，发挥教代会民主管理的积极作用。在学校的发展过程中，学校党委掌舵领航，抓方向、管大局，坚持社会主义办学方向，全面贯彻落实党的教育方针和路线，遵守党的政治规矩，坚决做到“两个维护”，在学校进行重大决策时把好关口。学校坚持民主集中制这一根本组织制度，落实好党委领导下的校长负责制的制度基础，按照“集体领导、民主集中、个别酝酿、会议决定”的原则研究学校重大事项，推动民主决策和科学决策。学校统筹协调党委谋划决策和行政落实管理的关系，修订《党委会议事规则》和《校长办公会议事规则》，按照规定的议事决策范围、决策原则和程序决策重大事项。学校成立校内最高学术机构——学术委员会，由具有一

定专业人才任职年限的教授、博士经过无记名投票选举产生，行使学术事务的审议、决策、评定和咨询等职权。制定《委员会章程》，明确委员会的组成、职责、议事规则等并遵照执行，以专业素养助力学校不断自我完善、自我约束。学校每年召开教代会，全体教代会代表审议通过学校上一年度的工作报告和下一年度的工作重点，对学校教育事业各项工作，包括涉及师生切身利益的重大事项建言献策，经汇总整理后将任务分解至相关责任部门组织落实。学校实行校领导接待日制度，每周由一位校领导接待教工、学生的来访。学校党委不定期地安排相关职能部门组织多种形式、不同类别教工师生参加的座谈会，对教工的意见、建议经汇总分析后，由责任部门组织实施，并向教工反馈落实情况。

（四）以制度机制为核心，监督制约权力运行

1. 完善制度规范业务流程

学校将印发的干部人事、基建工程、招标采购、产业管理、科研管理等重点领域的制度和文件进行全面梳理，及时废止那些与现行政策、法律法规、学校章程相抵触，无法适应新形势下的规章制度，按照上级最新精神、规定和要求，结合校内实际情况修订和制定新的制度，持续扎紧扎密制度的笼子。学校针对巡视、审计、上级检查、来信来访等方式暴露出来的问题，从工作体制机制、管理体制和业务环节入手，分析制度当中存在的风险和漏洞，着重规范各项业务，尤其是重点领域业务的流程，解决好源头治理的问题。

2. 完善权力运行的监督机制

学校纪委书记参加党委会，纪委书记、副书记列席校长办公会，监督检查学校领导班子贯彻落实民主集中制及重大事项决策机制的执行情况，围绕权力运行各环节发现的问题，实行清单式管理、对账式销号，纠正偏差、改正错误，加大对决策权力的约束，确保公正用权、依法用权、廉洁用权。在学校重大事项决策、重要制度形成中，在上级决策部署落实中，在重大工作进行中，学校纪委提前介入，通过预先研析、走访调研、多方沟通等方式加强过程监督，着力发现并推动解决权力边界不清楚、管理体制不合理、工作机制不顺畅、工作流程不规范和制度执行不严格、不到位等问题，在监督制度的执行过程中制约权力的运行。

（五）以发现问题为导向，强化整改责任落实

1. 以问题为导向提升监督质效

以问题为导向，以成效为目标，围绕学校的中心工作，对学校工程建设、招标采购、职称评审、科研经费管理、招生录取、师德师风、人事招聘、评优评奖等学校重点工作及广大教工师生非常关注的事项进行监督，着重检查业务流程是否规范、各项工作是否有序开展、关键环节是否存在风险。对权力运行的重点领域开展专项治理行动，着力问题整改，推动建章立

制，深入防控廉政风险，构建长效机制，完善以学校章程为基础的依法治校体系，为清廉学校建设提供保障机制。

2. 严格落实问题的整改

开展调研监督，充分发挥特邀监察员和广大教工的民主监督作用，加强沟通协作，强化多种监督与审计监督形成合力，灵活用好检查抽查、受理信访、督促整改、谈心谈话、平时观察等多种手段，持续不断强化对二级单位、职能部门履行职责的日常监督。建立以“任务清单”“责任清单”“问题清单”“落实清单”为主要内容的政治监督四清单制度，明晰监督任务和监督重点，明确责任部门至分管校领导，突出存在问题，做到见人见事，细化整改措施及责任部门落实情况，运用谈话提醒、提出建议等方式督促推动解决，整改完成后予以销号。坚持抓早抓小，对苗头性、倾向性的问题及时约谈当事人或所在部门负责人，提出整改意见，给予警示。对发现的共性问题，在教工大会、中层干部会议上进行通报，要求所有部门引以为鉴，举一反三，及时弥补工作不足，堵塞漏洞。

（六）以清正廉洁为目标，深化双向宣传教育

建设清廉学校，既要注重规章制度，也要重视道德自律，将德治与法治有机地结合起来。“内无妄思，外无妄动”，一个人能否廉洁自律，最大的诱惑是自己，最难战胜的敌人也是自己。如果一个人战胜不了自己，就算制度设计得再缜密，也会“法令滋彰，盗贼多有”。人的言行更多时候要靠内在因素来支配，必须要从坚定理想信念入手，倡导廉洁风尚，为党员干部正确行使手中的权力提供信仰支撑。

1. 强化理想信念教育和党性修养

突出理想信念教育，引导党员干部系统学习中国特色社会主义理论体系，特别是习近平总书记系列重要讲话精神，自觉用贯穿其中的立场、观点、方法武装头脑、锤炼党性，把好政治思想建设这个“总开关”。通过“两学一做”“不忘初心、牢记使命”等主题活动深化党内教育，强化“不想腐”的政治定力和行动自觉。强化宗旨意识和纪律观念，严明党的纪律，自觉筑牢拒腐防变的思想防线。

2. 推进警示与激励教育

结合巡视、审计、专项检查、信访举报调查等发现的问题，在全校教职工大会、中层干部学习会、工作推进会等不同场合，对全校教工，尤其是中层以上干部、项目负责人及相关责任人进行教育提醒和政策法规的宣讲。用教育系统内的典型案件开展警示教育，用身边事警示身边人，实现惩治成果向预防成果转化的良性互动。强化榜样的正面激励作用，让“以廉

为荣、以腐为耻”的理念更加深入人心，通过正面的引导净化灵魂，树立崇廉拒腐的形象，教育人们明辨是非，自觉抵制腐败文化的侵袭。

3. 建设校园廉政文化

建设以“廉政文化研究所、廉政文化展览、廉政教育课”为载体的廉政文化体系。采用多种形式开展廉政文化专项课题研究、廉政主题的论文征集和书画评比活动、廉政文化专题研讨活动，将廉政文化纳入学校政治思想工作和校园文化建设的总体规划，融入教育教学、师资建设、人才培养、管理治理的全过程，强化干部廉洁从政、教师廉洁从教、员工廉洁从事、学生廉洁从学的廉洁意识。

参考文献

[1] 习近平. 在党的十八届中纪委第六次全体会议上的讲话[N]. 人民日报，2016-05-03(1).

[2] 习近平关于党风廉政建设和反腐败斗争论述摘编[M]. 北京：中央文献出版社、中国方正出版社，2015.

[3] 中共浙江省委关于纵深推进清廉浙江建设的意见[Z]. 浙委发〔2021〕2 号.

[4] 马振清，杨礼荣. 新时代全面从严治党三维建构：内涵、要求与特征[J]，江西师范大学学报(哲学社会科学版)，2020(2)：3-11.

[5] 姚琴琴，李治中，庄文城. 高校治理能力现代化的改革模式与路径研究[J]. 福建医科大学学报(社会科学版)，2019(6)：27-32.

[6] 徐芳，单烨. 高校纪委推动“清廉校园”建设的履责路径研究[J]. 北京教育(高教)，2019(12)：49-52.

建设高品质幸福学校

吴建斌

党的十九大报告指出:“完善公共服务体系,保障群众基本生活,不断满足人民日益增长的美好生活需要,不断促进社会公平正义,形成有效的社会治理、良好的社会秩序,使人民获得感、幸福感、安全感更加充实、更有保障、更可持续。”获得感、幸福感被紧密地联系在一起,成为新时代经济社会建设的价值引领。追求美好生活一直是人类生存的主旋律,2015 年 2 月 27 日中央全面深化改革领导小组第十次会议召开,习近平总书记在这次会议上提出“让人民群众共享改革发展成果,有更多的获得感”,此后“获得感”逐渐引起积极心理学领域学者们的关注。“获得感”是一个新词,是将客观获得和主观感受二者结合,多用以反映人民群众共享改革成果的幸福感。

幸福感是建立在一定基础上的主观感受,体现在各种社会活动中,工作本身就是获得感、幸福感实现的重要途径,工作幸福感一般是指在生理、心理和社会三个维度的影响下,对工作的环境、氛围和参与这份工作的团队给人带来的愉快、开心等一系列综合的满意度评价,它是人在工作过程中对生活满意度和情感体验两大方面的主观幸福感受。

高职院校教师的工作幸福感,主要指的是教师在教育教学活动中,愿望得到实现、潜能得到开发、心理得到满足的一种持续快乐的心理体验,也可以说是在工作和生活中所获得的精神和物质上的满足,这种满足能让教师在工作中实现自我价值、完成教学目标、获得身心愉悦。那么影响教师幸福感的因素都有哪些?据有关调查研究表明,影响人的主观幸福感受的主要因素有工作环境、管理方式、人际关系、薪酬福利、社会文化等。教师积极参与学校“双高”建设,不仅是一种工作价值导向以及激励力量,同时还反映了个体的内部动机,对个体的工作态度和行为产生重要影响。教师是学校“双高”建设的主力军,他们不仅重视工作带来的客观利益,更看重工作带来的意义感以及自我价值的实现。

“双高”学校面临的“双高”建设任务,对于教师来讲不仅是机遇和挑战,更是一种职业的呼唤,许多研究也证明了当个体感知到职业的呼唤后,会采取更加积极的工作状态、更多的工作热情,因而有较大机会获得职业成功,实现物质和精神的双重收获。在“双高”建设中,影响教职工获得感、幸福感、安全感的因素是多方面的,涉及物质、精神、分配、安全以及体制机制等多方面。学校工会组织作为学校事业发展的重要力量，肩负着维护教职工合法权益，组织教职工参与学校民主决策、管理和监督，动员教职工参与学校事业建设，提高教职工思想道德水平、技术业务能力和文化素质等方面职责。工会如何提高教职工的归属感、获得感、幸福感尤为重要，工会要通过提升学校民主管理水平、维护教职工权益、稳定教职工队伍、解决教职工困难、提高教职工福利、建立健康向上的校园文化等，不断增强教职工的归属感、获得感、幸福感。

一、为建立更加合理的制度机制提供保障

(一)制度建设规范化

制度的不规范、教师对工作行为结果的无法预测是导致他们焦虑、烦躁、痛苦的一个重要原因。有了规范的制度才能保证教师对工作的行为结果有清晰的预测性，制度只有规范化，才能成为教师工作的导向，才能成为教师工作有章可循的依据，教师才能够依据制度更好地思考自己的行为，勾画自己的工作轨迹，设想自己的工作效果，才会依据制度对自己有一个正确评价。从而有效地避免教师在评职称或推优评先中与管理者发生矛盾，从而避免影响干群关系、增加工作压力。浙江金融职业学院章程制定后的 10 多个年头里，几经修改完善，在章程的统领下，各项规章制度进一步修订完善，力求与时俱进。

(二)制度产生民主化

以人为本管理，实现民主管理，激发主观能动性:尊重教职工不能仅仅停留在口头和形式上，更要体现在学校的民主管理上。学校各项制度产生的过程是否民主化、科学化是制度能否被教师所乐于接受、自觉遵守、积极贯彻的重要前提。特别是要保障广大教职工参议校务的权利，凡是涉及教职工切身利益的决策，如晋升、聘任等，教职工要充分享有决策权和监督权，学校的重要决策要集中教职工集体的智慧，让教职工真正当家作主、乐于执行，保证决策的科学性。如此，一旦校内的民主氛围浓厚起来，教职工的安全感有了保障，有了当家作主的感觉，以人为本的管理方式才有可能建立，教职工的积极性和创造性才有可能被激发出来。让教师心情愉快地参与确立办学思想、制定办学制度，能形成尊重制度、接受制度的风气，有利于消除教师心理压力及对立情绪，从而化解矛盾。浙江金融职业学院自 1991 年建立教职工代表大会制度以来，坚持每年召开一次代表大会，形成了民主管理规范化、制度化。教职工意见得到重视、教职工利益得到维护、教职工人格得到尊重，充分激发了教职工的工作积极性和主人翁精神以及“校荣我荣”的认同感和归属感。

(三)制度实施人本化

制度一旦建立，就必须坚决加以贯彻，不容破坏制度、践踏制度的现象发生，这是制度实施刚性的一面。但是在制度实施过程中，会出现一些新问题，这些问题不是教师主观原因造成的，而是客观原因所致，是教师自身力量不能克服的，为了顺利地贯彻实施制度，制度的实施就要刚柔并济，体现管理的灵活性，也体现管理的人本化，其目的是要关注整个教师群体的心理，体现出学校的关怀。“刚柔并济，人本关怀”应成为学校时时、处处呈现的管理方式。

二、为建立更高水平的师资队伍创造条件

学校的首要的职责是人才培养，人才培养的重点是立德树人、德育为先。为办好“特色鲜明、人民满意、师生幸福”的教育，为师生谋幸福、为百姓谋和谐、为社会保稳定，浙江金融职业学院在建校之初就提出了这样的办学职责与理念，经过多年实践，将理念变成学校治理的自觉追求。为此，学校进一步强化了以生为本办学理念及实践，营造全员育人、全面育人、全程育人、全体育人、全心育人和全景育人的机制，实施了学生“千日成长工程”。为营造育人工作环境和文化，整合师生、校友、家庭、政府、社会力量，构建互动育人机制，学校还提出了“共建共享幸福金院　永创永续金融黄埔”的工作理念，实施了以“青年教师培养与成长的金翅膀机制，中年教师稳定发展的金台阶机制，老年教师幸福与安康的金降落伞机制”为核心的“三金机制”。

(一)青年教师培养与成长的金翅膀机制

在快速发展的高职院校师资队伍中，青年教师占有较高比例，他们资历尚浅，缺乏教学经验，要想深受学生喜爱、领导同行认可，需要花费大量的时间精力，不断更新高职教育教学理念，利用信息化的手段提高教学方法，这给他们带来很大压力。青年教师事业提升的重要渠道是职称晋升，量化考核式的职称评定方式迫使青年教师在对教学还不熟悉的情况下，不得不花费大量的精力研究如何发表论文、申报课题项目等，在教学和科研双重压力下的青年教师，一般缺乏自信、倍感彷徨、工作幸福感较低。

学校根据以“分类引导、精准培养、项目驱动、跨界合作、绩效考核”为主线的师资队伍建设工作体系，以实施3年或5年一轮的“培养计划”为载体，加强专业培训，拓宽培训渠道，促进青年教师专业成长。培训是最好的福利，有好的学习培训机会对教职工来说尤为重要。传统的教职工队伍建设侧重于管理、监督和考核，而忽视了教职工个体的成长和专业水平的

提高，从而导致学校的办学理念无法真正内化为每位教职工的自觉行动，为此，高校工会应为教职工的专业发展提供服务，坚持以促进教职工的专业成长为根本，在教学管理和科学研究中创造良好环境，以建立学习型组织为前提，为教职工的自我完善创建广阔的空间，有效加强师资队伍建设，有效提升师资教学、科研能力和水平。学校“面向 2035 年”分别以“青年拔尖人才”“金骨班”为载体，打造青年教师发展团队，通过集中和日常培训培养，进一步提升学校“青年拔尖人才”和“青年骨干”的整体素质。学校加大投入，有计划地组织青年教师出国（境）培训研修，拓宽视野和提升国际化水平。按照专业类型、研究方向等进行分类，继续开展校领导与青年高层次人才一一结对工作。校领导与结对人才加强了互动交流，深入了解高层次人才职业发展、教学工作、研究工作、生活状况等，助力高层次人才在幸福金院大家庭工作更舒心、成果更丰硕。

（二）中年教师稳定发展的金台阶机制

教师职业幸福感，指的是教师在教育教学活动中，愿望得到实现、潜能得到开发、心理得到满足的一种持续快乐的心理体验。中年教师职称晋升压力、人际关系氛围、薪酬福利水平等都是影响幸福感的因素，怎样才能调动广大教师的积极性、提高教师的幸福指数，解决办法就是创建健康和谐、自由宽松的校园环境，学校只有倡导高尚的校园精神，形成相互沟通、相互理解、相互激励的人际心理氛围，才能化解教师心理阴影，引导教师寻找生活、工作中的幸福感受。构建教师职业发展激励机制，如浙江金融职业学院协同浙江省金融教育基金会，设立了“热爱金融教育奖”“忠诚金融教育奖”，鼓励教职工忠诚金融教育事业，为浙江省金融教育贡献力量。激发教师干事创业的热情和积极性，为不同类型和不同层次的教师建立“金晖奖”“金牌教师”“金牌班主任”等一系列激励机制，带动教师形成爱岗敬业、勇于担当、争创一流的工作风尚，增强教师职业发展的认同感和获得感。

（三）老年教师幸福安康的金降落伞机制

老教师是学校的财富，他们不仅有丰富的教学经验和方法，更有宝贵的师德教风需要传授给年轻教师，许多学校都建立了“青蓝工程”传帮带机制。还有就是充分认可老教师的荣休机制，比如荣休仪式、荣休奖励、荣休座谈会等，浙江金融职业学院设立了“金融教育终身成就奖”，同时为弘扬中华民族敬老、爱老、助老的传统美德，鼓励浙江金融职业学院退休教职工进一步提高生活品质和生命质量，更好地为浙江省金融教育发挥余热、献计献策，设立了“福寿奖”，即七十岁健康老人奖、八十岁长寿老人奖、九十岁寿星老人奖、百岁老人奖等，奖励从学校荣休的高寿老教师，激励老同志保持好身体、好心态，安度晚年，健康长寿，增强了离退休教职工的荣誉感和幸福感。

三、为建立更加和谐的人际关系培育氛围

学校的各项活动都是在人际交往中实现的，如管理者和教职工之间、教师与教师之间、教师与学生之间、教师与家长之间等多种人际关系。这些关系不但对教师幸福感有重大影响，而且对学校管理也会起到重要的作用，学校治理就应当为教师营造一个融洽而和谐的人际关系环境。通过加强和改进人际关系，培育积极教育共同体，共同提升共同体成员的幸福感。

（一）建立良好的师生关系

师生关系是学校环境中最基本的一种人际关系，影响着师生双方的心理及个性的发展，教师是建立良好师生关系的关键。学校应增加教师和学生交流的机会，浙江金融职业学院通过10多年的“爱生节”推进师生的沟通交流，通过联系制度促进师生紧密联系，使教师得到更多直接来自教学过程的内在鼓励，除了要求教师热爱学生、尊重学生，承认学生的个性差异，对学生真诚地赏识和善意地批评外，还从学生获得的成功中肯定教师的奉献、教师的成功；从赏识学生的每个闪光点中去赏识教师的劳动创造。

（二）建立和谐的同事关系

学校要创造环境，增加教师之间的交往机会。学校要通过一系列管理措施与方法，增加教师之间交流与沟通的机会，满足教师的交往需要。适当使用竞争与合作的机制，在竞争中提倡教师之间的合作精神，灵活利用“大合作”制约“小竞争”，激发教师的集体荣誉感，增强凝聚力，建立整体合作、个体竞争的工作环境，从而创造温馨和谐的校园气氛，使教师感受到集体的温暖，使其心灵有所归属。

（三）建立融洽的干群关系

学校管理者应加强民主意识，广泛设置沟通渠道，如通过结对联系、座谈对话、校长信箱、领导接待制度、民主生活会等形式与教师沟通，使教师能表达、释放他们的意见和受压抑的情绪，此举不仅缓解了教师的心理压力，也为管理者提供了做好管理工作的新视角，学术和生活“论坛”架起了干群之间、教师之间的心桥，既有利于教师健康，也促进了学校工作。

四、为实现更高质量的服务营造环境

学校要把转换教师的教育思想和教育观念摆在非常重要的位置上，要从物质条件、规章制度、管理措施、工作职责、人际关系等方面制定相关的激励保障措施，学校管理者要按照教

师工作需要和自身发展愿望，为他们提供多种继续学习和进修的途径，达到教师和学院共同发展的良性循环。

（一）完善人本管理，改善工作条件

进一步突出“人本管理”和“能本管理”。学院的管理要注重教师权益的保障，尊重教师个人发展以及相应组织文化的塑造。首先，提高教师的教学工作地位，明确教师的专业工作要求，避免教师的角色冲突，减轻其工作压力和精神负担。其次，激发教师的工作热情，强化其主人翁地位，改变教师在选择教材、制定教学计划等方面的被动局面。再次，改进教学设施，提高教学手段的现代化水平，拓展实验实训基地，解决理论与实践脱节的问题，为教师提高教学质量、实现自身的价值提供有利的环境。最后，制定有利于教师开展科研工作的政策与措施，建立健全教学评估体系，为教师的教学科研上层次、上水平创造条件。增加投入，加强培养，实施积极的引导策略与激励机制，鼓励教师学历提升进修，组织职业技能训练，强化“双师型”教师的培养等。

（二）关心教师健康，加强保健服务

学院要把提高教师的身心健康水平作为一件事关学院发展的大事来抓，利用学院自身的优势，有目的、有计划地对教师开展一系列健身活动。首先，开展教师幸福心理咨询服务，有针对性地解决教师存在的各不相同的幸福心理问题。要建立教师健康咨询制度和教师健康保障制度，学院开设媒体宣传专栏，利用校园网的 OA 系统，每周一向全体教师宣传有益教师心理健康的宣传资料，定期开展教师心理健康讲座，让教师的情绪情感得到合理释放、错误的认识得到纠正。其次，发挥医护人员的优势，经常性开展各种健康教育活动。广泛开展健康教育和自我保健指导活动，如开展系列专题讲座，内容可包括常见疾病的预防和康复、饮食、营养与保健、心理保健与养生等。加强经费等投入力度，更加重视教师的体检，针对一些有需要的人群，主动为他们咨询并介绍有关保健知识和方法，帮助提供更加方便的医疗保健服务。

（三）丰富业余生活，激发积极情绪

切实转变观念，强化精神文化生活，变压力为动力，通过多种方式与各种渠道丰富精神文化生活，来为教职工减“压”减“负”。丰富业余生活，营造宽松工作氛围，引导教职工快乐工作、幸福生活。工会要在能力范围之内，尽可能地为广大教职工提供丰富优质的文体活动资源，在学校开设健身房、音乐厅等场地，为教职工提供场地资源。开设养生、瑜伽、音乐、书画等兴趣爱好培训班，为教职工开展文体活动提供技术支持。开展诸如登山、拔河、唱歌、书

画等有奖活动，使广大教职工在紧张的教学科研之余，身心得到放松，营造宽松有序的工作环境，增强集体的凝聚力。依托教师文体俱乐部机制，促进教师文体活动和健身运动的广泛开展，充分发挥学院的场馆优势，利用现有的体育场地、设备资源，为教师的健身运动的开展提供物质基础。通过俱乐部活动日、校内外俱乐部比赛，开展丰富多彩的相对宽松和轻松的健身活动，引导并激励教师积极参加文娱活动和体育活动，不仅活跃了校园气氛，也使教师在活动中既提高了身体素质又陶冶了情操。注重师生的获得感、体验感和认同感，围绕"幸福＋"主题，实施"幸福之味、幸福之旅、幸福之家"等幸福保障计划，积极优化幸福农场建设，开展美味共享，升级教工之家，完善教职工疗休养制度，实施医疗互助保障，保障教职工福利待遇，完善财务服务体系等。

教职工对幸福生活的向往是我们的奋斗目标，幸福金院建设是一项系统工程，不仅需要学校重视并确定明确的大方向、大目标，更需要各职能部门不忘初心、勇于担当、不懈努力、密切合作，扎实推进各项幸福建设具体目标的实现，最终实现共同凝心聚力、再创学校辉煌。高校工会应当通过以人为本管理，实现民主管理，激发教职工的主观能动性；通过加强专业培训，扩展培训领域，促进专业成长；通过切实转变观念，丰富精神文化生活，变压力为动力；通过丰富多彩的业余生活，营造宽松的工作氛围，引导教职工快乐工作、幸福生活，进而提高教职工的幸福感。

参考文献

［1］高品质幸福金院建设项目组. 高品质幸福金院项目建设总结报告［R］. 浙江金融职业学院，2019.

［2］张红云，张军. 北京市高职院校教师身心健康状况分析及对策研究［J］. 北京工业职业技术学院学报，2013，12(02).

［3］涂庆华. 高职教师如何提升职业幸福感［J］. 文教资料，2018(26).

充分发挥示范引领和带头作用

周建松

《教育部财政部关于实施中国特色高水平高职学校和专业建设计划的意见》(以下简称“双高”计划),作为中共中央、国务院的重大决策,作为教育部、财政部部署确定的中央财政重点支持建设项目,已经正式启动。“双高”计划明确要求,要集中力量建设一批引领改革、支撑发展、中国特色、世界水平的高职学校和专业群,带动职业教育持续深化改革,强化内涵建设,实现高质量发展。“双高”计划明确要求,到2022年,列入计划的高职学校和专业群办学水平、服务能力、国际影响力显著提升,为职业教育改革发展和培养数以千万计的高素质技术技能人才发挥示范引领作用,使职业教育成为支撑国家战略和地方经济社会发展的重要力量;形成一批有效支撑职业教育高质量发展的政策、制度、标准。“双高”计划明确要求,到2035年,一批高职学校和专业群达到国际先进水平,引领职业教育实现现代化,为促进经济社会发展和提高国家竞争力提供优质人才资源支撑;职业教育高质量发展的政策、制度、标准体系更加成熟完善,形成中国特色职业教育发展模式。

一、创新性研究不足是高职教育发展的重大掣肘

众所周知,我国高等职业教育从20世纪80年代开始由民间、地方和基层自发探索形成。从官方层面看,是否采用高职教育这种模式,是类型还是层次,要不要大力发展高等职业教育,怎样举办高等职业教育,谁来办高等职业教育等根本问题都曾存在较大争论;从重大时间节点看,40年间,我国高职教育经历了20世纪下半叶近20年的摸索和探索阶段,又经历了世纪之交以来的规模发展阶段,目前,高职教育占据高等教育的半壁江山早已是真实写照,但由于创新性研究寥寥无几,关于高职教育“为了谁”“是什么”“向何处去”等一系列根本问题迄今没有搞清,即类型特色不鲜明、发展定位未把准。

(一)未能有效回答为什么发展高等职业教育的问题

40年来,相关研究对“发展高职教育为了谁”这一问题做出过一些描述和表达,尤其对为什么要推进高等教育大众化,为什么要推进发展、大力发展、加快发展高等职业教育等问

题已有不少政策文件和学术探讨。20世纪80年代，一些地方和基层在进行自主探索时明确强调，基于国家改革开放、大力发展城镇集体经济等需要，迫切需要一大批实用技术人才，而当时高等教育办学场地和师资等条件不足，无法满足经济社会发展的需要，于是开始了对发展高等职业教育的探索，但初始的高等职业教育采用的是“三补一高”的方式。随着社会经济发展对高等职业教育需求的进一步上升，国家先后出台了“三教统筹”“三改一补”等方式，以此来扩大高等职业教育的办学规模，但条件好的中专通过升格办高职始终是作为“补充”地位，因而当时的高职教育未能取得实质性进展。进入世纪之交，国家提出推进高等教育大众化，并实施了高校扩招、建立独立学院及发展高等职业教育等三大举措，国务院教育行政主管部门也下放了高职院校审批设置权限。随后，我国高等职业教育得到了较快发展，院校数量不断增加，学生规模不断扩大。然而，到目前为止，无论是政策层面、学术层面还是实践层面，都未能对“发展高等职业教育为了谁”这一根本性问题作出系统研究与顶层设计。

（二）未能深入研究高等职业教育“究竟是什么”的问题

无论从宏观上还是从微观上看，这几十年来，我们一直未能深入研究高等职业教育“究竟是什么”这一问题，即高等职业教育的内涵。高职高专处作为教育部主管战线的业务处室虽然经历了从高教司到职成司的划转，但相当长一段时间仍以高职高专处这样的名义存在，直到现在，沿用高职高专这个称谓的机构和单位还有不少，高职教育始终在类型论与层次论之间徘徊。[1]从应对社会层面看，虽然高等职业教育、高职院校作为教育体制内的概念似乎已形成共识，但对于其他政策部门，高职教育只能以相当于大专的层次来表达。在管理体制机制、教育教学等诸多方面，均沿用了高等专科学校的模式。在管理体制上，学校职级及定岗定编等方面，都是参照高等专科学校；在教育教学上，虽然在招生专业的名称等方面做了一些探索，围绕产教融合、校企合作对办学模式、人才培养模式等方面也做过许多探索，甚至做过较大规模的诸如项目化课程、基于工作过程系统化课程等微观改革，但呈现的结果似乎还是专科层次、专科水准或近乎专科的要求，近几年学生专升本比例不断扩大，再一次印证了关于高等职业教育“究竟是什么”的问题仍然没有得到有效界定与清楚梳理。

（三）未能形成专注于高等职业教育的系统研究力量

总体而言，我国学术界针对高等职业教育的研究力量并没有凝聚和集中。从全国范围看，国家层面没有专门的高等职业教育研究机构，部属的国家研究机构虽然涉及高职教育，但多数是从普通高等教育或中等职业教育转过来的，专门研究力量十分薄弱。作为举办高等职业教育的主体力量——高等职业学校，有些虽也设有研究机构，但其研究更多带有政策解读和校本宣传性质，真正能够客观理性、全面系统地研究高等职业教育的性质、定位、理念、模式、机理、行动、规律、方向的几乎很难找到，也就是说，以研究成果来定义、引领、规划高职教育的力量远未形成，距离打造引领改革、支撑发展、中国特色、世界水平的要求相差甚远。

二、扎实开展创新性研究　全面引领“双高”建设

习近平总书记指出，中国特色社会主义进入新时代，各方面工作都要有新气象。[2]《中国特色高水平高职学校和专业建设计划》作为新时代中国职业教育要下一盘大棋的重要一招，如何有新的更大的作为，如何使“双高”计划取得更大的政策效应、实践成果，如何形成更大的投入产出绩效，并真正在模式探索和话语体系构建方面做出成绩，全面引领“双高”建设需要扎实开展以下五类创新性研究。

(一)加强关于高职类型特色的开拓性研究

《国家职业教育改革实施方案》(下文简称《方案》)明确指出，职业教育与普通教育是两个不同的类型，具有同等重要地位。同时，《方案》还明确指出，经过 5—10 年的努力，要实现三个根本转变，其中十分重要的是要实现职业教育向真正的类型特色转变，因此，必须明确什么是职业教育的类型特色。此外，“双高”计划还明确强调，要通过建设引领职业教育高质量发展，形成中国特色职业教育发展模式，更需要在实施“双高”计划过程中加强研究，探索类型特色并起积极的引领作用。《方案》提出，实行“1＋X”(即学历证书＋若干职业技能等级证书)制度，有学者提出，要建立“1＋X”和“X＋1”相结合的制度，还有学者和官员提出，中国特色职业教育制度是否可表述为“纵向贯通、横向融通”……，凡此种种，都是探索性的思考，我们需要从规律和实际出发，认真加强关于高职类型特色的开拓性研究，求得理论上的统一性，对此，“双高”学校责任重大、任务艰巨。

(二)夯实关于高职多元办学的基础性研究

《方案》明确提出，经过 5—10 年的努力，职业教育基本完成由政府举办为主向政府统筹管理、社会多元办学的格局转变。事实也是这样，我国特殊的地域结构和人文结构，决定了我国发展高等教育的理念和模式应有自身的特点。我国要实现全面小康，要构建社会主义和谐社会，必须推进高等教育大众化并进而实现高等教育普及化，其中十分重要的途径是大力发展高等职业教育，因为高等职业教育主要生源是地处县域以下及农村子女，少数民族地

区、西部地区、经济欠发达地区、贫困地区的学生就读比例高，他们大多是家族和家庭第一代接受高等教育的人。正因为这样，发展高等职业教育便成为实现中华民族伟大复兴的重大战略。作为中国特色高水平学校建设单位必须为优化我国高等职业教育的办学格局做出贡献，研究如何推动和优化高等职业教育的具体举措。例如，如何在三线及以下城市办好高等职业教育，“双高”学校如何为三线及以下城市做贡献，如何通过自身的辐射示范和引领作用带动国家职业教育高质量发展，更为重要的是，应加强对“双高”学校办学体制机制的研究，探索在集团化办学、混合所有制办学等方面形成经验并付诸实践，为西部地区、边远地区、少数民族地区多培养、培训人才做出贡献。

（三）深化关于高职内涵建设的引领性研究

关于“双高”建设的目标任务，在“双高计划”建设文件中已明确了总体框架，即加强党的建设、打造技术技能人才培养高地、打造技术技能创新服务平台、打造高水平专业群、打造高水平“双师型”队伍、提升校企合作水平、提升服务发展水平、提升学校治理水平、提升信息化水平、提升国际化水平，简称“一加强、四打造、五提升”，在每一项任务中，又都有具体的内容和文字表达。怎样把握这些任务的要求，每一所学校都按照自己的理解，从自身实际情况出发，按照各自对问题和趋势的研判，做了回答。这其中包括许多需要研究的因子，尤其是对未来国家产业发展、技术更新及其职业教育范式的研究，都值得反复思考。

（四）促进关于高职制度标准的实践性研究

“双高”计划明确提出，“要集中力量建设一批引领改革、支撑发展、中国特色、世界水平的高职学校和专业群”“要带动职业教育持续深化改革、强化内涵建设、实现高质量发展”。此外，在建设目标中明确，“到 2022 年，要形成一批有效支撑职业教育高质量发展的政策制度和标准”“到 2035 年，职业教育高质量发展的政策、制度、标准体系更加成熟完善，形成中国特色职业教育发展模式”。这表明，“双高”计划不仅通过项目支持，使列入计划的高职学校和专业群办学水平、服务能力、国际影响力显著提升，而且要使一批高职学校和专业群达到国际先进水平，引领职业教育现代化，同时要探索形成中国特色职业教育政策、制度、标准、模式，形成走向世界乃至在世界舞台上通行的话语体系。对此，必须也唯有通过强化研究才有可能，如果说，从不达标到达标的路径可以摸着石头过河，那么，从合格迈向良好、从良好迈向优秀、从优秀迈向卓越的过程，一定是在高职改革与发展中不断进行实践性研究、从而提高并形成最佳实践的过程。[3]

(五)强化关于高职提质增效的应用性研究

徐国庆的研究结果表明,尽管经历了国家示范建设骨干院校建设的过程,又经历了创新发展行动计划的洗礼,但我国高职发展中仍然存在着课程建设难以体现水平差异、校企合作难以进一步突破、师资队伍提升难以带来质的变化等问题,这些都与研究有关,而高职本身的研究也难以产生重要的影响成果。[4]在过去的十几年中,由于主客观方面的努力,高职院校教师开始撰写有关教研教改和高职改革发展的论文论著,一些重要期刊也开始发表关于高等职业教育的论文论著,一些比较高端的科研项目也列有高等职业教育的课题,但从所形成的结果来看,高职院校的研究成果虽然在数量上有明显提升,但质量总体不高,有重要研究贡献的成果极少,研究在高职院校内涵建设中应该处于什么位置,人们尚未获得清晰的认识。同徐国庆研究结果类似的实际情况是,我国高职院校不仅研究机构少,而且研究机构的力量很弱,学校领导班子对于研究重要性的认识和自身研究水平确需大大提升,必须强化应用性研究,并将之有效转化为对高等职业教育上层次上水平的贡献。

三、通过创新性研究形成中国特色高职教育范式

中国的高等职业教育已经经历了40年的探索发展,目前已进入内涵建设和质量提升阶段。为促进内涵建设水平和办学质量的提升,许多高职院校都在提出并扩大一些支撑内涵建设的概念,或者对一些国外职业教育发展的概念加以改造和利用,这无疑是有意义的。但如果继续停留在引用和借鉴的层面,不仅不利于进一步提升中国高等职业教育的水平和质量,更不利于打造中国特色、世界水平的高等职业教育,也不利于中国职业教育发展模式的探索和形成。在这一背景下,我国可以“双高”建设为契机,通过上述五类创新性研究,促进中国特色高等职业教育范式的形成。

(一)中国特色高职教育话语体系构建

习近平总书记强调指出:“要加强国际传播能力建设,精心构建对外话语体系,发挥好新兴媒体作用,增强对外话语的创造力、感召力、公信力,讲好中国故事,传播中国声音,阐释好中国特色。”作为思维的外衣,话语体系是广泛存在于人类社会交往实践中的语言实践,是承载一个国家或民族思想状况、精神面貌和价值观念的符号化的复杂系统。高等职业教育话语体系是指在高等职业教育实践和理论发展过程中按照一定的逻辑与规划形成的一整套符号的有机话语机构整体,是指一定高等职业教育理念、内容、方法和实践的具体表征,传递着一定的价值体系和行为准则。要研究建构中国高等职业教育话语体系,[5]首先,必须探索中

国高等职业教育的价值体系、观念特征、理论范式、实践成效，这对形成中国特色职业教育高质量发展模式，提升中国在高职教育领域的国际影响力十分重要，也是增强文化软实力和坚定文化自信的内在要求。在过去的一段时间里，我国主要以学习借鉴为主，但现实生活中存在的食古不化、话语滞后、对照不准等情况比较明显，更何况，就教育领域，各个国家的文化特征、政治制度、学制体系不尽相同，尤其是职业教育作为一种跨界的教育，更受到每个国家经济社会结构和产业发展阶段的影响，简单的拿来主义更是难上加难。目前，我国正在举办世界上最大规模的高等职业教育，正在举办适应中国经济社会发展需要和文化传统的高等职业教育，研究我国自己的话语体系更加重要，要遵循“博采众长、融合提炼、以我为主、自成一家、中国特色”的要求抓好研究，真正做到不忘已来、彰显中国特色，吸收外来、拓宽国际视野，面向未来、把握时代脉搏，真正构建起我们自己的高职教育话语体系。

（二）中国特色高职教育发展经验总结

学者邬大光认为，近年来，跟跑、并跑、领跑已成我国高等教育界一组流行的话语。跟跑是指我国高等教育在过去相当长的时期，主要是模仿西方国家的脚步前行；并跑是感觉我国现在的高等教育水平与西方国家处于同一水平线上并肩前行；领跑即表明当下我国高等教育对未来发展充满自信，也表明未来我国高等教育的发展要靠自己探索。是否也可以这样认为，跟跑是历史事实，差距尚需进一步分析。纵观我国高等职业教育发展实际，40 年来，在实践中不乏盲目参照，学习借鉴在相当长一段时期内是高职的主旋律。我国对美国、加拿大、德国、瑞士、澳大利亚乃至英国、日本、新加坡的职业教育推崇有加，直到现在，仍然把德国双元制摆在十分重要的地位，这无疑也是十分有益的，但中国特色高水平高职学校和专业建设计划项目的使命是要探索中国职业教育发展道路，形成中国职业教育发展模式，简单依靠行政命令式的学习借鉴是否合适，应当是“双高”建设项目本身必须考虑的问题。实现这一目标的当下战略是努力探索高等职业教育的中国经验，中国经验从何着手，国务院领导和教育行政部门也在努力。2019 年底，在深圳职业技术学院召开的职业教育高质量发展现场会，把深圳职业技术学院的经验作为中国发展职业技术教育的经验加以总结和推广，在总结形成中国经验这一意义上，无疑是十分重要的一个开端，需要加大总结的强度、推广的力度。与此同时，我国是地域辽阔、经济社会发展不平衡的国家，尤其是大量三线城市的高等职业教育怎么发展，怎么与当地经济社会发展互动并形成良性循环，更需要在研究中探索和重视。为此，需要更大范围总结经验，尤其是研究如何以较少的投入谋求最大的绩效，真正实现“业内都认可，地方离不开，国际可交流”目标上的总体经验，同时为形成中国话语体系奠定基础。

(三)中国特色高职教育类型特征归纳

关于中国高职教育的发展,总体而言,是高教性和职教性并重,《方案》开宗明义,职业教育与普通教育是两个不同的类型,具有同等重要地位。《方案》指出,要把发展高等职业教育作为优化高等教育结构和培养大国工匠和能工巧匠的重要方式,使城乡新增劳动力能更多地接受高等教育。这两段话明确了高等职业教育的双重特性。此外,许多专家学者和高职同行也认为,高等职业教育还有地方性(区域性)的特征,也就是说,高等职业教育要服务于区域经济社会发展需要。对此,早在2014年《国务院关于加快发展现代职业教育的决定》中就有明确阐述,随后在《方案》中也有进一步强调,即高职院校要培养服务区域需要的技术技能人才并为小微企业技术研发和产品升级服务,为社区教育和终身教育服务,除此之外,也确实存在着一部分为整个行业服务的有特色的职业学校,在职业教育发展过程中,我国也已经初步形成了产教融合、校企合作、集团化办学、现代学徒制人才培养(订单式人才培养)模式等,也强调了"双师型"教师队伍建设的重要性。综上所述,是否已经构成中国特色高等职业教育的类型特征,需要反复研究。当然,作为中国的高等职业教育,根本任务是立德树人,必须坚持在中国共产党领导下扎根中国大地,培养中国特色社会主义建设者和接班人,具体细化为培养德才兼备的高素质技术技能人才,对上述问题,需要再总结、再归纳、再探索、再凝练。

(四)中国特色高职教育制度标准制定

中国高等职业教育要走向世界,必须有自己的话语体系,从这种意义上说,有专家学者建议,德国有双元制、澳大利亚有TAFE,而我国可否总体为"双通"(纵向贯通、横向融通),也有人建议为"1+X"和"X+1",这无疑是有益的建议,但中国高职教育要真正走向世界,一方面,与我国整体文化实力和影响力、传播力有关;另一方面,也一定与我国的经济和产业发展水平相关。这几年伴随着我国产业与企业"走出去"、文化传播及人才培养的需要,我国已开始在国外办学,但如何正确处理语言、文化和产业发展之间的关系,确需开展综合研究。相对而言,在国内的标准制定及传播比较容易,在国际范围内制定标准并传播则会更加困难一些,为此,需要分步立体推进。首先,要研究适合国情和发展需要的高等职业教育政策制度标准体系,包括国家层面、省级层面或者市县层面,当然,更鼓励像深圳职业技术学院这样的学校层面,内容包括专业标准、课程标准、教师职业标准、学生毕业标准、学校设施条件标准等。其次,要重点支持"走出去"设立"鲁班工坊"、设立海外学院的学校在实践基础上因地(国度)建立相应的教育教学标准、专业标准、课程标准、教员标准、学生入学及毕业标准、学制体系,从局部慢慢走向整体。与此同时,要鼓励或明确要求列入中国特色高水平高职学校建设的56所学校，应从校本研究角度形成自身的标准并会同同行建立行业或区域乃至中国标准，为走向世界服务；对于列入中国特色高水平专业群建设的253个专业群，也应当结合专业特点进行探索和总结，逐步从学校走向全国，推向世界。

总之，我们要以“双高”建设为契机，通过研究凝练，抓紧在中国特色高等职业教育话语体系、发展经验、类型特征、制度标准等方面出成效，这也是“双高”建设的使命和职责所在，为此，要创造条件为相关高职院校设立研究机构，配备专兼职研究团队，真正为探索中国特色高职教育发展模式奠定基础，为全球高职教育科学有效发展提供中国方案，以不断增强中国教育的国际影响力和文化软实力。

参考文献

[1] 周建松，陈正江.贯彻落实《实施方案》着力推进高职教育类型特色建设[J].职教论坛，2019(07).

[2] 徐俊峰.习近平教育思想体系及其理论品格[J].现代教育管理，2019(01).

[3] 徐国庆.“研究型”是建设高水平高职的突破口[N].中国青年报，2019-01-14(05).

[4] 徐国庆.高水平高职院校的范型及其建设路径[J].中国高教研究，2018(12).

[5] 周建松，陈正江.中国特色高等职业教育话语体系的构建[J].现代教育管理，2019(01).

努力提升学校发展竞争力

周建松

为贯彻《国家职业教育改革实施方案》(国发〔2019〕4 号)精神,教育部财政部及时启动了《中国特色高水平高职学校和专业建设计划》(以下简称《计划》),又制定了《中国特色高水平高职学校和专业建设项目遴选管理办法》(以下简称《办法》),根据《计划》和《办法》,各学校积极申报,并经省级推荐,教育部财政部组织专家评审,现在第一轮 56 所“双高”计划建设学校,197 个高水平专业群单位已经成功入围,并已进入紧张有序的建设工作,虽然评选工作总是几家欢乐几家愁,对遴选的条件也有不尽一致的认识,但对于我们每一所学校而言,确实需要研究和关注条件和指标蕴含的意义、内容,研究高等职业教育内涵发展的政策导向,尤其要关注微观领域高职教育教学工作该怎么抓、怎么做,透过现象看本质、立足今天看未来,从而找准找好学校改革发展的正确而科学的道路,为学校可持续健康发展奠定科学的思想基础、确定正确的行动方略。从这一点来说,整个战线的每一所学校都是需要重视和关注的。

一、基础为底

《办法》第十一条第一款明确强调,学校办学条件高于专科高职学校设置标准、数字校园基础设施高于《职业院校数字校园建设规范》标准,两个“高于”道出了“双高”学校遴选的基础和“参赛”的资格。

(一)从“什么是一所好学校”说起

事实上,多少年以来,对于“什么是一所好学校”的问题,理论界一直有不同的争论。最为经典的表述是清华大学老校长梅贻琦先生的名言:“所谓大学者乃大师之谓也,非大楼之谓也。”梅先生十分强调大师的重要性,这句话流传至今且非常盛行,直到现在许多人仍以此为导向并据此评判学校的优劣,并从抗战时期西南联大的办学条件与人才培养成效作为案例加以佐证,结果确实令人信服。以后,我国教育科技界又发出了钱学森之问——我们为什么难以培养拔尖创新人才?也就是说,我国的教育事业发展到今天,大楼林立、教授云集,但为什么仍培养不好拔尖创新人才，于是，人们有了新的思考，仅有大楼和教授是不够的，更需要有大爱。所谓大爱，就是要有一大批心无旁骛、潜心教书育人的教育教学工作者（教师），并有一定包容创新的体制机制和人文环境，当然，在当今条件下，无论是科学研究、人才培养，没有现代化的技术设备和经费投入保障也是难为无米之炊的；正因为这样，人们有理由认为，一所好的大学应该是大楼、大师、大爱共存并有机统一的。这也是我们在推进学校高水平建设过程中必须充分认识和考虑的。

（二）高于“两个标准”意味着什么？

“双高”建设计划明确学校的门槛，要高于全国统一的专科高职学校设置标准，数字校园基础设施要高于《职业院校数字校园建设规范》标准，我以为，做“双高”建设学校的硬件门槛，必须要达标并超标是有道理的，也是必然的。

所谓硬件达标，因为专科高职院校设置标准是教育部和国家发改委等部门面向全国，就设置（举办）高等专科学校所必需的最低条件，包括土地面积、建筑面积、房屋建筑物、教学实训用房、体育文化设施、师资配备、图书资料等，是开门办学必需的“柴米油盐酱醋茶”。因此，申请“双高”学校是必须达标的，所有学校都应该达标。

所谓数字校园基础设施达标，这是适应新时代的新要求。当今时代，科学技术日新月异、突飞猛进，我们已经进入大智移云物时代，在这一背景下，我们的教育要用今天的技术培养面向未来的人才，必须有先进的信息化技术作为支撑，要培养教师和学生的信息素养和能力，首先必须有相应的技术装备和设施，否则就不利于教育教学和人才培养工作的正常开展，甚至无法进入工作状态，更无从开展科学研究。

之所以要高于标准，这至少有两个原因。一是标准是国家规定的最低标准，而且规定颁布也过去了一定的时间，在实践中应有所提高；二是作为国家级层面的高水平学校，必须优于一般普通的学校。

（三）怎样才算一个达标的好学校？

高等职业教育是高等教育的一个类型，当然，我们正在朝着类型特色的职业教育方向前进，因此，我们既要从高等教育角度看高度，也要从职业教育层面看厚度，从两者相结合有机协调出发，硬件基础是基本家底。

一是现代化校园（包括基本设施）与一大批理念认同的校企合作伙伴的有机统一。学校要有与办学规模规划，近期办学定位相匹配的校园占地面积、建筑面积，教学实训用房及文体图书及信息技术设施，让学校初具规格；与此同时，根据产教融合要求，遵循校企合作原则，学校应该在本行业、本区域缔结形成一批紧密型校企合作伙伴，并形成长效机制，为校内教学生产化、校外教学真实化奠定基础。

二是素质精良、数量适当的专任教师与一大批行业企业兼职教师的有机统一。教师是学校的主人,在办学治校过程中起着基础性作用,要办一所好学校哪怕是合格的学校,没有素质优异、数量适当的专任教师是不可想象的,对此,我们一定要对照规模、对照标准考核落实;与此同时,高职教育的特点是校企合作、培养的学生要知行合一,也需要一批“双师型”教师,组建“双师”结构教学团队,正因为这样,师资队伍建设必须谋求校内专职适当和校外兼职充足的统一。

三是充分的经费投入保障与较强的自我筹资能力的有机统一。教育事业总体上是一个公益事业,作为一项培养人、造就人、开发人力、凝聚人心的工作,必须要投入大量人、物、财力,尤其必须有一个经费投入保障机制。无论是社会力量办学、个人出资(捐资)办学,还是更多的公办学校,都必须有基本办学经费保障,国家明确,公办学校需达到人均 12000 元的标准,这是一个要素标准;与此同时,学校也不能简单地躺在拨款身上过日子,而必须通过社会服务赢得资源、争取支持、创造收入,形成政府投入(举办者投入)与自我创收的有机统一。

关于办学的基本条件还会涉及很多,如领导班子、管理队伍,但上述三条应该是最为基本和基础性的,基础不牢、地动山摇,必须确保。

二、质量为先

“双高”计划有关文件都突出强调了质量为先、改革导向、扶优扶强,这昭示着我们在高等职业教育建设中,需要密切关注质量的存在和意义。党的十九大明确,中国特色社会主义进入新时代,高质量发展成为新时代的主题,高质量发展这一时代主题逐渐从经济领域引入包括教育在内的各个领域、各个行业、各个方面;同时,我们从“双高”建设的有关文件中也可以明显体会到,“双高”计划要强化内涵建设,带动职业教育高质量发展,更为重要的是,《国家职业教育改革实施方案》第三条又特别强调要“推进高等职业教育高质量发展”。正因为这样,质量更成为我们这个时代的主题,当然,关于质量问题,从宏观上看,我们国家正经历由急需质量观、适需质量观、结构质量观,特别是类型质量观、创新质量观的转变;这对于一个学校来说,必须要求我们关注宏观,善于在结构中找到位置,并在创新中形成特色,彰显自己存在的价值和发展的生命力,具体阐述如下。

(一)人才培养是最大的质量体现

习近平总书记在全国高校思想政治工作会议上曾经提出,只有培养出一流人才的大学,才称得上世界一流大学;同时,习总书记在多个场合反复强调,立德树人是学校的根本任务、中心环节，必须贯穿于学校各个方面、各个环节和全过程，并把它作为检验办学治校的根本标准。对于高等职业院校来说，人才培养工作尤其重要，如何培养出高素质技术技能人才成为质量的根本性标志，为此，《办法》第十一条第四款在“九选五”机制中明确了如下质量性指标：近五年学校就业工作被评为全国就业创业典型（仅包括全国毕业生就业典型经验学校、创新创业典型经验学校、创新创业教育改革示范学校）；近五年学生在国家级及以上竞赛中获得过奖励（仅包括世界技能大赛、全国职业院校技能大赛、中国“互联网＋”大学生创新创业大赛、“挑战杯”全国大学生课外学术科技作品竞赛和中国大学生创业计划竞赛）。同时强调，学校要建立校级竞赛制度，近五年承办过全国职业院校技能大赛，特别是明确把建立校级质量申报制度、近五年连续发布《高等职业院校质量年度报告》且未有负面行为被通报作为专门一条，足见对质量的重视。正因为这样，我们必须着力抓好立德树人的工作，致力于培养高素质技术技能人才，要注重研究大众化、普及化高等教育背景下的精英培养模式，并在实践中抓实抓好就业创业和技能大赛工作。

（二）毕业生就业状况是最大的质量标志

高等职业教育必须坚持以就业为导向的教育教学改革，这是它作为教育类型的重要特征。就业对于一个国家来说，是社会和谐的稳定器；对于个人来说，则是人生的命根子；对于家庭来说，则是幸福与保障的源泉；对于学校来说，应该是衡量质量高低的试金石。正因为这样，《办法》第十一条第二款把近三年招生计划完成率不低于90％、学生毕业半年后就业率不低于95％作为基础质量八项重要条件之一，足见对就业的重视。事实也是这样，党的十八大以来，以习近平同志为核心的党中央一直高度重视就业工作，在党中央确定的六稳工作方针中，一直把稳就业作为六稳之首。作为高等职业学校，一定要高度重视招生就业工作，要构建全方位支持就业工作的体制机制，一定要构建一个“专业建设立足就业、教学工作面向就业、教师教育引导就业、职能部门专司就业、激发学生自主就业、调动家长支持就业、发动校友助力就业、党政领导重视就业、全校上下齐抓就业”的工作格局，不断完善就业工作市场开发机制，并加大对学生就业工作的考核奖励力度。

（三）树立向特色要质量的理念

质量是一个十分复杂的概念，站在不同视角、不同阶段会有不同的判断，也会有不同的呈现方式。从当前高等职业教育面临的情况看，人才主要是结构性矛盾，复合型技术技能人才紧缺，大国工匠、能工巧匠等人才严重不足是最为主要的问题。从各个行业情况看，也面临着同样的问题，“大路货”人才偏多，特色特长型人才奇缺。正因为这样，我们希望高职教育办出特色、办出水平，而对于每一所高职院校来说，一定要走出千校一面的窘境，积极打造学校自身的特色，而对于进入中国特色高水平建设的每一个专业群来说，就是要研究分析本专业群各专业在国内的地位、席位，尤其是找到自身科学合理的定位，找准自己的生长点和发展点，以特色求发展，以特色打造高质量和高水平。

三、内涵为王

高等职业教育经过近四十年的发展，经过了摸索探索和规模扩张，尽管我们从优化高度教育结构和使城乡新增劳动力更多接受高等教育的角度作了探索，但是还要大力提倡积极发展高等职业教育并推动高职百万扩招。总体而言，高等职业教育已经进入内涵发展阶段，而其内涵本身也在发生重大变化，对此，《办法》适应新时代高等职业教育发展新要求，在遴选上突出了内涵指标，并从基础性、标志性及各个方面充分呈现出来。

(一)基础性内涵

关于基础性内涵，《办法》第十一条第二款有明确的表述，第二款开宗明义："学校人才培养和治理水平高，在产教融合校企合作方面成效显著，对区域发展贡献高。"这是一个总括性要求，在此基础上，《办法》同时列出了具体的基础性内涵指标，主要有以下几个方面：(1)被确定为《高等职业教育创新发展行动计划》(2015—2018)省级及以上优质高职院校建设单位。(2)已制定学校《章程》并经省级备案，设有理事会或董事会机构，成立校级学术委员会，内部质量保证体系健全。(3)学校财务管理规范，内部控制制度健全。(4)牵头组建规范化运行的职业教育集团，合作企业对学校支持投入力度大。(5)成立应用技术协同创新中心，技能大师工作室。(6)非学历培训人数不低于全日制在校生数。(7)近三年招生计划完成率不低于90%，毕业生半年后就业率不低于95%。(8)配合"走出去"企业开展员工培训，有教育部备案的中外合作办学项目或招收学历教育留学生。我们分析认为，上述八个方面，涵盖内部管理与制度建设、产教融合与校企合作、招生就业与职业培训、国际交流与中外合作等领域，是高职发展新阶段基础性内涵和基本内涵。虽然还不尽全面，但应该是每所迈向高水平学校必须关注的点，对于面上的学校或者新建设、发展中的学校，也必须对此要求查漏补缺，并切实加以重视。

(二)建设性内涵

学校发展的过程就是一个建设性过程，因此，抓住建设性内涵对于一所高职学校来说是十分重要的，建设性内涵有时与基础性内涵和标志性内涵比较难以区分，根据《办法》的分类，我们把第十一条第三款界定为建设性内涵："学校坚持职业教育办学定位和方向，干事创业的积极性、主动性、创造性高，教育教学改革、校企合作和专业建设基础好，人才培养质量和师资队伍水平高，学生就业水平高，社会支持度高。"这些内容看起来比较抽象，难以量化，但这些内容的建设确实比较重要，体现在如下方面：(1)学校坚持职业教育办学定位和方向，这实际上就是一个办学定位和学校发展战略问题，在当前职业教育社会吸引力还是很高的情况下，在"求本心切"专升本仍十分盛行的习惯思维中，这项建设还是需要有定力的。(2)干事创业的积极性、主动性、创造性高，这不仅是一个管理机制和管理文化的问题，涉及学校的管理体制机制、干事创业氛围、收入分配与奖惩激励机制等，也是一个学校领导水平的表现，需要久久为功。(3)三个基础好即"教育教学改革、校企合作、专业建设"基础好和"人才培养质量、师资队伍水平、学生就业水平"三个高的问题，实际必须通过具体的指标来呈现，有时也需要一个较长的建设过程，它也反映了学校的综合管理能力和水平。(4)关于社会支持度高，这是一个学校能力和品质的表现，也与学校贯彻产教融合、开放办学的理念有关，与学校人才培养、科学研究、社会服务的能力也呈正相关。

(三)标志性内涵

标志性内涵在这次"双高"建设单位遴选中起到了决定性作用。"九选五"机制在全国高职战线印象深刻，《办法》第十一条第四款有具体明确的列举，从列举的九项正向指标和若干负向指标情况看，有些指标既是人才质量表现，也是内涵建设积淀，其中 1、2、3、4、7 则是比较典型的标志性内涵，5、6、8、9 作为标志性内涵主要通过质量呈现出来。

关于国家教学成果奖。国家教学成果奖是级别很高的一个奖项，本来只有高等教育有，这几年为重视各级各类教育，分设为高等教育、职业教育和基础教育三类，其奖项级别高、社会关注度大，且四年才评选一次，自然是反映学校教育教学和人才培养工作最重要的标志性内涵。

关于教学资源库。职业教育教学国家级资源库是在 2006 年国家示范建设时提出的一个内涵性项目，其列建项目少，竞争激烈，主持单位一般都代表了全国高职教育领域该专业的最高水平，既是主持学校专业建设水平的体现，也是我国高职教育专业建设水平的体现，自然也是十分重要的标志性内涵。

关于国家级教育教学改革试点，文件列举且明确仅指现代学徒制试点、三全育人综合改革试点、教学工作诊断与改进工作试点、定向培养士官试点。这些试点项目的内涵水平应该不是十分突出，放在如此高的地位，至少表明三条：一是对教育行政部门工作导向的参与度与响应力；二是体现学校干事创业的积极性、主动性和创造性(《办法》第十一条第三款有明确要求)；三是表明学校对探索职业教育规律的勇气和努力。因此，各学校应予以重视。

关于教师能力和水平。《办法》第 7 点列出"万人计划"教学名师、全国高校黄大年式团队、全国职业院校教学能力比赛获奖。应该说，这是目前政策框架下体现国家意志和政府导向，不仅是反映学校教师队伍建设水平和质量的重要指标，也是学校发展最为重要的内涵。当然，如能把教书育人楷模、师德标兵、思政课影响力人物等一并纳入，则更有意义。

学校标志性内涵该怎样挖掘，统一有统一的好处，但留有空间也有利于学校特色建设和发展。

(四)创造性内涵

其实，反映学校内涵建设水平的还不止于这些，从中国国情出发，从高等职业教育打造类型特色和创新发展要求看，有许多工作值得我们关注。

一是思想政治课建设水平。开设并建设好思想政治理论课是以习近平同志为核心的党中央着眼培养中国特色社会主义建设者和接班人的一项重要战略决策。2019 年 3 月 18 日，习近平总书记还亲自主持思想政治理论课建设座谈会，明确提出思想政治课是立德树人关键课程，提出了办好思政课八个相统一的要求和对思政课教师的六点希望。最近，教育部专门颁发了加强思想政治理论课教师队伍建设的部长令。相应地，教育部社会科学司也在做一些积极的工作，也有可以表达的指标，对此，我们要切实加以重视。

二是学校文化建设水平。学校文化其实是最基础的内涵，世界上凡办得好的学校，都有优良的学校文化用来弘扬和传承，高职教育虽然发展时间不长，但至少已经有四十年的历史，其实一部分学校也是从老校发展而来，因此，如何围绕"大学精神、区域文化、职业文化"，在"物质性文化、精神性文化、制度性文化和行业性文化"方面下功夫，确需我们摆上议事日程，关于这一点，教育部思政司也有些项目在评审。应该说，这也可以说明一些问题，对此，每个发展中的学校应该引起重视。

三是特长和拔尖人才培养。高等职业教育的主要任务是培养区域经济社会发展需要的技术技能人才，且主要面向生产建设管理服务第一线，但它同时担负着培养大国工匠和能工巧匠的使命。正因为这样，对于培养出各条战线领军式、拔尖人才和国家杰出人才的高职院校，应予以加分，这也是大众化教学中培养精英的重要成果，对此，我们也要重视。

四、专业为基

"双高"计划采用高水平高职学校和高水平专业群两类布局，充分证明了专业和专业群建设在高等职业教育发展中的重要性，这不仅与国家双一流（一流大学和一流学科）建设相协调，也与我国 21 世纪以来关于高等职业教育质量工程的做法相协调，突出说明专业在高等职业教育发展中的基础地位。

（一）专业是高职教育的龙头

基础教育讲课程，高等教育重学科，职业教育重专业，这是一个不争的事实，这也说明了专业建设在高等职业教育这个类型教育中的重要地位，职业教育作为一个类型教育，它的重要任务是培养社会主义现代化生产建设管理服务第一线的技术技能人才，必须坚持以就业为导向，以服务为宗旨，走产学研相结合的发展道路，要坚持职业化改革发展导向，培养职业化专门人才，必须瞄准产业、职业和岗位。正因为这样，如何对接区域经济社会发展设置相应的专业并办好专业为区域经济社会发展服务，就成为高职教育最为重要的任务，办好专业—注重学业—强化职业—重视就业—鼓励创业—成就事业，便成为学校最为重要的使命。

正因为这样，国家确立并大力发展职业教育以后，就一直把专业建设作为工作重点。2000年率先实施的新世纪教改工程，2006年开始的国家示范建设，2010年开始实施的国家骨干学校建设，2015年开始的高职教育创新发展行动计划，都在学校建设的同时把专业建设放在突出位置，国家示范建设、重点建设500个左右特色专业，国家骨干学校建设也是500个左右重点专业建设，而创新发展行动计划则是3000个骨干专业。特别是在2011年，教育部、财政部还专门实施了“专业服务提升产业发展能力”专项工程，进一步强化了四个不同类型的专业建设工作，这告诉我们，专业始终是高职教育的最爱，拥有若干招生受青睐、就业受欢迎的高水平专业，就是高水平高职学校的基础，学校必须紧紧抓住抓好专业建设这个龙头。

（二）专业建设是一项系统工程

高职教育必须坚持以专业建设为龙头，而专业建设也是一项系统工程。

科学合理设置专业。学校要从经济社会发展需要、从人才培养需求、从区域经济社会特点和自身条件出发，遵循需求和条件分析的方法，对照国家专业目录、科学设置专业，并建立专业建设动态调整机制。与此同时，要从知识体系、职业分类等统筹形成学校专业群结构。

认真落实专业建设保障。办专业是有要求的，也是有条件的，这些条件，包括教师（含校内专职和校外兼职），校内实训实验基地设施和校外实践实习基地，当然还有规章制度及其他公共性必备条件。我们必须在强化保障的基础上抓好专业建设相关工作，并根据市场需求和学校条件决定专业的存废和发展。

培养好高水平专业带头人。专业带头人是专业建设的灵魂人物，不仅承担着设计专业的任务，而且也往往是专业市场的开拓者、专业主体课程的承担者，在一定程度上决定着专业建设的方向和水平。因此，引育好高水平专业带头人始终是学校师资队伍建设和管理队伍建设共同的任务，也是一个学校最大的内涵建设，让专业带头人成为政治上最为鲜红、社会上最受尊重、待遇上最为优厚的人，应该成为我们建设和管理的文化。

大力加强专业教学团队建设。建设高水平专业，不仅需要物质条件，更需要高水平师资队伍来引领和参与，在专业带头人带领下，打造一支高水平团队，也是我们的重点工作，围绕年龄结构、专兼结构、学缘结构、知识结构、性别结构，按照可持续发展要求，重视专业教学团队建设。我们必须有规划、有实践，尤其是要在打造专兼结合的“双师型”团队上下功夫。正是从这个意义上说，2019 年教育部教师〔2019〕6 号文件关于“双师型”团队建设的精神是极为重要的，我们要认真贯彻；教育部启动 360 个结构化教学创新团队建设的举措是战略性的，我们要积极争取。

要形成专业建设支持体系。专业建设和发展与基地、市场、就业等密切相关，必须坚持理论联系实际，做到三个对接，为此，各学校都在尝试建立专业建设指导委员会制度，但专业建设指导委员会如何形成有效工作机制，我们认为必须尽力实现六合一，即一个专业建设指导委员会，形成一批专业建设指导专家，一批行业企业兼职老师，一批学生就业基地，一批教师市场调研和社会服务基地，一批学生顶岗实习和社会调研基地，并真正发挥委员会的基础性作用。

专业建设是一项系统性工程，还会涉及一系列工作内容，当予以重视并切实做好。

（三）从重视专业到加强专业群建设

专业并不是孤立的，而是相互联系乃至相互支撑的。在重点专业带动下进行若干组合，就形成了专业群，本轮“双高”计划明确要集中力量建设一批高水平高职学校和高水平专业群，再一次把专业群摆到了十分重要的位置。其实，早在 2006 年国家示范校重点建设专业之时，我们就有了重点专业带动特色专业群的概念，只不过当时没有引起重视而已。当前，高职教育进入内涵建设新阶段，从专业到专业群建设是一个历史的必然和理性的选择。

1. 正确认识和把握专业群

关于什么是专业群，不同的专家和学者也有不同的理解。一般认为，专业群应该是指具有相关的专业学科基础，相近的专业技术领域相同的工程对象，由一个重点专业带动其他若干专业而组成的集群，他们可以在教学资源、基础课程等方面实现共享，组建专业群，既是为了发挥重点专业的带动作用，也是为了实现教师、课程及教学资源的综合共享，更好地为学校优化教学管理，更好地服务产业发展服务，以实现更好的投入和产出，也有利于专业集群长期可持续发展。

2. 抓准专业群建设的关键点

专业群建设也是一个十分复杂的系统工程，必须认真研究组群逻辑，在这一点上，必须注重外部适应性即紧贴产业结构发展变化，必须注重内部相关性即着力研究专业之间的相关性和共享性，必须注重内外协同性，努力促进人才培养供给侧和产业需求侧结构要素全方位融合，带动形成教育与产业、学校与企业、专业群与岗位群紧密对接协同。

3. 抓牢专业群建设的核心点

专业群建设必然导致原有课程的解构和重构，课程体系的重构是专业群建设的核心所在，我们一定要站在“群”的角度对课程进行一体化设计、模块化改革，并整合项目化资源，使课程体系更加优化合理，为高职教育办出特色、办出水平，提高质量，奠定基础。

4. 从建群到推进治理体系变革

提升学校治理水平也是“双高”建设的重点，而专业群建设和改革也有利于学校治理组织体系的变化和优化；专业群可打破壁垒，使组织体系更加开放；推动权责下沉，使基层活力释放得更加充分，通过以群建制，使教育教学对接市场更为有效，也就是说，以教育教学变革推动管理发展变革。

五、改革为要

高等职业教育作为高等教育新的类型，担负着引领职业教育现代化、构建中国特色职业教育发展道路和模式的重任。当前，虽发展势头很好，但仍承受着社会吸引力不强、社会认可度不高的巨大压力。如何提高高等职业教育质量，真正打造一批引领改革、支撑发展，具有中国特色、世界水平的高职学校和专业群，必须坚持不懈推进改革，真正把《国家职业教育改革实施方案》明确的各项任务和《中国特色高水平高职学校和专业建设计划》的要求落到实处。

(一)积极推进类型特色改革和建设

打造职业教育类型特色，构建中国特色现代职业教育体系，是《国家职业教育改革实施方案》明确的重要任务，也就是说，要用5—10年左右时间实现三个转变。其中之一，就是由参照普通教育办学模式向企业社会参与、专业特色鲜明的类型教育转变，这实际上明确肯定了职业教育是一个类型，我们的任务就是要把职业教育的类型特色打造好。

打造类型特色，首先必须建立完善的产教融合制度，建立责权利相协调的校企合作制度，目的要改革完善实践教学制度，真正把国务院关于深化产教融合的一系列制度要求落到实处，在高职教育领域把创新链—产业链—人才链—教育链衔接好。

打造类型特色，必须认真抓好“1＋X”证书试点深化。要在各专业逐步推广和完善“学历证书＋若干职业技能等级证书”制度试点工作，既要完善充实和丰富优化学历证书教学内容，形成良好的课程体系，又要积极吸引产业发展前沿和行业职业实践前沿，通过开发X证书拓宽和深化教学内容改革，培养复合型技术技能人才，提高其就业创业能力。

打造类型特色，必须着力解决好体系建设问题。要努力完善纵向贯通、横向融通的中国特色现代职业教育制度体系建设，构建起中等职业教育、专科高等职业教育、本科职业教育的完整体系，积极探索职业教育本科试点，推进应用型本科转型，形成高层次应用型人才培养体系。

（二）积极推进高职教育人才培养模式改革

专业建设是职业教育建设和改革的龙头，这是毫无疑义的。我们要改革人才培养模式，必须从专业建设开始，尤其是要在深化产教融合和校企合作上下功夫，这些内容前面已经论及。与此同时，我们仍需要明确强调的是，我们的高职教育也是高等教育，必须培养德智体美劳全面发展的学生，因此，专业建设必须处理好与各方面的关系。

要推进专业建设和素质教育有机融合。重视素质教育是贯彻党的教育方针的重要内容，必须做到有目标、有载体、有科学的方法和途径，要创造条件构建起相对完整的素质教育体系，而素质教育既包括一般性、通识性的知识，更需要有结合专业深入开展的学习过程，如何构建以专业特点相适应的素质教育和创新创业教育体系，这是高职教育人才培养模式改革的重点。

要推进专业建设与信息技术的有机融合。现代社会科学技术日新月异，云物大智已深刻改变着我们的世界，推动着我们的教育教学改革，如何把当代最新信息技术与教学内容有机融合，这是一个新的课题，既意味着设备更新，更意味着理念更新，当然也要求广大教师和教学工作者加强学习，更新知识。

要大力推进教师、教材、教法改革。三教改革是贯彻国家职业教育改革实施方案的重要内容，教育部相关内容和要求就还陆续专门发文件提出了意见，建设“双师型”结构化教学团队，推动工作手册式和活页式教材建设，充分利用现代技术更新教学方法，都将是改革的重点，对此，我们必须大力推进。

（三）推进治理体系和模式变革

提升院校治理水平本身也是改革发展的重大任务之一，而站在深化改革的角度看，“双高”计划确实有治理变革的众多元素，值得我们认真研究和落实。

专业群建设范式与组织变革。“双高”计划采用高水平学校和高水平专业群相结合的布局模式，大大提高了专业群在我国高职教育质量工程中的地位，更体现了与双一流相匹配的范式，而专业群的组建是有逻辑和原则的，专业群组建后既意味着院（系）组织的调整和优化，也需要建立跨院（系）的柔性管理组织，无论采用什么样的模式，院（系）扩大自主权是必然的，校院两级治理体系建设的改变也是必然的。

国际化与治理模式变革。提升国际化水平是“双高”建设的重点，国际化形式多种多样，有中外合作的专业课程建设，有引进国外优质教育资源建设，有学专业知识技能或学语言的外国留学生，有走出去的境外办学机构，进一步的发展必然对我们原有的条块管理模式产生冲击，我们要探索改进和努力优化提高。

重点与一般相结合的建设机制与治理变革。按照目前的规则，高水平学校同时重点建设两个专业群，高水平专业群建设单位则为一个重点建设专业群，这就形成了学校建设与专业群建设，重点建设专业群与非重点建设专业群以及专业群内跨院（系）专业在治理上的一系列矛盾，需要我们统筹优化，以切实提升治理机制改革和绩效。

六、结　语

中国特色高水平高职学校和专业群建设计划第一轮遴选已经结束，建设工作也已经开始，其对高职教育的影响是很大的，尤其是“九选五”对学校命运的影响和决定性作用更让人刻骨铭心。我们认为，它对中国高职教育未来发展尤其是内涵建设一定会产生巨大影响，前面只是从不同侧面进行了一些解析和思考。从具体的文本看《中国特色高水平高职学校和专业建设计划项目遴选管理办法（试行）》第三章第十条、第十一条、第十二条，都有了具体表述，可归纳理解为以下内容：

一是办学必须有基本的条件，必须达标托底，包括信息化条件，对于追求高目标、高水平的学校尤其如此，基础条件是底线。

二是产教融合、校企合作是高职教育作为一个类型的特征，必须建立起这个框架，并形成良性运行机制。

三是师资队伍建设是办学治校的关键，必须重视，加大力度持续加以建设。

四是制度和文化建设必须适应学校不同发展阶段，切实加以重视，加大建设力度，这也是办学治校的基本要素。

五是内涵建设和标志性质量指标，始终是衡量办学水平的重要参照，我们要千方百计积极争取。

六是改革创新和探索精神，往往决定着一个学校发展的高度和未来，必须高举旗帜，大力弘扬。

参考文献

[1] 国家职业教育改革实施方案[Z]. 国发〔2019〕4 号.

[2] 教育部，财政部关于实施中国特色水平高职学校和专业建设计划的意见[Z]. 教职

成〔2019〕5 号.

[3] 教育部　财政部关于中国特色高水平高职学校和专业建设计划项目遴选管理办法(试行)[Z].教职成〔2019〕8 号.

[4] 谢俐.中国特色高职教育的方向、方位与方略[J].现代教育管理,2019(4).

[5] 陈子季.以大改革大发展推动我国职业教育全面振兴[J].中国职业技术教育,2020(1).